大学的进步

朱崇实　著

商务印书馆
2019 年 · 北京

图书在版编目(CIP)数据

大学的进步/朱崇实著.—北京:商务印书馆,2019
ISBN 978-7-100-16788-8

Ⅰ.①大… Ⅱ.①朱… Ⅲ.①厦门大学—概况—2003-2017—文集 ②高等学校—学校管理—中国—文集 Ⅳ.①G649.285.73-53 ②G647-53

中国版本图书馆 CIP 数据核字(2018)第 252210 号

权利保留,侵权必究。

大学的进步
朱崇实 著

商 务 印 书 馆 出 版
(北京王府井大街36号 邮政编码100710)
商 务 印 书 馆 发 行
北京中科印刷有限公司印刷
ISBN 978-7-100-16788-8

2019年1月第1版　　开本 787×960　1/16
2019年1月北京第1次印刷　印张 24
定价:65.00元

目　录

前　言 1

成绩、问题、目标与实现目标的举措（一） 11
成绩、问题、目标与实现目标的举措（二） 42
成绩、问题、目标与实现目标的举措（三） 55
成绩、问题、目标与实现目标的举措（四） 78
好的大学应该具备哪些元素 93
建设世界一流大学，为实现"中国梦"作出应有的贡献 111
世界一流大学应有的文化生态 127

研究型大学更应重视本科教育 135
坚持以学生为本和个性化的培养原则 139
人才培养、内涵式发展与世界知名高水平研究型大学建设 ... 141
深化人才培养模式改革　全面提高本科教育质量 145
精英人才培养的实践与探索 154
一流大学一流本科教育的思考与探索实践 159

提升科技创新能力，加快建设高水平研究型大学 172
解放思想、提高认识，开创科研工作新局面 191
提升自主创新能力，打造高水平研究型大学 204
协同创新，夺取我校科学研究的新胜利 216
如何推进学科交叉 222
教学和科研如何更好地统一 225

人才观与世界知名高水平研究型大学建设 …………… 231

坚持以人为本,加强体育工作,促进师生员工全面发展 ……… 249
学科评估与"双一流"建设 …………………………… 257
经济全球化:大学面临的挑战和机遇 ………………… 262
国际化是一流大学的基本特征 ………………………… 271
深化交流合作,全面提升学校国际化水平 …………… 278
在厦门大学马来西亚分校开学典礼上的讲话 ………… 292

志存高远而又脚踏实地 ………………………………… 295
自信、宽容、有远大理想并愿为之不懈奋斗 …………… 298
始终牢记母校这个温馨的驿站 ………………………… 300
敢于竞争,善于合作 …………………………………… 302
把远大的理想与抱负跟脚踏实地的实干精神相结合 … 305
细节决定成败 …………………………………………… 307
社会精英必须更好地承担起社会责任 ………………… 310
平和而辩证地看待这个世界 …………………………… 313
把握正确的人生态度 …………………………………… 316
让爱充满你的世界 ……………………………………… 319
百年不遇的灾难带给我们的启示 ……………………… 321
时刻不忘自己肩上的重任与重托 ……………………… 323
把握自信,不要自大,也不要自卑 ……………………… 325
感恩、责任和奉献 ……………………………………… 329
时刻回想你们的校园 …………………………………… 333
在自己的理想中为祖国留一块空间 …………………… 336
做一个勇于担当、敢于担当的人 ……………………… 339
牢记"知无央,爱无疆"这六个字 ……………………… 342

在人生的道路上永不迷航 …………………… 346
做一个善良、自信和敢于冒险的人 …………… 349
做一个无愧于新时代的人 ……………………… 354
今天,是你们的成年礼 ………………………… 357
让理想之光更加明亮 …………………………… 361
以感恩之心去努力学习 ………………………… 365
胸怀理想,勇于创新 …………………………… 369

在就职典礼上的讲话 …………………………… 372
在离职典礼上的讲话 …………………………… 374

前　言

　　商务印书馆谢仲礼君在数年前曾来信约稿,希望我能把自己就高等教育的发展或大学管理的一些认知或体会写出来,以供感兴趣的读者批评与讨论,或许能为我国高等教育事业的更好发展添一砖加一瓦。当年在思绪之后,我感谢仲礼君的器重,但婉谢了他的稿约。我告诉他,我认为自己对中国高等教育发展的认知还十分肤浅,体会也不足,拿不出什么东西可与读者分享,或供读者批评与讨论。仲礼君答曰:完全理解,望今后能有机会合作。仲礼君是一位执着的出版人,数月前,我卸任厦门大学校长一职不久,他再次来信约稿,并十分宽厚地告知可以如前所约从头著述,也可以把在校长任内的文稿、讲话、笔谈等整理、汇集成册。我感谢仲礼君的一片真情实意。商务印书馆是中国学术声誉最高、学术态度最严谨的出版社之一,能有文字在这样的出版社出版,是任何一位学者都会感到荣光的事。因此,我答应了稿约,并选择了把我任校长14年间的部分文稿汇集成册,并把书名定为"大学的进步"。

　　为何作此选择？一是因为一个人从领导岗位退下后,大多会想把自己在岗位上曾经做过的事情做一个总结。这既是对自己过去的一种反思,也是对曾经信任、支持、帮助自己的组织或个人的一个交待。这样的总结、反思和交待,于私于公都是有益的。当然,也有人不做这样的总结,只让客观存在的事实说话,是非功过任由凭说。这也是一种态度。但我还是认为退下后能花点时间对过去做一点总结还是应该的。二是因为我在这14年的校长任内深切地感受到中国高等教育的发展与进步,感受到党和国家对高等教育的日益重视,也感受到教育对整个经济、社会的发展所发挥的促进作用也日益增大。但也深切地感受到社会上、高校内总有那么一些人总是心怀叵测地否定这样的发展与进步，特别一些人顶着教授的桂冠，打着了解高校内幕的旗号，肆意诋毁这三十多年中国大学的发展与进步。大学也是社会，没有缺点、不足甚至错误是不可能的。但是善意的批评与揭露，跟恶意的攻击与诋毁，是本质完全不同的两码事。可惜，这样的不同，在当下很多人的眼中是极为模糊的。厦门大学是中国建校历史最长、最为普通但也最为优秀的大学之一，厦门大学的发展也可以看作是中国大学发展的一个缩影。因此，我把自己过去14年的一些文稿原原本本地整理出来，期望这也是一个小小的窗口，从中能看到中国大学的进步，看到大学的师生员工，绝大多数是在勤奋而努力地工作、学习的。正是这样的勤奋与努力，大学才能不断发展、进步。

　　厦门大学由著名的爱国华侨领袖陈嘉庚先生于1921年4月创办。厦大诞生的年代，是中国历史上一个黑暗的年代，一个山河破碎、民不聊生、国家和民族面临危亡的年代。陈嘉庚身居海外，但无一刻不心系祖国。他深感国家的破落，根子在于国民素质的低下，因此，他发出"教育救国"的呐喊，并身体力行，继创办小学、中学，建设集美学村之后，又创办了厦门大学。这是中国历史上第一所由华侨创办的大学。陈嘉庚久居海外，遍游世界，了解世界大学的发展与现状，因此他对厦门大学的创办具有强烈的世界眼光。他把"研究高深学问，养成专门人才，阐扬世界文化"确定为厦大的办学宗旨，他提出厦大的追求是成为世界一流大学，他要求厦大办成"世界大学"，要"能与世界各大学相颉颃"，"为吾国放一异彩"。陈嘉庚的立意十分高远，他知道中国这个具有五千年文明史的古国，一定能够实现伟大复兴，能够重新屹立于世界民族之林的前列。因此，中国一定要有世界一流大学，为中国也为世界培养最好的人才，贡献最好的科技成果，并且将中国的文化传向世界，把世界的文化带进中国。近百年来，厦大始终朝着这个目标奋勇前进。

　　改革开放以来的三十多年，厦大迎来了历史上最好的发展时期，厦大紧紧抓住机遇，没有片刻的懈怠，把国际化作为学校的发展战略，确立两个一百年的奋斗目标——到2021年，厦门大学建校一百年时，把厦大建设成为一所世界知名的高水平研究型大学；到2049年，中华人民共和国成立一百年时，把厦门大学建设成为一所世界一流大学。党和政府高度重视厦门大学的建设与发展，继"211工程"和"985工程"之后，又将厦门大学列入世界一流大学建设的行列。陈嘉庚创校时的愿望与目标，伴随着中华民族伟大复兴的脚步，正一步一步地得以实现。遗憾的是，常有人将在积极参与国际高等教育交流合作和竞争中建设世界一流大学这样的一个追求说成是"西化"。他们用"西化"这样一个极易触动民族情绪的词汇来阻碍大学迈向世界的步伐。我们应该承认，现代大学制度发端于西方，西方的大学已经有了近千年的发展历程，中国的大学是后来者。我们应该虚心地向先行者学习，而且在现实中，中国现代大学制度从一开始就是学习甚至模仿西方的制度而建立起来的，中国最初一批大学的创办人或管理者多是从西方学习归来的。改革开放以来这三十多年，中国的经济社会有了极大的进步，中国的高等教育、中国的大学有了长足的发展，其中一个重要的原因就是开放：送出去、引进来、鼓励交流、提倡合作，虚心向世界一流大学学习。习总书记多次强调，我们要有道路自信、制度自信、理论自信和文化自信。自信的一个表现就是能够尊重多元文化，接受多元文化，就是能够虚心地学习西方一切先进的东西，包括科技，包括教育。当然，西方的文化也有很多落后的、腐朽的东西，但是如何做到去伪存真、去除糟粕、取其精华，首先是必须学习、研究和了解它。中国的大学目前还不能自大，但是特别需要自信，而不要自卑。只有这样，我们才能真正实现建成世界一流大学的宏伟目标。

　　人才培养始终是厦门大学的核心任务。从1926年6月厦门大学为学生林惠祥颁发第壹号毕业证书、授予文科学士学位开始，厦门大学为国家培养了四十多万名毕业生。其中绝大多数都成为社会的栋梁之才，在各自不同的岗位上，为国家、为社会、为人民作出了自己的一份宝贵贡献。厦门大学始终是以大爱的情怀对待学生。目前，厦大私立时期的毕业生在世的已没有了,抗战时期的毕业生在世的也都是超过九旬或年近九旬的耄耋老人了,就是这些老校友,每每说起当年萨本栋校长为了让学生能养成守纪律、守规矩、守时间的好习惯,制定每年学生报到的截止时间一到,报到处就关门,学生必须等到第二年才能再来报到的故事时,那份感激之情是溢于言表;讲到当年闽西小县城长汀的条件十分艰苦,加上日寇飞机常来骚扰,学校的图书馆经常停电,萨校长就把自己的小汽车发动机卸下来发电,供同学们夜读所需的故事时,更常常是热泪盈眶。厦大这样爱学生的传统是从创校的第一天就形成,并一代又一代传承下来的。因此,厦大的学生毕业后,不论走到哪里,不论干哪一行,不论身居什么位,始终都把母校放在心里,时刻关注着母校的发展,尽己所能地支持、帮助母校发展。厦大的校友们如此爱母校,正是因为当年他们在学校时得到了学校的关爱和帮助,这种爱和帮助,就是对学生最好的教育。通常地说,一个人如果会爱校,他也就会爱国;一个人会爱校、爱国,他也就会爱党,因为没有共产党就没有新中国,正是在共产党的领导下,我们才有条件有可能去实现厦大的百年梦想。因此,爱学生是最根本最有效的思想政治教育,一个有爱心的人、一个善良的人,也一定会是一个明辨是非的人。

厦门大学是一所有着极强家国情怀的大学。陈嘉庚在建校之初最早设立的两个学科是师范和商科。因为他是怀着救国的理想来办厦大的。他认为,中国要强大,一是要有人才,所以他办师范以培养更多的师资能去教导更多的学生;一是要有实业,所以他办商科,为国家培养懂经济、懂管理、能够办实业的人才。此后,厦大又陆续设立理学、工学、生物、海洋、法律、新闻等学科,在抗战时期更是设立了与抗战需求紧密联系的土木工程、机电工程、航空等学科。可以说,厦大的学科建设从一开始就是以国家的需要为导向,人才培养、科学研究都是围绕着国家的需求而展开。1949年以后,由于台湾海峡两岸对峙,由于福建、厦门的特殊地理位置,厦门大学服从国家的需要与安排,把大多数的应用性学科都调整到其他兄弟院校去,仅剩下相对基础性或理论性的文、理学科。这样的分拆，于国家而言是一种需要，一种贡献；对学校来说是一种损失，一种牺牲。20世纪50年代的院系调整，多数学校都是有出有进，无非是出得多还是进得多的区别，像厦大这样只有调出没有调进的学校可能是绝无仅有的。但厦大是一所有家国情怀、以国为重的大学，全校上下都知道这是国家的需要，必须服从。1977年，中国迎来了一个新时代，拉开了中国改革开放的大幕，厦门成为中国最早的四个经济特区之一。同时，两岸关系也开始改善，和平成为两岸人民的共同心声。厦门大学也迎来了一个发展的新时期。这一时期，厦大的党政领导抓住机遇，紧紧围绕改革开放，围绕国家的中心工作从阶级斗争转向经济建设这一根本变化，围绕厦门特区建设，围绕台海和平发展，展开了学校的学科建设。主线就是在巩固已有学科优势的基础上，依托现有学科，逐步恢复与建设改革开放的中国，特别是改革开放的福建、厦门所需要的学科。这样一个学科恢复调整与重建的过程持续了三十多年，按照"加强文理、重振工科、建设医科"的基本思路，厦大实现了一个综合性研究型大学应有的学科布局，而且这个布局紧紧地跟国家与地方的经济社会发展的需求相结合，紧紧地跟世界科技发展的最前沿相结合。国际上最权威的大学评估或排名机构之一、《美国新闻与世界报道》杂志近年来对中国大学的排名，厦大位居中国大陆高校的第12—15名之间，我个人认为这一排名是比较符合厦大的客观实际。虽然厦大在没有任何并校资源的情况下，能有今天这样的发展是相当不容易了，但我还是认为，厦大还有潜力，继续不懈地努力奋斗，厦大完全有可能成为中国最好的十所大学之一。

说到什么是大学，人们引用最多的就是梅贻琦校长的名言："所谓大学者，非谓有大楼之谓也，有大师之谓也。"毫无疑问，梅校长的这句话道出了大学的真谛："一个大学之所以为大学，全在于有没有好教授。"但是我们后人要完整地理解前人的思想，而不能简单地以实用主义态度，各取所需，甚至断章取义，歪曲思想。梅贻琦是在他就任清华校长的典礼上讲这番话的，他在演讲开篇第一点就谈清华的经济问题：

"清华的经济在国内总算是特别的好,特别的幸运。"虽然与国外的大学相比,还相差甚远,但与国内大学相比算是很好的。此后,他说到清华要做高深的研究,而做高深研究要有两个必备条件:"其一是设备,其二是教授。"设备这一层,他认为以清华当时的经济实力是比较容易办到,"可是教授就难了。"讲到这里,他化用孟子的话——"所谓故国者,非有乔木之谓也,有世臣之谓也"(《梁惠王下》),说出了大学之谓的名言,而且说到什么是好的教授,他认为不仅要教书——智识的教导指点,而且要育人——精神修养的帮助。所以,应该全面、准确地理解梅校长关于大学的思想。有人说,他当年所说的大学是包含了大师、大楼和大爱这三大要素的。我完全赞成这样的理解和提炼。但是有些人不是这样,他们经常借着梅校长的这句话,随意否定中国大学的基本建设与发展,好像中国的大学就是应该没有大楼只有大师。试问,没有大楼,大师如何能够培养一流人才、研究高深学问呢?至少,梅校长认为一个大学二者都是要有的。2003年我出任厦大校长,上任不久,遇到一位理科的学生向我抱怨,说是他们学院教学实验室条件比他中学的实验室还要差!我问他是哪个中学毕业的,并请他告诉我具体的情况,在耐心地听完他的抱怨和诉说后,我默然许久。

众所周知,由于特殊的地理位置与环境,1949—1979年这30年国家对厦大的投入极为有限,校舍建设与设施改善,几乎是靠陈嘉庚、李光前的襄助。所以,厦大的硬件条件差,我是知道的。改革开放以后,条件有所改善,但远远不够,满足不了学校快速发展的需要。虽然自己知道厦大家底如何,但是这个学生的抱怨还是深深刺痛了我。无大楼,何来大师?何以养成专门人才,研究高深学问?所以我下决心在自己的任上一定要尽全力争取在前任们工作的基础上进一步改善厦大的条件,让教授们能够更加热爱工作、潜心治学,让学生们能够更加安心读书、愉快生活。14年过去了,厦大的硬件条件有了很大的改善,虽然跟国外一流大学相比还有很大差距,校园还可听到抱怨与批评,但总的来说,教师和学生,已基本感到满意,全校上下认为现在最主要的任务是内涵发展、提升质量。但是最重要的是大家都认可这样的理念——世界一流大学一定是大师、大楼与大爱完美结合的大学。

中国特色社会主义建设进入了一个新时代,厦门大学的发展也进入了一个新时期,这个新时期就是以建设世界一流大学为标志。在今后的若干年中国有一批大学要建成世界一流大学,这是党中央的伟大战略部署,是实现中华民族伟大复兴的重要一环。被列入建设规划的大学都制定了详细的规划,确定了明确的目标,排出了建成一流的时间表,有的2020年,有的2030年,有的2040年,最迟2050年都要建成世界一流大学,甚至要跻身世界一流大学的前列。我跟许多人一样由衷地相信,我们有制度的优越性,有党的领导、政府的支持、社会的关爱、百姓的期许,我们建成世界一流大学的目标是一定能实现的。实际上如果按照国际若干最权威的大学排行榜,中国的若干所大学已经是世界一流大学了。但是这一切仅仅是根据若干可以量化的指标而得出的结论,如果把不可量化的要素考虑进去,我们是不是已经达到了世界一流大学的水平?或者说再过3年、10年、15年、20年就可以达到,甚至要位居前列,引导世界高等教育的潮流?

那么什么是不可量化的要素呢?可以用两个字来概而论之——文化。文化实际上是衡量一所大学是不是一流的最核心指标之一。但是文化既有形又无形,可见又不可见,有时摸得着有时摸不着,很难加以量化来评估、来比较。例如,教师是否热爱自己的职业,教师是否真心爱自己的学生,教师是否自觉地上好每一堂课;教师之间是否相互欣赏,相互尊重,和而不同;教师是否怀着强烈的使命感、责任感,怀着一颗童心、一颗好奇心去从事科学研究,而不是以功利的目的去从事研究;学校的职员是不是有良好职业道德,甘当配角,尽心尽力地为教师和学生提供服务;大学的管理者能不能自觉地把自己看作是"公权力"的拥有者,不要去跟教师争资源、争利益,尽心尽力地做好自己的管理工作,不把"管理就是服务"挂在口上,而是落在实处,等等。如果认真地想想这些"指标",我相信我们的大学对于自己提出的时间表可能就会有所怀疑了。

最近,习总书记对"厕所革命"作出了一系列重要的指示,将这件小事提升到能否全面建成小康社会、真正建成社会主义强国、实现民族伟大复兴的高度上。这是完全正确、卓有远见的。可以断言,如果世界的大学有一个厕所的干净、整洁、卫生、文明的评估或排行,中国的大学排名肯定不高。不知有没有人专门研究过人才培养质量最高、科学研究做得最好、对社会进步影响最大的大学厕所是否也是最干净的?但是可以肯定地说,最好的大学一定是把厕所当作文明、文化的重要组成,一定是尽心尽力地保持厕所的整洁、卫生和文明。这一切就像基因一样都已经溶入他们的血脉之中。所以,我认为,要建成世界一流大学必须在可量化的指标上都达到一流的标准,这是基本的前提;但是,我们需要特别关注的是,我们如何去看待那些无法量化的指标:我们如何把大学文化的建设作为世界一流大学建设的一个重要内容,如何把营造一流的大学文化作为建设一流大学的重要目标,因为这些是很容易被忽视、被省略的。厦门大学是一所十分重视大学文化、大学精神的学校。在建校之初,就制定有校训、校徽和校歌,"厦门大学"的校名近百年从来没有变过,厦大把"爱国、革命、自强、科学"确定为自己的精神,把创办人陈嘉庚尊称为"校主",让世世代代的厦大人都感恩这个伟大的人。毛泽东赞誉陈嘉庚为"华侨旗帜、民族光辉!"陈嘉庚完全无愧于这样的赞誉,他的一生都在为自己的祖国奋斗,就连他最终的遗嘱通篇是为他所创办的学校作安排,虽然这些学校早已都是公立了。厦大尊称他为"校主",除了感恩之外,就是要让厦大的学生永远学习他爱国爱校的精神,做一个有益于国家、有益于社会的人。陈嘉庚爱国爱校还体现在爱学生之上。我们还是通过厕所这个"小事"来看校主陈嘉庚是如何关爱学生的。到过厦大、听过介绍厦大的人都知道,陈嘉庚当年建的学生宿舍在楼内全都没有厕所,厕所建在宿舍楼的后面,厕所与宿舍楼是分开的。这是陈嘉庚的疏忽吗?不是,他是有意为之;这是陈嘉庚为了省钱吗?也不是,厕所分开建还可能要更多的钱。他这样做的目的有二：一是要锻炼学生，他不希望同学们太娇惯，大冷天、大热天、刮风下雨要往外跑，路虽不远，但也是有点苦的；二是讲究卫生，厦大坐落在岛屿上，当年是很缺淡水的，他当心厕所在楼内，卫生如果不到位，会影响同学们的健康。从这样的一件小事上，就可以看出陈嘉庚对学生的大爱情怀。陈嘉庚爱国爱校爱学生对厦大每个教职员工的影响都很大，这也形成了厦大的一个传统、一个文化，厦大也称之为"校主文化"。所以，在过去的14年，如何很好地传承并弘扬厦大的百年传统与文化，是我感到压力最大也是最用心去做的事情之一。卸任后，回想过去14年的工作，觉得欣慰的是自己做了自己该做的一份努力，感到遗憾的是，还有很多工作做得不够或者说可以做得更好。我相信，在建设世界一流大学的进程中，厦大人一定会把厦大的传统与文化很好地传承与弘扬。

14年的时间确实不算短，在过去14年的工作中，形成的各类文稿可能有数百万字，要说想说的东西也确实很多，仲礼君是一位很有经验的资深编辑，他很认真地建议我这本书的内容一定要精选，篇幅也不宜过长。我觉得他的建议很好。所以，我再三思考之后选择了我认为在这14年的工作中，从校长的角度看最为重要的若干部分作为选编的范围。当然，这绝对没有认为其他工作就不重要的意思，例如党建工作，就是学校最重要的工作。我是校长，也是学校党委常委，对党建工作义不容辞地负有重大责任。特别是2011年9月之文同志调任复旦大学党委书记，振斌同志2012年4月就任厦门大学党委书记，在这中间的七个月，我实际上是学校党政工作的第一责任人。可以说，在这七个月中，我尽职尽责地与学校党委班子的同志们一道很好地完成了学校党建的各项工作或任务。但是，党建工作毕竟是由党委书记主抓，在党委的领导下我自觉地将此作为自己工作的重要一部分，积极配合党委书记做好工作。所以我也就没有专门把党建工作列入选编的范围。这绝不意味着我不重视党建工作。那么为什么我会认为所选的这些内容是最重要的，其中的缘由都体现在这篇序言中了。这也是我写了这么长一篇序言的原因所在。

中国大步向前的步伐无人可以阻挡，中华民族伟大复兴的光荣梦想一定能够实现，在今后的若干年中国肯定有若干所大学能够成为世界一流大学，而厦门大学一定是位列其中。厦门大学在过去近百年尤其是近40年的进步可以支持这个结论，在这本书中记录了其中14年的若干片段。进步不是只有成功而没有失败，不是只有坦途而没有曲折，不是只有喝彩而没有非议。恰恰相反，每一步进步都是在艰难中推进，在曲折中完成的；每一次的成功都是在不断地探索、学习、试错、纠错的过程中实现的。所以我在离任感言中说："虽然在跑的过程中，并不总是跑得又好又快，又平又稳，常有跌跌撞撞，曲折艰难，但是没有掉棒，我尽自己的全力跑完了这一棒。"这一切在这本集子中都可以看到，在很多讲话里，我直率地批评了学校工作中存在的不足和问题，这实际也是在批评自己。我特别希望这些不足和问题的解决能够有助于推进厦门大学更好更快地向前发展。当然，如果对其他高校也有借鉴意义那就更好了。

　　最后，我要衷心地感谢商务印书馆、感谢谢仲礼编审为本集子的出版所做的一切；我要衷心地感谢张建安、黄宝秋、余宏波、刘宁、杨柳、杨扬、郑振伟诸同志，他们为文稿的搜集、整理、校正等付出了大量的时间和劳动，没有他们无私的帮助，这个集子不可能这么顺利地出版；借此机会，也让我再次衷心地感谢在过去的14年所有支持、帮助、关心和爱护我的老师们、同学们、校友们和朋友们。

朱崇实
2017年12月12日

成绩、问题、目标与实现目标的举措(一)
——关于《厦门大学"十五"计划》的说明

2000年7月,学校启动《厦门大学"十五"计划和2010年远景规划》(以下简称"十五"计划)编制工作,10月25日,校党委专题研究计划的编制工作,确定了"十五计划"的基本框架和体系。在广泛听取意见、集思广益的基础上,规划文本前后十二易其稿;这个规划凝聚了全校师生员工的聪明才智,是上上下下群策群力的思想结晶。经厦门大学第五届教职工代表大会第一次会议审议,2001年第23次校长办公会议研究通过,12月17日正式印发了"十五"计划。

一、指导思想、奋斗目标和2010年远景目标

指导思想:坚持以发展为主题,以结构调整为主线,以改革为动力,以质量为核心,以创新为目标,大力加强学科建设和队伍建设,全面提高办学水平和办学效益,为国家和地方的现代化建设作出更大贡献。

"十五"奋斗目标:建成一所国内外知名的高水平大学,为迈向研究型大学奠定坚实的基础。全校半数左右学科居国内一流水平,若干学科接近或达到国际先进水平,成为我国特别是东南部地区高水平创新人才培养、基础研究、高新技术研究和成果转化、高层次决策咨询的重要基地,成为国际学术交流特别是对东南亚交流的桥梁和窗口。

2010年远景目标:初步建成一所世界知名的高水平、研究型大学,造就一批能站在世界科学技术前沿的学术带头人和高水平的管理人才,全校多数学科居国内一流水平,其中若干学科居国际先进水平,在国家和地方的经济建设和社会发展中发挥更重要的作用。

二、具体指标与执行情况

（一）人才培养

1. 人才培养规模对照表

学生类型	2000年	2004年	"十五"目标	增长(%)
在校生	14379	29098	26000—30000	102.36
博士生	562	1424	1500—2000	153.38
硕士生	2576	8195＋334*	6500—8000	231.09
本科生	10126	17269＋653*	16000—18000	76.99
专科生	801	272		－66.04
留学生	314	951	1000	202.87

注：(1)334*为高职硕士生，653*为高职本科生；(2)2000年本科生与研究生的比例为：3.2∶1；(3)2004年本科生与研究生的比例为：1.8∶1。

2. 本科教育

(1)坚持本科教学在学校中的基础性地位，坚持把教学工作作为学校的中心工作之一，以教育部本科教学工作优秀评价为契机，在规模增长的同时注重质量的提高，加大了教学投入力度，进一步改善了办学条件，优化教学手段，进一步推进了"宽口径、厚基础"的人才培养模式的改革，人才培养质量得到稳步提高。

(2)2000—2004年上半年教学经费投入情况　　　　　　　（单位：万元）

2000年	2001年	2002年	2003年	2004上半年	合计
7434	5394	1304	4544	1827	20503

(3)教学获奖情况

获国家级教学成果奖6项，其中一等奖3项，二等奖3项；17种教材入选教育部"十五"规划教材；1人当选全国教学名师，3人当选福建省教学名师；10门课程获2003年福建省精品课程建设项目；在福建省首批网络课程与多媒体课件研制项目中，我校全部项目验收通过,并有 6 个项目获优秀项目;化学、生物学、历史学、经济学等基地班,软件学院、建筑学专业通过教育部组织的评估,并普遍获得专家的好评。

(4)课程及教材建设情况

2000—2004 年课程数量一览　　　　　　　　（单位:门）

00—01 学年	01—02 学年	02—03 学年	03—04 学年	04—05 学年（第一学期）
2530	2544	2514	2298	1250

2000—2004 年精品课程建设情况一览　　　　（单位:门）

年份	2000	2001	2002	2003	2004
校级				34	尚未立项
省级	无	无	无	21	15
国家级				0	11(推荐 11 门参评国家级)

2000—2004 年双语课程开设情况一览　　　　（单位:门）

00—01 学年	01—02 学年	02—03 学年	03—04 学年	04—05 学年(第一学期)
0	13	41	100	50

注:2004—2005 学年上学期各系统计数据尚未上报。估计有 50 门左右。

2000—2004 年教材出版及获奖情况一览　　　（单位:种）

年份		2000	2001	2002	2003	2004
新出版种数			189		41	45
获奖情况	总门数			7		
	省部级以上			7		

注:优秀教材奖每 2 年评选 1 次。2002 年我校有 7 种教材获优秀教材奖。2004 年教育部尚未组织评选。

(5)教改立项情况

2000—2004 年教改立项情况一览　　　　　　（单位:项）

年份		2000	2001	2002	2003	2004
立项情况	校级		74			
	省级	无	11	无	无	无
	国家级		8			

3. 研究生教育

研究生招生增加人数情况

类别 \ 年份	2000	2001	2002	2003	2004	2004比2000增长(%)
博士生	214	271	343	448	513	139.7
硕士生	869	1202	1539	1990	2490	189.5
专业学位硕士	177	252	531	822	807	355.9
总数	1260	1725	2413	3260	3810	202.3

4. 人才培养质量

(1) 2000—2003年各类学生主要获奖情况

时间	获奖情况
2000—2002年	我校连续三届获得中国大学生"挑战杯"创业大赛金奖
2000—2002年	我校连续三年在团中央组织的暑期"三下乡"社会实践活动中获得"社会实践先进集体"称号
2000年	我校参加全国首次"博士团"活动获得"全国优秀博士团"称号
2001年	在第二届中国"贸仲杯"国际商事模拟仲裁庭辩论赛上,我校法学院代表队勇夺亚军,并赴奥地利维也纳参加第九届国际商事模拟仲裁庭辩论赛
2001年和2003年	在第七届、第八届"挑战杯"中国大学生课外学术科技作品竞赛中,我校共获得一个一等奖,两个二等奖,八个三等奖和"优秀组织奖"
2002年	在全国"科学计算自由软件'SCILAB'竞赛"中,我校荣获一等奖和参赛组织工作特别奖
2003年	在全国大学生数学建模竞赛中,我校获得唯一一个特等奖和两个一等奖、三个二等奖
2003年	在"中法科学计算软件'SCILAB'竞赛"中,我校获得两个一等奖
2003年	中国首届大学生广告辩论赛第一名

(2) 毕业生就业率

在近年来毕业生就业形势非常严峻的条件下,我校的毕业生就业率依然保持较好的水平。

年度		2000	2001	2002	2003	2004	合计
毕业生	总数（人）	2576	2937	3037	3532	4267	16349
	一次就业率(%)	97.48	97.61	97.88	96.39	95.68	96.87
研究生	总数（人）	461	661	761	1135	1496	4514
	一次就业率(%)	99.70	99	99	97	96	97.57
本科生	总数（人）	2115	2276	2276	2397	2771	11835
	一次就业率(%)	97	97.20	97.50	96.10	95.50	96.60

注：本表由学生处提供，毕业生总数＝研究生＋本科生。

(3) 2000—2004年毕业生考研比例

单位性质	2000届		2001届		2002届		2003届		2004届	
	人数	比重	人数	比重	人数	比重	人数	比重	人数	比重
录取研究生	326	15.41%	398	17.49%	453	19.90%	590	24.61%	790	28.51%

（二）科学研究

1999年、2003年先后召开全校科研工作会议，出台了一系列科研管理体制改革的新措施，调动了广大教师和科技工作者开展科学研究的积极性。科研条件显著改善，科研经费总量成倍增长，开展科学前沿领域研究和承担重大课题的能力，为地方经济建设和社会发展服务的能力均明显增强，科技成果转化和科技产业化方面取得了新进展。

1. 科研经费统计表 （单位：万元）

	2000年	2001年	2002年	2003年	2004年(1—7月)	"十五"目标	平均年增长率
理工科	4281.5	4399.83	7521	9421	3527.13	15000—20000	25.23%
文科	1146.14	1355.3	1178.83	1239	468.88		
合计	5427.64	5755.13	8700	10660	3996.01		

其中横向科研经费统计表　　　　　　　　　　　（单位：万元）

	2000年	2001年	2002年	2003年	"十五"目标	平均年增长率
理工科	1551.43	1708.48	2603.31	5459.15	年增 25%—30%	48.1%
文科	301.40	543.47	433.97	566.53		
合计	1852.83	2251.95	3037.28	6025.68		

2.科研项目统计表

(1)文科　　　　　　　　　　　　　　　　　　　　　（单位：项）

	2000年	2001年	2002年	2003年	2004年(1—7月)	合计
国家级	26	33	18	34	28	139
省部级	16	135	51	93	未统计	295
合计	42	168	69	127	28	434

(2)理工科　　　　　　　　　　　　　　　　　　　　（单位：项）

	2000年	2001年	2002年	2003年	2004年(1—7月)	合计
纵向	171	153	181	164	86	755
横向	120	106	101	105	未统计	432
学校自选	36	36	37	46	未统计	155
合计	327	295	319	315	86	1342

3.科研基地建设

(1)2000年和2001年相继设立了四个教育部文科重点研究基地，并在2004年顺利通过验收检查，其中一个成绩为优秀；新设立的宏观经济研究中心也顺利通过专家组实地考察。

(2)在2004年国家重点实验室的评比中，我校"固体表面物理化学国家重点实验室"再次被评为优秀(1999年被评为优秀)；现代分析科学教育部重点实验室顺利通过教育部评估；努力推动"海洋环境科学教育部重点实验室"升级为国家重点实验室；新增一个省级重点实验室(化学生物学福建省重点实验室)，新增一个省工程技术研究中心(福建省集成电路设计工程技术研究中心)、一个省研究中心(福建省医学分子病毒学研究中心)、三个厦门市工程技术研究中心。

(3)成立了微机电研究中心、纳米科技中心、半导体光子学研究中心、生物医学工程研究中心、精确制导自动目标识别国防科技重点实验室第六研究室(与国防科技大学共建)、特种先进材料实验室等跨学科研究基地。

4.科研论文、著作发表情况

(1)文科

论文

	2000年		2001年		2002年		2003年	
文科专任教师数(人)	767		810		864		922	
权威核心期刊论文	篇数	人均	篇数	人均	篇数	人均	篇数	人均
	556	0.76	590	0.73	630	0.73	516	0.56
其他论文	923	1.66	1083	1.84	1321	2.10	1221	2.37
论文总数	1479	1.60	1673	1.54	1951	1.48	1737	1.42

注:2000—2002年度的统计的权威、核心论文以原《厦门大学权威、核心期刊目录》为标准统计,2003年度统计的CSSCI论文以教育部委托南京大学研制的CSSCI(中文人文社会科学引文索引)为标准统计。

著作

	2000年	2001年	2002年	2003年
文科专任教师数(人)	767	810	864	922
著作(本)	151	136	182	186
人均(本/人)	0.20	0.17	0.21	0.20

(2)理工科

2000—2003年发表科技论文、专著统计表(中国科技信息研究所信息分析中心数据,2003年未公布)。

项目	2000年		2001年		2002年		2003年	
	篇次	排名	篇次	排名	篇次	排名	篇次	排名
国内论文	506	52	636	45	577	62		
国内被引	706	38	1147	32	814	45		
SCIE(SCI)	182	19	201	22	275	23		
EI	53	46	54	49	59	50		
ISTP	38	27	18	68	49	47		

(续表)

项目	2000年		2001年		2002年		2003年	
	篇次	排名	篇次	排名	篇次	排名	篇次	排名
SCIE被引	206篇 425次	13	199篇 424次	13	241篇 558次	16		
科技专著			4部 (1246千字)		5部 (680千字)			
大专院校 教科书			14部 (3430千字)		19部 (1876千字)			

SCIE、EI、ISPT 论文分析

	2000年	2001年	2002年
理科专任教师数(人)	526	547	614
SCIE、EI、ISTP(篇)	273	273	383
人均(篇/人)	0.52	0.50	0.62

5.科研奖励情况

(1)2002年第三届中国高校人文社会科学研究优秀成果评奖中,我校文科共有18项成果获奖,其中一等奖2项、二等奖3项、三等奖13项,获奖总数位居全国高校第6名。在2003年福建省第五届社会科学优秀成果评奖中,我校文科有127项成果获奖,其中一等奖13项、二等奖39项、三等奖71项,青年佳作奖4项,获奖总数在福建省高校中遥遥领先。

(2)理工科共获国家和省部级奖励50项,其中:国家科学技术进步奖二等奖1项(2001年);教育部提名国家科学技术奖一等奖5项、二等奖9项;省科学技术奖一等奖2项、二等奖9项、三等奖22项;国家海洋创新成果奖二等奖2项。郑兰荪院士领导的研究组与中国科学院化学所、武汉物理与数学所的有关研究人员合作完成的一篇论文——《活泼C_{50}的捕获》发表在2004年4月30日出版的美国《科学》杂志,标志着我校的科研水平迈上一个新的台阶。

(三) 科技产业化

1. 近年来我校现有科技企业概况一览表

序号	企业名称	注册资本（万元）	资产公司占股权
1	厦门大学化工厂	360.0	占100%,计360万元
2	厦门厦大建南应用技术有限公司	210.0	占71.4%,计150万元
3	厦门厦大肽谷药业有限公司	200.0	占90%,计180万元
4	厦门厦大科晟基因工程有限公司	200.0	占51%,计102万元
5	厦门厦大信息技术有限公司	168.0	占30%,计50.4万元
6	厦门厦大海通自控有限公司	168.0	占26%,计43.68万元
7	厦门厦大祺丰激光有限公司	52.5	占30%,计15.75万元
8	厦门一方软件有限公司	400.0	占18.75%,计75万元
9	深圳摩信科技有限公司	1300.0	占13.85%,计180万元
10	厦门视远资讯科技有限公司	12.0	占30%,计3.6万元
合计		3070.5	1160.43万元

2. 产学研基地建设

学校不断探索与企业合作的模式,注重与企业开展长期稳定的合作,以多层次、多形式开展产学研合作,建立不同模式的产学研基地——"技术工程中心"或"实验室"。三年来,与杭州养生堂有限公司共建"厦门大学养生堂生物药物实验室",与厦门宝龙集团共建"厦大宝龙电池研究所",与深圳美宝田公司共建"厦门大学深圳宝安区水产工程技术合作开发中心",与福建华融科技股份有限公司共建"厦门大学华融信息技术实验室",与厦门三优光机电科技开发有限公司共建"厦大三优光机电科技开发中心",与福建南孚电池公司共建"南孚电池公司博士后流动站厦大研究中心"等产学研基地,这些研发基地的成立促进了处于不同阶段科技成果的转化,已成为我校科技成果转化与产业化的重要孵化基地。

3. 国家大学科技园建设

虽然受去年"非典"和今年国家清理开发区政策的影响,但是申报工作没有停顿。严格按照国家大学科技园的评估指标,做好申报工作,为接受科技部、教育部的评估作了较为充分的准备;成立四个科技园孵化中心——合成化学孵化中心、纳米科技孵化中心、生物医药孵化中心、农业技术孵化中心；入园机构从原来的 5 家，增加到目前的 27 家（其中科研机构 18 家、科技企业 9 家）；科技园用地已获准立项，申报红线图的前期资料已完成，并获得省林业厅"使用林地审核"的批准。

4. 科技成果转化

2000—2003 年我校应用型科技成果分布

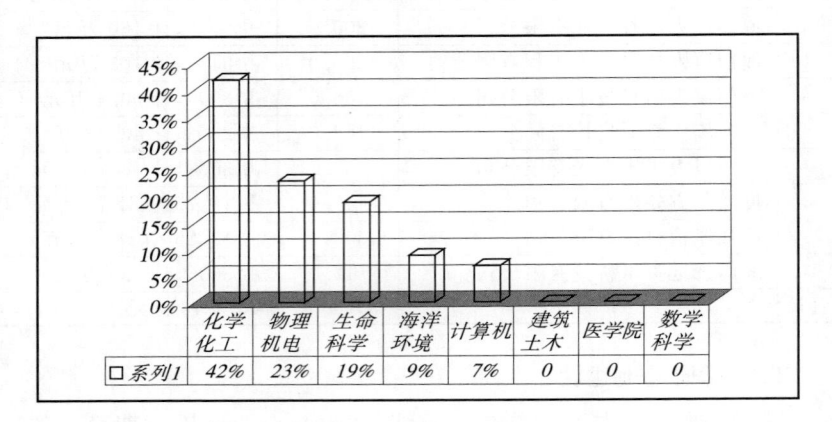

	化学化工	物理机电	生命科学	海洋环境	计算机	建筑土木	医学院	数学科学
系列1	42%	23%	19%	9%	7%	0	0	0

近年来科技成果转化情况一览表

序号	项目名称	项目负责人	转化时间	折价股权/转让资金
1	丙谷二肽合成工艺	赵玉芬	2003	注册资本为 200 万
2 *	高效表达转胸腺基因蓝藻项目	章 军	2003	注册资本为 200 万，技术入股占 35%
3	用于光纤通讯的 INGAAS 光电探测器	陈 朝	2004	
4	网络安全控制系统	商少平	2000	注册资本为 400 万，技术入股占 18.75%
5 *	高硫化氢合成气一步法制甲硫醇	杨意泉	2004.8	5 万欧元＋价值 1 万欧元设备
6	无"三苯"接支氯丁胶粘技术	戴李宗	2003.12	12 万元
7	新型活性炭材料的开发与应用	张会平		
8 *	HIV 基因工程重组抗原及第三代 HIV1＋2 抗体 ELISA 试剂盒的研制	夏宁邵	2000	销售额 10% 收益

(续表)

序号	项目名称	项目负责人	转化时间	折价股权/转让资金
9*	膜分离法处理垃圾渗沥液的应用研究	蓝伟光		
10*	东风螺生产性人工育苗技术研究	柯焕才	2002	87万元
11*	无线接入设备——公话系统	陈辉煌	2001.5	毛利1%—2%收益
12	聚乙烯吡咯烷酮生产项目	黎四芳	2003	15万元
13*	10Mbps、100Mbps光纤收发器	陈 朝	2001	25万元
14	循环硫化床锅炉先进控制系统	叶晓兵	2003	前期投入30万元
15*	高性能防火涂料系列	戴李宗	2003	60万元
16	有线电视接收机	陈 朝	2002	16万元
17	抗艾滋病原料药及手性中间体的研制	靳立人	2003	50万元

注：其中加 * 为2000—2003年间授权专利及通过成果鉴定的项目，计8项。科技成果转化率(8/103)=7.8%。

(四) 学科建设

1. 学科建设投入情况

（单位：万元）

年　　度	1999	2000	2001	2002	2003	2004	合计
211一期、二期及行动计划经费中投入学科建设的经费总和	942	5247	2950	7005	8983	3950	29077

2. 学科建设对照表

	2000年	2004年	"十五"目标	实现情况
国家级重点学科(个)	7	13	12—15	√
博士、硕士学位授权一级学科(个)	2	10	12—16	有望达到
博士学位授权二级学科(个)	25	39		

(续表)

	2000年	2004年	"十五"目标	实现情况
有权招收博士生专业(个)	59	95		
硕士学位授权二级学科(个)	73	129		
有权招收硕士专业(个)	75	161		
其中:专业硕士学位授权	3	5		
博士后科研流动站(个)	6	12		
省级重点学科(个)	10	10		有望达到

3.大力发展和重点建设高新技术领域的信息、新材料与新能源、医学、生命科学、工程学科、软件工程等社会经济发展急需的学科,取得可喜成效。尤其是工学门类,招收培养研究生的一级学科已达九个,比原来增加了七个,工科类的博士点也取得了"零"的突破,新增一个博士、硕士学位授权一级学科(环境科学与工程)和四个二级学科博士点(控制理论与控制工程、通信与信息系统、测试计量技术及仪器、工业催化)。

(五)队伍建设

1.队伍建设情况对照表

项目	2001年	2002年	2003年	2004年	04与01年对比增减(%)	2005年目标	差距
总数(人)	1369.0	1486.0	1629.0	1773.0	29.5	2000	227
青年教师占教师比重(%)	72.8	73.6	73.4	74.2	—		
教授人数(人)	327.0	318.0	381.0	435.0	33	400	—
教授占教师比重(%)	23.9	21.4	23.4	24.5	—	20	
副教授以上职务人数(人)	831.0	874.0	947.0	1057.0	27.2	1200	157
副教授以上职务教师占教师比重(%)	60.7	58.8	58.1	59.6	—	60	0.4
教师中拥有博士学位人数(人)	449.0	495.0	601.0	692.0	54.12	600	—

(续表)

项目	2001年	2002年	2003年	2004年	04与01年对比增减(%)	2005年目标	差距
有博士学位教师占教师的比重(%)	24.4	33.3	36.9	39.1	—	30	—
教师中留学回国人员人数(人)	445.0	—	576.0	631.0	41.8		
博士生导师人数(人)	149.0	172.0	234.0	302.0	102.7		
博士生导师中青年教师的比重(%)	22.8	28.5	33.3	39.7	—		

2. 人才引进和高层次人才情况

(1)人才引进:"十五"以来,共引进专任教师635人(具有博士学位的391人,正高职称68人),使我校专任教师总数达到1773人,具有博士学位的教师比重由24.4%提高到39.1%。

(2)学科带头人及骨干教师情况

项目	2001年	2004年
中国科学院院士	8	8
中国工程院院士	1	1
双聘院士		8
长江学者特聘教授	4	5
跨世纪优秀人才	13	16
杰出青年基金获得者	10	16
闽江学者特聘教授	1	1
国务院学科评议组成员	9	7
突出贡献专家		14
入选百千万人才工程		8
获教育部高校青年教师奖		8

3. 师资培养

"十五"以来,公派出国留学共有181人(其中国家公派77人,学校公派104人,不含学校组织的短期出国外语培训人数),完成留学任务回国的有172人；共有228人在职攻读学位（其中攻读博士学位162人，攻读硕士学位66人）；共有287人被遴选为第四批或第五批的骨干教师得到重点培养。

4. 创新团队建设

在我校物理化学国家创新研究群体的带动下，各学院、各单位都在积极组建创新团队，目前已有不少研究团队或群体已具备或基本具备教育部创新团队的申报条件，学校正在组织申报教育部创新团队项目，同时也在拟定校级创新团队发展计划。

5. 师资管理

2003年年初，学校在拟定教职员工聘用制度试行办法的同时，开始酝酿作为学校队伍主体的教师的聘任制度改革问题，并于2004年6月正式出台了《厦门大学教师职务聘任条例（试行）》，取消教师任职资格（职称）的评审，全面试行教师职务聘任制度。同时，根据学科建设和教学科研工作的需要，对各学院（单位）教师的编制和岗位重新加以拟定和设置，并出台了一系列相关的政策规定。

（六）学术合作与交流

1. 与国内知名高校开展校际合作

本着"优势互补、资源共享，互惠互利、共同发展"的原则，学校分别与国防科技大学、山东大学签订了校际合作协议，在师资共享、人才培养、科研合作、学科建设等进行实质性的合作。

2. 与国（境）外知名高校和科研机构开展学术合作

（1）2001年以来，我校与美国旧金山大学、澳大利亚科庭科技大学、英国卢顿大学建立了合作办学项目三个。2003年海洋与环境学院与美国旧金山大学，开展了中外联合培养环境工程专业硕士研究生；第一个联合培养会计学士的项目已获教育部批准开始启动，今年9月开始招收学生30多人，其余两个项目已签订了正式协议或备忘录，具体实施计划正在具体商谈之中。

（2）与世界21个国家和地区的76所高校和研究机构建立了正式的校际交流关系。2004年4月与韩国仁荷大学、美国罗德岛大学、美国华盛顿大学、法国勒哈弗尔大学、以色列海法大学、澳大利亚皇家理工学院签订了"全球七校联盟"联合协议，建立了这七所大学间的多方合作。

（3）会计系课题组与国外会计组织ACCA合作于2001年赢得了课程研究开发项目的国际竞标。该项目获资助经费总额13.3万美元（约119.68万元人民币）。在面向全世界范围的招标中，中国只有我校与北大竞标成功，而其余几项皆被世界五大会计师事务所竞标夺得，这充分显示了我校社科研究参与国际竞争的实力。利用化学、海洋环境科学等学科的优势，我校分别与美国、日本、德国、加拿大、法国、白俄罗斯等国家的研究机构建立长期合作关系。仅CBCM国际合作项目，就获加拿大国际发展署（CIDA）资助144万加元。另外，我校还与德国弗劳恩霍夫工研院共办厦门研究中心，首批开发具有自主知识产权的"新型聚焦毛细管电泳仪"。

3. 举办学术会议

2001年至今，举办国际和区域学术会议（含两岸学术会议）48次。2003年9月，在西班牙举行的第33届国际光谱会议上，受中国化学会、中国物理学会和中国光谱学会的全权委托，由厦门大学黄本立院士率领的厦门申办小组正式提出申请，并进行申办陈述，经过投票，以18票对11票胜过巴西，为厦门赢得第35届国际光谱会议的举办权。会议将于2007年在厦门举行。此前，该会议仅有一次在亚洲举办，是1981年由日本东京承办的。

4. 按需聘任外国专家来校任教

2001—2004年，我校共聘请了外国文教专家和教师120人，引进外籍华人12人来学校工作；共资助各学院邀请了127名短期专家来校短期讲学和访问；学校接待来校参观访问的国内外团体和个人共278批，计1947人次；各学院接待来访的专家和学者共300多批，计2500多人次。

5. 选派教师和管理干部出国(境)学习交流

2001年以来,已派出三批骨干教师90人次到澳大利亚、英国的大学语言培训中心培训英语,另外管理学院派出三批专业教师40人左右到英国进行语言和专业培训。同时,学校还分别于2002年和2004年组织党政干部四批80多人次赴香港和韩国大学进行学习考察,学习先进的办学理念。

(七)基础教学设施和公共服务体系建设

1. 基础教学设施大大改善

2000—2004年教学实验室情况一览

年 份	2000	2001	2002	2003	2004
实验室个数	46	55	69	75	80
实验室面积(m^2)	28656	26598	30292	27479	41359

2000—2004年多媒体教室情况一览

年 份	2000	2001	2002	2003	2004
多媒体教室间数	2	66	89	137	170
多媒体教室座位数	300	5993	7604	15235	19026
全校总座位数	12000	12800	13557	23723	24978
占全校总座位数的比重(%)	2.5	46.8	56.1	64.2	76.2

2000—2004年教学用计算机数量一览

2000年	2001年	2002年	2003年	2004年
2772	2964	3878	7473	8038

2. 数字图书馆:2001—2003年,图书馆的经费大幅度增长,包括教育部文科专款,总经费为4436万元,年均约1450万元。进行了总馆馆舍改扩建、分馆建设,在大幅度增加纸质书刊采购的同时,在国内大学中率先重点建设数字图书馆,取得十分显著的成果,目前已处于全国高校数字图书馆建设的前列。

3. 完成了对校园主干网的升级改造,使厦大所有教学、科研、行政楼及学生宿舍,全部实现千兆网到楼。厦大校园主干网性能、规模跃居全国领先行列,为"数字厦大"建设打下坚实的基础。2003年在国内高校首次采用DWDM(密集波分复用系统)技术构建不同校区间(主校区和漳州校区)高速网络连接。新建校区均实现全面高速网络覆盖。我校已被教育部确定为下一代互联网全国20个核心节点之一,即将建设带宽高达2.5Gbps的下一代互联网核心节点,可为我校建设学科创新平台提供更好的信息交换平台支持。

4. 办公自动化建设方面,网络中心与学校办公室共同开发了厦门大学办公自动化系统(XMUOAS)。现该系统运行情况良好,注册用户649个,注册单位66个。

5. 体育设施有了较大改善

体育运动场地的建设与投入

年份	内容	面积(m^2)	投资(万元)
2001	塑胶田径场、人造草皮、主席台看台等	20000	1200
2002	1. 明培体育馆电子显示屏、音响等		50
	2. 田径场器材设备、音响等		50
2003	1. 清明游泳馆3楼3池2房	8200	1600
	2. 漳州校区塑胶田径场、篮、排、网球场	50000	2000
2004	1. 明培馆中央空调、运动员、裁判员、贵宾休息室	1200	200
	2. 风雨球场改造,1号篮球场改造	6000	60
	3. 漳州校区游泳池两个	6000	400
合计		91400	5560

(八) 基础设施与后勤保障系统建设

1. 坚持以教学科研为中心并服务于教学科研工作,认真解决学校老校区原有生活系统的改造问题以及教学、科研和实验室用房部分短缺的问题,改善学生学习生活设施,为学校学科建设、人才培养、师资队伍建设创造良好的物质条件。

学校基础设施与后勤保障系统的建设坚持为教学科研服务的原则,着手改善师生员工的工作学习和生活条件,为学校的人才培养、科学研究等全面发展创造一流的环境与条件。学校"十五"期间完成的基本建设总量超过前40年的总和。

2. 基本建设

厦门大学基建工程建设情况一览表(2001—2005)

年　度	新建或拟建面积(m^2)	合同价(万元)
2001	维修	1578.53
2002	216973	33872.51
2003	151490	23256.77
2004(1—8月)	19910	5195.77
2004.8—2005	217260	50046.00
合计	605633	113949.58

3. 水电改造

基本完成校本部的架空线路改造,改造线路达到3万多米;今年进行了我校办学历史上最大规模的水网改造。

4. 学生宿舍

在漳州校区建设的同时,改造和新建的学生宿舍包括:

校本部学生宿舍改造:23幢(今年10幢),1445.47万元

博士后公寓建设:5360m^2,1200万元

博士公寓建设:48390m^2,12446万元

硕士生宿舍建设:47000m^2,10533万元

明年我校基本将实现"421"目标。

5. 加快住房制度改革,推进住房社会化。从今年开始,新进教职工实行住房货币化补贴。

6. 遵循"合理剥离、有效重组、严格监管、适当扶持"的原则,加强资产管理,保证学校国有资产的保值、增值。

7. 经教育部批准,我校有关全资企业的净资产和学校对外投资的股权资产共5863万元顺利划转到资产公司。到2003年底止,资产公司的净资产为1.51亿元,注册资本为1.38亿元。2003年度全校经营性资产实现收入25201万元,净资产19012万元,净利润收入1169.2万元。

（九）漳州校区建设

（1）指标：确保在 2003 年秋季首批新生进入漳州校区就学，到 2005 年漳州校区学生规模达到 1 万人；到 2010 年漳州校区学生规模不低于 2 万人。

（2）执行情况

	2002—2004 年	
	面积（m^2）	投资（万元）
教学科研实验用房	137747	18012.32
学生宿舍	136645	18792.32
食堂	27810	3609.03
综合楼	8060	1202.78
体育场地	1140	1302.16
室外工程	0	5693.13
基础设施	0	1171.30
合计	311402	49783.04

2003 年秋季首批 5500 名新生顺利入住漳州校区就学；今年秋季又有 6800 多名新生入住漳州校区。

按照"统一领导、职能延伸、条块结合、校区统筹、创新高效"的管理体制和运行机制，加强新校区管理，实行"新校区、新模式"。

（十）办学经费

2000—2004 年经费收入情况表　　　　（单位：万元）

2000	2001	2002	2003	2004	合计	年均增长
46068	55851	74313	73420	69961	319613	14.94%

（十一）深化改革，加强管理

1. 深化办学体制改革。2001 年教育部、省、市实行重点共建厦门大学，"985 工程"一期建设顺利推进；目前正在商谈"985 工程"二期重点共建。

2.深化校院二级管理体制改革。2003年公布了新的《厦门大学校院二级管理体制试行条例》;调整了院系设置,组建了公共事务学院、建筑与土木工程学院、数学科学学院;新建了软件学院;经教育部批准,由厦门大学和厦门嘉庚教育发展有限公司共同举办具有独立法人资格、独立校园和独立财务,并按新的办学机制和模式运作的本科层次独立学院——嘉庚学院。

3.深化人事、分配制度改革,全面推行全员聘任合同制,由身分管理转向岗位管理;启动"人才工程",实行岗位津贴制度,完善人事考核、聘任制度。

4.人才培养模式改革,建立弹性化的教学运行机制;启动"厦门大学研究生教育创新与质量工程",推进研究生教育质量的提高。

5.深化科研管理体制改革,大力提高科研创新能力。

6.深化科技产业管理体制改革,加快科技成果转化和产业化。

7.深化后勤社会化改革,按照企业化、集约化、专业化、规模化的方向,在对校内后勤进行经营资源重组和市场有效开发的基础上,组建后勤集团。

8.深化财务管理体制改革,逐步建立"统一领导、分级管理、财力集中、财权下放、分级报账"的财务管理体制。

9.坚持依法办学,依法管理,依法治校,调整管理跨度,规范管理行为。

(十二) 党建和思想政治工作

1.加强理论武装,努力实践"三个代表"重要思想。

2.不断加强党建工作,努力提高党的领导水平和执政水平,加强领导班子建设和干部队伍建设;加强基层组织建设:进行总支考评、设立学院党的委员会、开展党支部立项活动。

3.加强和改进思想政治工作,维护校园稳定和教学、科研、生活的正常进行。

三、发展中存在的主要问题

1. 在思想观念上开拓创新意识不足，敢争一流、勇攀高峰的胆魄不大，甘居二流的思想浓厚。

安逸不等于保守，但安逸容易不思进取，易于满足；厦门长期缺少大工业，因此在校园文化中缺少开阔、协同的要素；现代社会的公平竞争意识不强，背后搞小动作的人总有市场；地域远离国家政治、经济、文化中心，造成教师与干部自信心的不足。

2. 高水平的强势学科少，学科间交叉渗透不够，综合性大学的学科综合优势尚未充分发挥，大而强的学科平台少。

国家重点学科对比

学校名称	文科	理工科	总计	直属高校排名
北京大学	27	54	81	1
清华大学	2	47	49	2
复旦大学	12	28	40	3
南京大学	6	22	28	4
浙江大学	1	23	24	6
武汉大学	7	13	20	7
西安交通大学	0	20	20	7
中山大学	5	15	20	7
上海交通大学	0	16	16	13
厦门大学	8	5	13	18

资料来源：中国教育科研网。

厦大学科门类排名

年份	理学	工学	农学	医学	哲学	经济学	法学	教育学	体育学	文学	艺术学	历史学	管理学
2004	12	71	—	—	16	5	12	—	—	16	—	8	14
2003	12	—	—	—	18	4	9	—	—	20	—	8	13
2002	12	76	—	74	18	5	9	—	—	29	12	15	25

资料来源：《科学学与科学技术管理》2004年第1期。中国高校网 http://www.china-school.net/。

3.人才培养结构不够优化,研究生特别是博士生规模偏小,留学生中完成专业学历教育的比例还很低,人才的培养质量,特别是研究生的培养质量,还亟待提高。

人才培养对比

学校	在校生数	博士生	硕士生	本科生	本研比
北京大学	26972	4234	8498	14240	1.12∶1
清华大学	26312	4214	7921	14177	1.17∶1
复旦大学	25318	3132	7016	15170	1.49∶1
上海交通大学	22870	2998	5366	14506	1.73∶1
南京大学	21064	2575	5972	12517	1.46∶1
浙江大学	41591	4994	10780	25817	1.64∶1
西安交通大学	30992	3302	7412	20278	1.89∶1
武汉大学	46955	3565	11945	31445	2.03∶1
中山大学	28017	2482	6642	18893	2.07∶1
厦门大学	23200	1060	6327	15813	2.14∶1

资料来源:《教育部直属高校2003年基本情况统计资料汇编》。

研究生院排名

序号	学校名称	排名
1	清华大学	1
2	北京大学	2
3	浙江大学	3
4	复旦大学	4
5	南京大学	5
6	上海交通大学	7
7	武汉大学	8
8	中山大学	9
9	西安交通大学	10
10	厦门大学	22

资料来源:《科学时报》2004年8月17日。

2004研究生生源构成(报考数)

	总数	厦门大学	教育部直属大学	一般本科院校	大专院校	其他
博士生	980	406	140	336	9	16
研究生	9556	1576	1289	6310	372	9

留学生的层次结构

项目	2001年	2002年	2003年	2004年	/比例(%)
人才培养规模（当年在校生）	666	847	818	951	
博士生	8	10	14	14	1.47
硕士生	11	9	21	13	1.37
本科生	95	113	151	117	12.30
进修生	552	715	632	807	84.86

全国百篇优秀博士学位论文入选情况

学校名称	1999年	2000年	2001年	2002年	2003年	合计	名次
清华大学	12	8	4	7	8	39	1
北京大学	8	7	8	9	4	36	2
复旦大学	6	5	8	3	5	27	3
浙江大学	4	7	2	2	3	18	4
南京大学	2	3	3	2	5	15	5
上海交通大学	0	2	3	4	2	11	7
西安交通大学	2	2	1	1	4	10	8
中山大学	2	0	2	2	3	9	9
武汉大学	1	1	2	1	1	6	16
厦门大学	0	0	1	0	0	1	37

资料来源：《教育部直属高校2003年基本情况统计资料汇编》。

4.科研经费总量偏小，高水平科研平台少，高显示度的标志性成果少，科技成果转化和高新技术产业化工作还相对薄弱，科技创新能力和科研竞争力不够强。

科研经费对比　　　　　　　　　　　　　　　　　　　　（单位：万元）

学校名称	文科经费	理工科经费	科研总经费
清华大学	4711	95511	100223
浙江大学	4748	83530	88277
上海交通大学	875	84554	85429
北京大学	6056	44386	50442
西安交通大学	316	35182	35498
复旦大学	3132	29282	32414
武汉大学	2411	24710	27121
中山大学	6361	16630	22991
南京大学	1816	20189	22004
厦门大学	1520	9140	10660

资料来源：《教育部直属高校2003年基本情况统计资料汇编》。

厦大科技创新力和人文社会科学研究竞争力排名

项目名称	总排序	投入排序	产出排序	效率排序
科技创新力竞争力	21	22	19	15
人文社会科学研究竞争力	12	12	12	18

资料来源:《中国青年报》2004 年 7 月 8 日学习周刊。

中国管理科学院(武书连等)对高校科研排名

年 份	2000	2001	2002	2003	2004
科学研究	30	31	22	23	24
自然科学	44	43	31	34	35
社会科学	11	11	10	8	8

资料来源:中国高校网 http://www.china-school.net/2004top.htm。

5. 师资队伍建设至今基本处于一种"应急"的状态,主要是为了解决学生人数的扩张而引起的师资不足的矛盾。师资队伍中在国际学术界有影响的高水平学术带头人偏少,吸引、汇集和孕育世界一流学术大师的条件不够完善,吸引力不足。

队伍建设对比

学校名称	教职工总数	专任教师数	具有博士学位教师数占专任教师比例(%)	博士生导师	教授	副教授
北京大学	7523	2409	43.46	1287	788	859
清华大学	8116	2022	45.55	735	741	798
复旦大学	5840	2302	31.54	665	545	822
上海交通大学	6113	2172	43.69	393	578	843
南京大学	4301	1897	37.16	510	636	621
浙江大学	8464	3308	34.31	587	873	1296
西安交通大学	6755	3255	17.36	297	656	1050
武汉大学	8386	3299	24.34	654	899	1127
中山大学	5505	2529	34.60	502	591	912
厦门大学	4214	1703	36.29	259	389	574

资料来源:《教育部直属高校 2003 年基本情况统计资料汇编》,目前我校具有博士学位教师占教师总数的 39.1%。

两院院士分布情况

学校名称	科学院	工程院	合计	名次
清华大学	29	23	52	1
北京大学	34	6	40	2
南京大学	23	0	23	3
复旦大学	13	5	18	4
浙江大学	9	6	15	5
上海交通大学	6	6	12	6
武汉大学	4	7	11	7
厦门大学	7	1	8	15
西安交通大学	2	5	7	16
中山大学	2	1	3	28

资料来源：《教育部直属高校2003年基本情况统计资料汇编》，教育部的统计仍将赵玉芬院士算在清华大学，实际上应为我校院士。

长江学者、国家杰出青年科学基金、跨世纪优秀人才、高校青年教师奖分布情况

学校名称	长江学者	国家杰出青年科学基金	跨世纪优秀人才			高校青年教师奖
			小计	自然科学	人文社科	
北京大学	59	89	72	48	24	16
清华大学	48	68	41	40	1	18
复旦大学	28	32	47	35	12	11
上海交通大学	24	19	20	20	0	10
南京大学	25	45	35	29	6	14
浙江大学	25	31	32	30	2	16
武汉大学	15	13	30	19	11	7
中山大学	8	20	16	12	4	8
西安交通大学	8	11	23	23	0	4
厦门大学	5	12	15	9	6	8

资料来源：《教育部直属高校2003年基本情况统计资料汇编》。

6.学校面临扩大办学规模和提高办学水平的双重压力，经费投入远远不能满足学校事业发展的需要，学校多方筹措经费、争取办学资源的能力不够强。

办学条件对比

学校名称	教育经费收入(亿元)	固定资产(亿元)	仪器设备总值(亿元)	图书资料(万册)	占地面积(亩)	校舍总面积(万 m²)
清华大学	23.42	23.95	12.02	340	5941	195.72
北京大学	21.69	24.70	12.97	703	3992	142.23
浙江大学	21.65	22.85	11.33	588	7992	118.96
上海交通大学	18.60	24.23	8.45	230	3036	93.74
中山大学	16.53	17.82	4.29	425	9258	106.7
武汉大学	15.68	18.28	7.45	536	5070	195.13
复旦大学	13.36	17.91	8.54	424	3902	109.26
西安交通大学	10.66	16.74	6.22	356	2704	138.38
厦门大学	7.34	8.71	3.74	253	5068	97.04
南京大学	6.83	9.22	5.73	407	3550	95.9

资料来源:《教育部直属高校2003年基本情况统计资料汇编》。

2000—2004年厦大经费收入情况表　　　　　　　　　(单位:万元)

收入项目	2000年	2001年	2002年	2003年	2004年	年均增长
中央财政	12620	16780	31643	31300	22507	31%
地方财政	10651	17252	13486	7574	11022	14%
科研经费	5428	5755	8700	10660	9346	22%
学费收入	10166	12648	17358	17633	24286	34%
捐赠收入	3531	824	499	1423	50	-9%
其他收入	3672	2592	2627	4830	2750	4%
合计	46068	55851	74313	73420	69961	16%

7.学校整体国际化程度不高,承担国际科研合作项目少,国际学术交流的领域不宽,层次不高;招收国际学生的数量不多,特别是学历生的数量少,竞争意识、创新意识、争一流意识比较薄弱,全局观念和紧迫感、危机感不强,学术氛围不够浓厚。

2003年高校留学生在校生对比　　　　　　　　　(单位:人)

学校名称	博士	硕士	本科	培训	合计
北京大学	147	160	985	533	1825
清华大学	52	121	392	722	1287
复旦大学	61	107	992	601	1761

（续表）

学校名称	博士	硕士	本科	培训	合计
上海交通大学	21	66	286	1586	1959
南京大学	61	77	141	290	569
浙江大学	50	57	180	481	768
厦门大学	12	19	115	275	421
武汉大学	29	58	140	100	327
中山大学	10	51	88	297	446
西安交通大学	3	10	293	23	329

资料来源：《教育部直属高校2003年基本情况统计资料汇编》。

8.学校管理人员的综合素质不够高，创造性地主动开展工作的能力不强，服务意识与工作效率都有待提高。仍然存在校长做处长的事，处长做科长的事，科长与科员做同样的事的现象；管理为教学、科研服务的意识不强，一线的教师仍不能一心一意只搞教学和科研；有些管理工作仍浮在面上，主动深入基层去了解情况、发现问题、解决问题的干部不多；工作效率不高，遇到难题相互推诿的情况时有发生；依法治校、依法办事的观念仍然薄弱，不熟悉规章制度的干部还很多；双肩挑的干部，如何很好地处理专业工作与管理任务之间的关系仍有待改进。

四、下一步的工作思考

1.加强和改进党建与思想政治工作，把思想政治工作与提高师生员工的理论素养和人文素质有机地结合起来，为学校的改革、发展和稳定提供强大的精神动力和坚强的组织保证。

切实抓好师生员工的思想理论学习，采取群众乐于接受的方式，提高师生员工的综合素质；加强干部培训工作，认真总结选送干部出国出境考察学习的体会与收获，加大选送力度，让干部有更多的机会了解世界；从制度上加强师德师风的建设，对破坏学术道德和职业道德的教师，要有得力的惩戒措施；进一步加强舆论宣传工作，全方位、多层面地向社会展示学校的建设成就，全面地提升全校师生员工对学校的自信心和认同感。

2. 实施人才培养"质量工程",切实加强素质教育,优化人才培养结构,增强学生的协作精神、竞争意识和创新能力。

加强招生宣传力度,争取有更多优质生源进入厦门大学;进一步完善本科生的培养模式,尽可能使学生把自己的学习兴趣与所学专业结合起来,从明年开始实行双学位制度和严格意义的学分制;改革研究生的培养模式,切实实行分类培养制度;扩大硕博连读的比例,研究生中期选拔的主要意义在于挑选直博生,不再读博的硕士生和应用类研究生可以两年或两年半毕业;加强学生实践和实验课的比重,提高实验动手能力,加强社会实践锻炼,增强学生适应社会的能力;切实做好双语教学工作;完善学生的考试评价体系,改变目前检测学生是否掌握所学知识评价方式单一的现状;允许学生对某些课程通过自学的方式获取学分。

3. 实施"科技创新工程"和"哲学社会科学繁荣计划",集中力量建设若干科技创新平台和哲学社会科学创新基地,大力提升学校的科学研究创新能力。

认真做好"985工程"二期规划,力争顺利通过主管部门组织的评审,举全校之力建设好十个创新平台和基地;强化激励机制,鼓励科研人员潜心研究,不浮不躁,力争多出标志性的科研成果,多出传世之作;科研课题是获取科研成果最重要的载体,设计课题的过程就是一个科研创造的过程。要精心组织,争取更多的课题,特别是大课题;力争军口项目能有更多突破;把教学与科研更好地结合起来,特别要把研究生的培养与科研工作紧密结合,研究生的招生将优先保证科研工作的需要。

4. 抓紧、抓好科技成果的产业化工作,力争社会服务上一个新的台阶,特别是为地方经济建设和社会发展作出更大、更直接的贡献。

认真做好丙谷二肽等成果的产业化工作,争取在生物制药、化学制药、海洋药物开发、信息产品、微光机电产品等高新技术领域拿出几个拳头产品;抓紧国家大学科技园的建设工作,硬件设施争取在年内能开始动工建设;认真研究科技成果转化的有效形式,积极探索科技成果转化中介机构的功能与作用;力争国家工程技术中心的突破,把现有的几个省市级工程中心建设好,打造几个高水平的科技成果研发与转化平台。

5. 加强队伍建设,强化"以人为本"的理念,从体制、机制和环境三方面着手,汇集优秀人才,打造一流队伍。

加强创新团队的建设,力争每个学院都有一两个以学术带头人为龙头,以优秀中青年为骨干的创新团队,提高集体攻关的能力;认真实施《教师职务聘任条例》,建立良性的竞争与激励机制,把最合适的人放在最合适的岗位上;设置特聘教授和讲座教授岗位,下大力气寻求优秀的人才,特别是高水平的领军人物;人才与学科建设紧密相联。在人才引进上要从目前的应急式引进转为有规划的引进,特别注意一流人才和整个团队的引进;特别重视青年骨干教师的培养工作,从今年到明年,分两批再选拔300名青年教师(包括工程技术人员)作为骨干来培养;下大力气营造一个最佳的人文环境与自然环境,用环境来吸引人,让厦大的教师有一个做学问的最佳环境。

6. 狠抓学科建设,有步骤、分层次地构筑学科平台,稳步地提升学校的整体实力和核心竞争力。

认真做好下一轮学科点的申报准备工作,力争本次评审能比上一次有更大的收获;在巩固现有优势学科的基础上,充分发挥优势学科的带动效应,迅速提升新兴的弱势学科的整体实力;切实做好学科间的交叉、整合,强强联合、强弱联合,形成若干有良好发展前景的新学科;学科建设与队伍建设相互促进,队伍建设服务于学科建设,人才引进要以学科发展的需要为标准。

7. 加强国内外学术交流与合作,要让更多的教师和学科走上世界的竞技场,充分引进国际公认的学术评价标准,把厦大建成一所世界知名的大学。

切实把国际学术交流与合作的重心放在学院，抓好几个学院的试点工作，发挥示范带动作用；做好合作院校的联系工作，每个学院争取重点选择一两所的一流大学（至少国际排名前200位）作为合作院校；认真做好"全球七校联盟"的工作，争取产生更多的实效，有关院系要主动地利用这一平台；提高教师与干部的对外交流能力，加强外语培训工作，扩大假期国外英语口语培训班的范围和参训人数；加强国际学术交流与合作的组织保障，学校与学院的有关机构都要加强，各学院负责国际交流的领导要切实负起责任来。

8. 加强校友总会工作，加强财务工作和审计工作，提高学校的对外筹款能力，争取更多的办学资源。

加强校友的联络工作，高度重视各地校友会的作用，一定要把特别热爱母校的厦大校友这一宝贵资源利用好；加强与社会各界的联系，千方百计地争取社会各界对厦大的支持和帮助；加强财务工作，财务部门及各学院分管财务的领导都要对经费的使用做认真的成本收益分析，把钱用在最有效的地方；加强审计工作，严肃财经纪律，坚决杜绝铺张浪费，从制度上保证每一分钱都用在该用的地方。

9. 优化校区功能，改善办学条件，提供最佳的后勤服务，营造最好的办学环境。

保质保量地完成各项已规划的基本建设项目，保证办学条件得以进一步改善：漳州新校区三期、"421工程"；尽快启动西村北村的改造重建工程，进一步改善教职员工的住宿条件，优化校园环境；适时启动集美校区的建设，为医学、生命科学等学科的发展以及国际合作办学创造良好的条件；坚定不移地推进后勤社会化改革，永无止境地提高后勤服务质量，营造最好的办学环境。

10. 以改革促发展，以管理增效益，全方位地提高学校的管理水平，使得管理不仅规范而且人性化。

依法治校，规范管理，完善各项管理制度；贯彻、落实校院二级管理体制，管理重心下移，能由学院管理的事务都应由学院管理；全面提高管理人员的素质,近期要重点提高各学院办公室人员的素质,组织文秘工作培训,加强政务信息化的"软件"建设;加强校园的综合治理,近期重点抓防盗窃、车辆通行和地下室住人三项工作,力争抓出显著的效果;牢固树立管理就是服务的观念,提倡人性化管理,创造愉快和谐的工作氛围。

(2004 年 12 月)

成绩、问题、目标与实现目标的举措(二)

——关于《厦门大学"十一五"规划》的说明

今年是"十五"计划执行的最后一年,国家"十一五"经济社会发展规划及各项事业发展规划制定工作已基本完成。"十一五"规划编制工作是学校 2005 年工作重点之一,校党委决定全校上下必须统一思想,高度认识"十一五"规划对于学校未来发展的重要指导意义,科学制定学校在新时期的发展蓝图。

一、关于"十五"的任务完成情况

1.党建和思想政治工作成效显著

2002 年 7 月胜利召开厦门大学第八次党代会;2004 年 1 月,经党中央批准,我校被列为主要领导由中央管理的高校,成为全国 31 所中管高校之一;2004 年 11 月 23 日,中共中央政治局常委李长春同志一行来校视察调研,对我校的党建和思想政治工作给予充分的肯定;2005 年上半年,我校通过福建省第三届党的建设和思想政治工作先进高等学校评估;保持共产党员先进性教育活动取得实效,群众测评满意度 100%。

2.教学改革不断深化,人才培养质量进一步提高

(1)规模

	2000 年	十五目标	2005 年	2005 年比 2000 年增长
博士生	562	1500—2000	1810	222%
硕士生	2576	6500—8000	10591(其中专业硕士 3175)	311%

(续表)

	2000年	十五目标	2005年	2005年比2000年增长
本科生	10126	16000—8000	18989	88%
留学生	314	1000	1612	413%
本研比	3.2∶1		1.5∶1	

(2) 质量

2005年年底,本科教学工作水平被教育部组织的评估专家组评为"优秀";毕业生一次就业率保持在全国高校"第一方阵",年均96%以上;60%的毕业生在北京、上海、福州、厦门、广州、深圳六个城市找到工作岗位;主动到西部工作的毕业生不断增加;本科毕业生是各重点高校和科研机构研究生招生中最受青睐的生源。

(3) 获奖

名称	奖项
国家级教学成果	一等奖5项、二等奖12项
全国"精品课程"	12门(6门正在公示)
全国百篇优秀博士论文	2篇
全国大学生数学建模竞赛	2003年获得唯一的特等奖
"挑战杯"创业计划竞赛	连续4届金奖
"挑战杯"全国大学生课外科技作品竞赛	2个一等奖、5个二等奖、12个三等奖

3. 科研能力和科研水平大幅度提高

指标	2000年	十五目标	2005年	2005年比2000年增加
科研经费(亿元)	0.57	1.5—2	1.5133	0.9433
教育部文科重点研究基地		1—2个	5	5
国家重点实验室	1	1—2个	2	1
国家工程技术研究中心			1	1
教育部重点实验室	3		4	1
省级重点实验室和工程中心		2—3个	3	3
Nature和Science			3篇	3篇
承担重大专项等纵向项目数	2001—2004年达742项			
专利	2001—2004年申请专利228项,授权专利91项			
国家和省部级科研奖励	46项(其中国家科技进步奖二等奖1项)			

4. 科技成果转化和产业化打开局面

厦大福建省医学分子病毒研究中心研究出世界首个戊肝疫苗和世界首个禽流感病毒 H5N1 快速诊断试剂盒;"艾滋病毒(HIV)基因工程重组可溶性 I+II 抗原及基于此的第三代 HIV 抗体诊断试剂盒的研制生产"目前产值已达到 3000 多万元;"丙谷二肽"已获中试成功和国家药监局颁发的药品证书及生产许可证,目前已开始规模试生产;"高效表达转胸腺素基因蓝藻"等一批项目已进入产业化阶段;海洋学科在我国首次实现了 MODIS 卫星遥感海洋数据产品网络准实时发布,开辟了发挥海洋遥感数据产品时效的新局面;组建了资产经营有限公司,国家大学科技园通过科技部评估。

5. 学科建设取得显著成效

指 标	2000 年	十五目标	2005 年	2005 年比 2000 年增加
国家级重点学科	7	12—15	13	6
省级重点学科	10	15—20	65	55
一级学科博士点	2	12—16	14	12
博士点	34		100	64
博士后科研流动站	7		12	5
"211 工程"重点建设学科	8		11	3
"985 工程"创新平台和基地			11	11

6. 人才队伍规模扩大、结构优化

深化人事和分配制度改革,实施"人才工程"、岗位津贴制度,推行全员聘用制和职员职级制,强化竞争和激励机制。

指 标	2000 年	十五目标	2005 年	2005 年比 2000 年增加
全职专任教师总数	1311	2000	2176	865
具有博士学位教师比重	26.3%	30%	42.1%	15.8%
两院院士	6		18	12(其中双聘 8)
长江学者特聘/讲座教授	0		7	7
创新研究群体	1		2	1
教育部创新团			1	1
国家杰出青年基金	8		18	10

7. 对外合作与交流空前活跃

共建"全球七校联盟"的多边国际大学合作组织(现为8所);主办或承办50多次国际和区域学术交流会议;开展国际科研合作项目60多项;已与英、美、日、法、俄等国家和港澳台地区的近100所高校建立了校际合作关系;交流重心下移,8个学院开始试点;成为台湾研究的重镇和两岸学术交流的重要高校。

8. 深化办学管理体制改革

2001年,部、省、市签订《重点共建厦门大学协议书》;2003年,福建省将厦门大学等8所高校列入省重点建设大学;2005年,部、省、市重点共建二期正在商谈推进;先后组建公共事务、软件、数学、建筑与土木工程、台湾研究、教育研究等学院和研究院;以新的机制和模式兴办嘉庚学院及留学预科学院;支持创办"厦门国家会计学院"。

9. 基本办学条件明显改善

指　　标	2000年	十五目标	2005年	增长	增幅(%)
固定资产总值(亿元)	4.31		14.99	10.68	248
仪器设备总值(亿元)	1.51		5.80	4.29	284
图书馆藏书量(万册)	235	300—350	409	174	74
校园占地面积(亩)	2188		5306	3118	143
校舍面积(万平方米)	58.36		131.28	72.92	125
办学经费(亿元)	4.6	10	9.2	4.6	100

校园网成为CERNET-2全国20个核心节点之一;网络、数字图书馆等公共服务体系建设水平位居全国高校前列;2005年底学生宿舍"421"的目标基本实现;启动"216工程"建设;校本部和漳州校区已成为公认的环境最优美的大学校园之一。

二、关于"十一五"发展环境

1. 有利的环境和条件

全球化浪潮中,高等教育必将成为更加开放,并在科技和人才的激烈竞争中发挥重要作用;党中央提出建设创新型国家,国家创新体系(大学)建设进程正在加快推进;福建省建设海峡西岸经济区和厦门市建设海湾型城市,要求高等教育适度超前发展;学校列入中管高校、"211工程""985工程",部省市重点共建继续推进,学校发展的外部环境更加有利。

2. 存在差距与不足

学科发展综合实力不强,交叉学科和新兴学科发展较慢,工作存在许多薄弱环节;科研竞争力和自主创新能力较弱,标志性成果少;缺乏科学大师和战略科学家,队伍规模相对偏小,生师比偏高;国际化程度不高,办学经费的增长无法满足学校事业发展的要求,教育资源仍然存在低水平重复配置的现象;管理工作主动性、创造性不足,服务水平和工作效率有待提高;缺乏建设与发展现代化一流大学的经验、能力、观念与意识。

三、"十一五"期间发展的指导思想、奋斗目标与总体发展思路

1. "十一五"指导思想

紧紧抓住建设创新型国家和中央明确支持"海峡西岸"发展的重大战略机遇,以邓小平理论和"三个代表"重要思想为指导,全面贯彻党的十六大和十六届三中、四中、五中全会精神以及党的教育方针,大力实施"科教兴国"战略和"人才强国"战略,坚持以人为本,树立全面、协调、可持续的科学发展观,贯彻"巩固、深化、提高、发展"的八字方针,推进人才培养、科学研究与服务社会三大功能的协调发展,全面提高办学水平和办学效益,为全面建设小康社会、建设创新型国家和实现祖国统一大业做出更大贡献。

2. "十一五"奋斗目标

到2010年,初步建成一所世界知名的高水平研究型大学,造就一

批能站在世界科学技术前沿的学术带头人、拔尖创新人才和高水平的管理人才,催生一批高显示度的标志性成果,全校多数学科居国内一流水平,其中若干学科居国际先进水平,在建设创新型国家、全面建设小康社会、实现祖国统一大业以及海峡西岸经济区建设的宏伟目标中发挥更加重要的作用。

3. 2021年远景目标

把厦门大学建成太平洋西海岸的一所具有较强国际竞争能力,规模适度、质量优异、结构合理、特色鲜明的世界知名高水平研究型大学。在此基础上,朝着世界一流大学的目标继续奋斗。

4. 总体发展思路

紧紧抓住建设创新型国家的重大战略机遇,承传"止于至善"的优良办学传统,弘扬厦门大学特有的"四种精神",发挥"侨、台、特、海"的区位优势,坚持以科学发展观统领全局;坚持"重点突破、整体推进、协调发展、全面提高";实施人才强校战略、重点突破战略、交叉集成战略、项目带动战略和国际化战略;构筑与世界知名高水平研究型大学相适应的学科体系、师资队伍、办学条件和大学制度,培养优质人才,创造优质成果,提供优质社会服务;为海峡西岸经济区建设,为全面建设小康社会,为实现祖国的完全统一作出突出贡献。

5. 主要发展指标

本科生规模的增长点主要在医学和工学等社会需求量大、应用性强的学科领域;充分挖掘我校强大的科研潜能,增强加强自主创新能力,努力扩大博士生规模;硕士生重点在调整结构,要实行分类培养,从市场需求来看,专业学位型研究生教育前景广阔,加快应用型研究生培养;加快发展留学生教育,提高留学生中学历生的比例。

2004年我校到账的科技经费在有列入统计的60所直属高校中位居47位;"十五"期间,获国家科技三大奖只有一项,形势逼人;我校在"211工程""985工程"等学科和科研平台基地的建设方面投入大量的人力物力,在国家重点实验室、国家工程技术研究中心、国家大学科技园、文科重点研究基地建设方面有了新的突破和进展,在"创新群体"和"创新团队"建设上也有了新的增长点。

2004年国家科研经费支出为历史最高;"十一五"期间,国家加强自主创新,科技投入将大大增加,"全社会研究开发投入占国内生产总值的比重提高到2.5%以上";因此,我们有理由相信和期待,在国家科技投入的大盘子中,争取到更多的份额。

"十一五"期间,科研经费年增长保持20%,力争2010年科研经费总量突破4亿元;在基础研究、应用基础研究方面取得一批原创性成果,在有相对优势或战略必争的高新技术关键领域取得突破性进展,拥有一批自主知识产权,争取更多的科研成果获得国家级重大奖励;发表高水平论文。文科被CSSCI等收录论文数保持全国高校前十名;理科被SCI、EI、ISTP收录论文总数年增长不低于30%,力争每年都有 *Nature* 和 *Science* 等高水平学术期刊的论文发表。

《国家自主创新基础设施建设"十一五"专题规划》提出:"十一五"期间建设12项重大科技基础设施,组建若干国家科学中心和国家实验室,学科型重点实验室达到300个;建设100个国家工程实验室;新建和完善100个国家工程中心,国家认定企业技术中心达到500家;形成面向社会创新活动的公共服务网络。国家"产业技术创新能力建设专项"提出,"十一五"期间建议投入40亿元,建设技术创新体系,提升产业重大技术与装备。厦门大学要紧紧瞄准国家的目标和需求,加强自主创新能力的建设和提升,力争在国家科学中心、国家实验室、国家工程实验室等创新平台的建设上有所突破。

海峡西岸经济区建设要求我们的科研和科技工作还应当面向企业主战场,做好社会服务,加快科技成果转化;建成1—2个国家工程实验室,3—4个国家级工程研究(技术)中心(基地),5—10个部省市级工程研究(技术)中心(基地);力争培育出3—5家学校参股或控股的具有较强市场竞争力的高新技术企业,形成10个左右具有自主知识产权的高新技术产品;力争到2010年科技产业对学校科研经费贡献率达到

15％；积极推动厦门大学国家大学科技园建设，入园企业达200家以上，研发与中介机构100家以上，孵化项目300个以上。

国家级重点学科和博士、硕士学位授权一级学科的数量、覆盖面和整体水平均有较大幅度的提高；新增4—7个国家级重点学科，8—12个博士、硕士学位授权一级学科；到2010年，所有基础学科、大部分应用类学科都具有培养博士生的能力，设有博士后科研流动站，具备最前沿的科学研究能力。

到2010年，队伍规模5000人左右，其中全职教师2800—3000人；平均每年新聘全职教师200人左右，全校师生比控制在1∶15以内（"十五"期间共新聘865人，平均每年173人）；到2010年，全职聘用的实验、工程技术和图书资料等技术支撑队伍规模力争达到1500人左右，其中80％左右具有本科以上学历，30％以上为具有高级专业技术职务人员；全校职员编制原则上控制在教职工总数的16％左右，校部党政机构职员编制原则上控制在教职工总数的8％左右。

学校与20—30所世界排名前100位的一流大学建立密切的交流合作关系；每个学院新增与两所以上的国（境）外知名大学的相关院系、科研机构或若干世界知名的高科技企业、跨国公司建立实质性交流合作关系；大部分学院新增若干国际科研合作项目；每年举办30—50次国际学术会议。

四、"十一五"期间主要改革举措

1. 坚持"精英教育"理念，实施人才培养"质量工程"，构建结构优化、质量优异的人才培养体系。统筹教育规模、质量、结构、效益的协调发展，把工作重点放在提高质量上；坚持育人为本，以学生为主体，全面增强教师要教学、教好学的意识；深化本科教学和人才培养模式改革，优化人才培养过程，确保学生就业率保持在96％以上，学校本科生学费收入中用于日常教学的经费不得低于25％；积极探索和完善多校区条件下人才培养模式的改革，完善三学期制、主辅修制（双学位制）、学分制等教学管理制度；争取全面推行本科生指导教师制度；以提高研究生创新意识、创新能力为核心，改革研究生教育；多方筹资，力争能以助学金的形式保证全日制研究生的基本生活需求；完善研究生"三助"制度，将此作为研究生培养的重要组成内容；加强导师队伍建设，规范导师招收研究生资格，当年没有科研经费则当年不得招生。

2. 坚持基础研究与应用研究并重，强化团队合作，构建交叉融合、集成发展的科研创新体系。坚持把科研工作放在学校发展的核心地位。坚持"加强原创，鼓励交叉，聚集人才，强化组织，科教结合，贡献社会"的指导方针。扩大基础科学研究优势，瞄准国际学术前沿，注重原始创新性研究，不断提高科学研究水平；加强科研平台、基地建设。争取新增2个以上国家重点实验室、3个以上教育部重点实验室、5个以上福建省重点实验室；新增1—2个教育部文科重点研究基地和8—10个省级高校人文社科研究基地；建成3—4个国家级工程研究（技术）中心和5—10个部省市级工程研究（技术）中心；加强组织和协调，积极争取承担国家"973"、"863"和国家基金重大计划及军工重大、重点科技项目，提升学校的自主创新能力和水平，进一步促进哲学社会科学与自然科学的共同繁荣和协调发展；加强与企业横向科研合作，鼓励教师争取横向科研经费；深化科研管理体制和运行机制改革，营造良好科研环境，从改革基层学术组织结构入手，打破原有的科研组织模式，取消教研室设置，建立有利于学科交叉、融合和汇聚的科研体制。

3. 加强技术创新和社会服务，构建产学研紧密结合的成果转化与产业化体系。坚持把科技成果转化与产业化放在与教学、科研同等重要的地位，积极探索依靠市场力量实现科技成果转化与产业化的途径；从管理体制、人员激励机制、资源配置等方面理顺科技成果转化与产业化管理体制；整合资源，搭建科技成果转化与产业化的大平台，加快国家大学科技园的建设步伐；紧密结合优势学科，重点抓好精细化工、化学与生物制药、新材料、信息和咨询服务等方面的成果转化；坚持积极发展,规范管理的原则,2006年底前完成除资产公司外的校办全资企业股份制改造,实行投资多元化;广泛开展"官、产、学、研、资、介"合作,积极吸引和利用各种社会优势资源。

4.坚持"以人为本"的理念,汇聚优秀人才,构建梯队合理、名师荟萃的人才支持体系。树立"人才是第一资源、以人为本"的观念,实施"厦门大学高层次创造性人才计划","十一五"期间,学校投入师资队伍建设专项经费不低于3亿元;深化人事管理制度和分配制度改革,完善聘任制度,大力推进"学科带头人+创新团队"的模式,鼓励校内互聘、复聘,最大限度地实现学科交叉和人才资源最佳组合与共享;结合学科建设发展的需要,有计划、有针对性地补充新教师,每年引进、聘用的全职教师在200人左右;做好现有人才的选聘与培训,每年选派100—200名学科或学术带头人、骨干教师赴国外著名高校进修访问;加强战略科学家的培养和创新团队建设,"十一五"期间,重点培养和引进20个左右战略科学家,力争有4—6个学术团队成为教育部创新团队,并力争有1—2个团队进入国家创新研究群体行;加强实验、工程技术和图书资料等技术支撑队伍和党政管理队伍建设;加强师德建设,提高教师整体素质。

5.坚持"树优势、争一流、创名牌"的理念,构建特色鲜明、优势明显的学科体系。按照"基础巩固、重点突出、交叉融合、特色鲜明、全面发展"的思路,构建充满活力的学科体系;继续实施"985工程"和"211工程",把科技创新平台和哲学社会科学研究基地作为国家创新体系(大学)的基本建设单元或节点,加强原始性创新,加强集成创新,在引进国外先进技术的基础上,积极促进消化吸收、再创新,使之具有竞争力,成为国家创新体系的重要节点;巩固和提升传统优势学科,力争使学校10个左右一级学科进入全国前五名,多数学科在一级、二级学科评估中居于优势地位;大力发展应用学科,重点加强工程与技术学科建设,积极探索市校联办综合性大学医学院的办学管理体制;积极推动新兴学科和交叉学科的形成和发展;扶植补缺,完善学科体系,重点扶植对学科整体布局和提升整体水平具有重要影响的薄弱学科,努力使之成为博士点或一级学科博士点。

6. 广泛开展国际和台港澳学术交流与合作,构建定位清晰、互利共赢的学术交流与合作体系。按照"统一思想,明确目标,制度创新,增强激励,加大投入,务求实效"的方针开展国际交流与合作;重心下移,增强各学院学术交流的主动性和针对性,每年重点支持4—6个院(系、所、研究中心)与国外知名高校的相关单位开展国际科研项目合作、人才培养项目合作;突出重点,发展战略伙伴群体,选定30所左右世界名校作为重点合作对象,建立长期稳定的实质性合作伙伴关系;积极参加或发起举办高层次国际学术会议,每年争取举办或发起组织30—50次国际学术会议,办好第1届国际法高级研讨班(2006)、第35届国际光谱会议(2007)和第17届国际磷化学会议(2007);积极发展留学生教育,加强宣传,寻求更广的优秀留学生来源,在"全球八校联盟"盟校和战略合作伙伴群体之间开展学生互换;拓展海内外教育市场,积极发展海外远程教育事业,加强境外"孔子学院"建设,办好留学预科学院、光前(国际)学院;广泛开展与台港澳地区的学术交流与合作;认真贯彻国家有关政策,积极做好对港澳台招生工作,安排一定国家计划名额用于招收国港澳台本科生和研究生,港澳台学生收费实行与大陆学生同一标准。

7. 坚持"绩效管理"的理念,构建渠道广泛、高效合理的资金筹集和资源配置体系。筹建发展与合作委员会,积极争取科研经费,共建经费等各种财政补助,加快科技成果产业化进程,增强学校自身"造血"功能;探索吸引信贷资金、民间资金、社会资金、境外资金等多元投入渠道,千方百计扩大办学资源,争取到2010年,年度总经费达到16亿元以上;深化办学体制改革,继续推动省市与教育部共建,把学校的发展与地方的发展结合起来,更加积极主动地贴近省市的需求,融入省市的发展,作出更大的贡献;扎实做好校友会工作,广泛争取海外华侨、校友等社会各界捐赠,探索基金运作模式,建立和完善多渠道筹集办学资源的制度;加强项目建设规划和论证,进一步完善财务管理制度,防范风险,提高资金使用效益;树立办学的成本、效益观念,以评估结果为主要依据优化配置办学资源,逐步探索以绩效为依据的资源配置模式;加强资产管理,在进行办学资源有偿使用改革试点的基础上,全面推行教育成本全额核算,最大限度地实现仪器设备、实验空间等资源的充分共享,注重效益,减少重复配置和浪费;在各项建设中,针对各学院(研究院)、各学科发展的不同阶段、不同特点和发展不平衡的实际,在坚持统一规划的前提下,采取不同的指导方针,实行量力而行、分步实施和分层次建设,实现各项事业可持续发展。

8. 坚持建设"和谐校园"的理念,构建功能完善、保障有力的条件支撑体系。优化办学空间,合理规划校区功能定位;力争2007年完成漳州校区的全部基本建设;力争集美校区2006年4月动工,2007年9月第一批学生入驻,2010年全面完成基本建设;力争海韵园二期建设2006年4月动工,2008年全面完成基本建设;坚持硬件建设与软件建设相结合,坚持教学科研设施建设与运动场所、文化设施建设相结合,构建和谐校园;大力推进"216工程"建设,逐步启动白城、海滨等区域的住宅改造工程,努力营造优良的学习、生活和创业环境。到2010年新增校舍面积90万平方米;实现理工科教师实验用房不低于30平方米、文科教师不低于10平方米的建设目标的基础上,为教师提供更好的工作条件;建设基于高速互联网络和电子化、信息化资源发达的"数字厦大",扩充、完善数字图书馆支撑体系,继续加强校园信息化建设,充分利用现代信息技术手段,使新老校区办学资源充分共享;科学规划和大幅度调整全校实验室建制,构建与创建高水平大学相适应、资源共享、综合利用、全方位开放的实验室建设格局;深化和推进学校的后勤社会化改革,进一步完善和落实相关政策,理顺关系,强化管理,发展壮大后勤产业,发挥最大效益,为学校的教学科研和师生生活提高优质服务;建立完善的安全管理责任制和安全监控体系,确保校园及周边环境文明、健康、安全。

9. 探索建立现代大学制度，构建体制顺畅、机制灵活的现代大学管理体系。坚持依法治校和民主管理；逐步转变学校的行政职能，加强教授治学、教师参与学校学术事务管理的权力；努力营造一个宽松和谐的学术环境；加大人事分配制度改革力度；建立有利于创新、交叉、开放和共享的科研管理与学科组织模式和运行机制；实行校务公开，健全、完善学校的咨询、决策、执行和监督系统，建立民主科学的决策机制；完善校院两级管理体制，推进机关机构和管理模式改革，建设精简、高效的学校管理机构，切实提高管理水平；依法治校，规范管理。遵循"从严治教、规范管理"的原则，加强学校制度建设，逐步形成"自主管理、自主发展、自我约束、社会监督"的机制。

10. 加强和改进党建和思想政治工作，提高执政能力，构建与时俱进、坚强有力的党建与思想政治工作体系。加强党的思想建设、组织建设和作风建设，不断提高执政能力，把深入落实《建立健全教育、制度、监督并重的惩治和预防腐败体系实施纲要》同保持共产党员先进性教育活动结合起来，切实建立保持共产党员先进性的长效机制；进一步加强和改进大学生思想政治教育，深入贯彻落实中共中央、国务院《关于进一步加强和改进大学生思想政治教育的意见》精神；加强统战工作和对工会等群团组织的领导，充分调动各方面的积极性，坚持和完善以职工代表大会为基本形式的民主管理制度；重视做好离退休工作，使离退休教职工真正做到了"老有所养、老有所医、老有所学、老有所乐、老有所教、老有所为"。

(2005 年 12 月)

成绩、问题、目标与实现目标的举措（三）
——关于《厦门大学"十二五"规划》的说明

一、"十一五"发展回顾

我们基本完成了"十一五"规划提出的目标任务：约 200 位能站在前沿的学术带头人、拔尖创新人才，其中 20—30 位是很优秀的学者；基础研究和应用技术有一批标志性成果；多数学科居国内一流，若干居国际先进水平；拥有 5 个一级国家重点学科、9 个二级国家重点学科；15 个一级学科进入教育部评估中心第二轮学科评估前 10 名，3 个学科进入 ESI 世界前 1%（化学、工程、材料）。

（一）人才培养质量提升

2010 年在校生为 40130 人，其中本科生 20961 人，硕士生 16397 人，博士生 2772 人，各类外国留学生从 1200 多人增加到 2500 多人。人才培养结构进一步优化，本研比为 1.1∶1，硕博比为 5.9∶1，学术硕士与专业硕士比为 1.1∶1。2009 年获国家级教学成果一等奖 1 项、二等奖 2 项（该奖五年评一次）。新增 17 门全国精品课程、2 门国家级示范性双语课程、5 名全国教学名师、3 个国家级人才培养基地、5 个国家级实验教学示范中心、8 个国家级教学团队、15 个教育部特色专业；学生赴国外学术交流 900 多人次（其中本科生 260 多人次），发表科研论文 19000 多篇（其中本科生发表 3000 多篇），被 SCI 收录 2900 多篇，3 篇"全国百篇优秀博士学位论文"。毕业生年均就业率保持在 95% 以上。

（二）自主创新能力增强

新增1个国家级创新平台：醇醚酯化工清洁生产技术国家工程实验室；新增6个教育部重点实验室（工程研究中心）：亚热带湿地生态系统研究教育部重点实验室、高性能陶瓷纤维教育部重点实验室、计量经济学教育部重点实验室、电化学技术教育部工程研究中心、微纳光电子材料与器件教育部工程研究中心、分子诊断教育部工程研究中心；新增21个省级重点实验室、工程实验室、工程技术研究中心和产业技术开发基地。

共承担科技部（"973"、"863"、科技支撑计划）和国家自然科学基金委（杰青、重点、面上项目等）的项目和课题700多项，其中"973"和重大科学研究计划项目5项；承担国家社科基金项目119项，其中国家社科基金重大项目10项，教育部重大攻关项目5项。

三项成果获国家科技"三大奖"：碳原子团簇的形成研究、海洋初级生产力结构及微型生物生态学研究获自然科学二等奖（2006年），戊型肝炎病毒免疫优势构象性抗原决定簇的发现及其在诊断中的应用获技术发明二等奖（2010年）。

两项成果获教育部自然科学一等奖，分别是电催化表面结构效应和反应机理研究（2008年）和低纬度近海碳的源汇格局与调控机理（2009年）。一项成果入选全国基础研究十大新闻，两项成果入选"中国高校十大科技进展"，分别是合成出具有高电氧化催化活性的二十四面体铂纳米晶体（2007年度）和海洋微型生物碳泵（2010年度）。获第四、五届中国高校人文社科优秀成果奖33项（其中一等奖三项、二等奖九项），获奖总数位居全国高校前列。

发表高影响因子论文逐年增加，在 *Science*、*Nature*（含子刊）、*Cancer*、*Cell*、*The Lancet* 等国际高水平学术期刊上发表论文15篇，发表JCR一区论文居全国高校前列（2009年发表89篇居第8位，2010年到目前为止发表110篇）。据中国校友会网统计，1991年到2008年，厦门大学作为第一作者单位在 *Science* 和 *Nature* 发表论文数居中国高校并列第9位,作为第二作者单位发表论文数位居并列第10位。

(三)社会服务有力拓展

积极推进科研成果转化和产业化。共承担横向科研项目2100多项,横向科研经费超过5亿元。申请专利1000多项,其中授权500多项。成为国家传染病诊断试剂产业技术创新战略联盟牵头单位,承担甲型流感H1N1和禽流感H5N1等多项国家应急任务,戊型肝炎疫苗等一批重大成果实现产业化。2006年1月,中共中央总书记、国家主席胡锦涛视察厦门,参观了三家高新技术企业,其中两家是由厦大教授科技成果转化而创业。2010年2月14日,胡锦涛总书记接见厦门大学传染病诊断试剂与疫苗国家工程技术研究中心主任夏宁邵教授,对我校在传染病诊断试剂与疫苗的研究和推广应用方面取得的成就给予高度评价和充分肯定。

积极推进与部委、地方政府和大型企业的共建合作。与新疆、厦门、漳州、泉州、赣州市等签订战略合作协议,积极开展实质性的战略合作。围绕国家重点产业领域,与工信部CSIP中心、中国航空工业集团、大唐国际发电股份有限公司、国家核电技术公司、中国广东核电集团、中国银行等大中型企业开展战略合作,共建科技创新平台和实验室基地。

主动融入、主动贴近、主动服务经济社会发展。学校制定并实施"服务海西行动计划"和"服务厦门产业发展行动计划",构建服务海西和厦门的科技创新平台,加强项目成果对接,建立技术创新联盟,为福建省和厦门市增强自主创新能力、调整产业结构、转变经济发展方式、应对金融危机作出贡献。参加福建省"6·18"等各类对接会100多场,与企业成功对接项目300多项。

积极开展高水平的决策咨询服务。承担《中国"十二五"能源发展战略研究》等10多项国家重大课题,研究成果得到国家有关部门的重视并被采纳。作为战略组和文件起草组核心成员参加《国家中长期教育改革和发展规划纲要(2010—2020年)》制定。研发中国季度宏观经济模型,定期发布中国主要宏观经济指标,为各级政府提供决策参考。

(四) 队伍建设成效显著

专任教师总数从2005年的1761人增至2010年的2393人。具有博士学位教师比例由40%提高到64%,居直属高校第15位。

新增一批高层次人才,其中,院士5名(含双聘院士)、"973计划"和重大科学研究计划首席科学家6名、"长江学者"特聘/讲座教授16名、杰青14名、"千人计划"入选16人、教育部"新世纪优秀人才计划"入选者50名、"百千万人才工程"国家级人选7名。新增国家创新研究群体3个、教育部创新团队4个、高校创新引智基地3个。

(五) 学科发展布局优化

坚持"保证重点,兼顾一般",不断优化学科结构布局和资源配置,努力提升学科核心竞争力。一是整合资源,推进学科组织模式创新,成立了能源研究院、萨本栋微米纳米科学技术研究院、药学院、公共卫生学院、马克思主义研究院、国际关系学院等。二是工程技术学科和医学学科等应用学科发展势头较快,工程技术领域新增6个一级学科博士授权、8个工科二级学科博士授权点。三是优势学科地位得到巩固,15个重点学科列入"211工程"三期建设,20个重点学科和创新平台基地项目列入"985工程"(2010—2013年)建设。四是新增5个一级学科国家重点学科、9个二级学科国家重点学科,一、二级重点学科数量分列全国高校第17位和第15位,国家重点学科涵盖数增至38个。

在2007—2009年教育部组织的第二轮一级学科评估中,共有15个一级学科进入前十位,分别是海洋科学、应用经济学、民族学、工商管理、教育学、理论经济学、法学、历史学、生物学、社会学、环境科学与工程、新闻传播学、航空宇航科学与技术、化学和艺术学。学科整体实力进一步提升,可招收博士研究生的专业从131个增至140个,可招收硕士研究生的专业从217个增至225个,博士后科研流动站从12个增至15个。

(六)国际合作深入推进

坚持把开放办学作为提升办学水平的重要途径,不断提升国际交流与合作的层次、水平和实效。与国外高校和研究机构新签、续签校际协议79个,与来自四大洲的大学共建"全球八校联盟"。与国外共40多所大学开展教师的互派和学生的互换项目,共派出1600多名学生参与校际交流。与国外高水平大学等建立教育/科研合作机构20多个;先后主办国际及区域学术会议220余次。2006年4月6日,在我校85周年校庆系列活动中,特邀包括6位诺贝尔奖获得者等著名学者和一批国内外著名大学校长莅校参加学术论坛和讲座。积极推进汉语国际推广,已与国外高校共同建立了13所孔子学院,2008年9月获批汉语国际推广南方基地。

(七)对台交流展现作为

坚持贯彻中央对台工作战略部署,充分发挥我校的区位优势和人文优势,努力服务对台工作大局。对台交流与合作不断深化,与台湾大学、成功大学等30多所台湾高校建立了交流合作关系,招收800多名台籍学生来校学习,成为祖国大陆对台招生最多的高校之一。成功举办"海峡两岸论坛""海峡两岸大学校长论坛"等两岸高层次学术会议50多次,接待来校台湾学者及各界人士3000多人次,派出赴台进行学术文化交流师生1000多人次。加强对台研究,先后为中央和省市有关部门提供决策咨询报告100多份,报送《台情专报》《台情内参》《海峡两岸发展研究专报》等300多期。《台湾文献汇刊》成为胡锦涛2006年访美时赠送给耶鲁大学的礼品,同时入选共和国成立60周年成就展。2008年4月,中共中央台湾工作办公室专函表彰我校在对台工作中作出的重要贡献。

(八) 办学条件有所改善

坚持"尽力而为、量力而行"的原则,千方百计争取办学资源、改善办学条件,有序推进学校的建设和发展。学校全面完成漳州校区建设,占地3645亩的翔安校区已获用地红线,完成征地工作并开始启动建设。完成校本部化学化工大楼、科学艺术中心、西村北村教工住宅等建设,完成274套五缘公寓保障性住房的配售工作、启动在职人员住房货币化补贴发放工作,师生的学习、工作和生活条件得到一定程度改善。大力推进校园信息化建设、图书文献服务平台和大型仪器设备共享建设,公共服务体系服务教学科研能力进一步增强。办学经费增加约15亿元,固定资产总值增加16多亿元,仪器设备总值增加近6亿元,校舍总面积增加30多万平方米,纸本藏书增加70多万册。

(九) 存在差距

一是教育教学观念有待进一步更新,人才培养模式改革有待进一步深化,博士生规模偏小。2009年在校生规模居直属高校第17位,其中博士生规模居第24位(目前全国硕士和博士平均比例为4.7∶1,直属高校为3.08∶1,我校为3.73∶1)。创新意识和创新能力培养有待加强,研究生培养与科学研究结合不够紧密,研究生特别是博士生的创新能力亟待提高。入选全国百篇优秀博士论文数量偏少(截至2010年,我校共入选5篇,其中化学1篇、高教1篇、历史1篇、管理2篇。入选数居直属高校第32位)。

二是"主流特色"意识有待加强,学科的优势和特色有待进一步强化,跨学科交叉融合的机制有待进一步创新。工科、医科还处于刚刚起步阶段,学科综合竞争能力薄弱。一流学科数量不多。在教育部一级学科评估中(2007—2009),我校没有排名第一的学科,排名前5的一级学科仅有3门,位居直属高校第30位。新兴学科发展较慢,还不能很好地体现科技创新前沿、满足国家重大需求和经济社会发展迫切需要。

学科交叉、融合的广度和深度有待进一步提高,解决重大问题的能力有待增强,综合性大学的多学科优势没有充分发挥。

三是教师队伍总量偏少、生师比偏高,高层次人才数量不足、分布不平衡,教师评价体系与教学、科研和学科发展不相适应。缺乏战略性科学家和学科带头人;高水平人才总量不足而且分布不平衡,有些学科引进人才极为困难。年轻学科带头人成长较慢,科研团队、创新团队的建设迟缓,成效不明显。实验技术人员数量不足,专业水平亟待提高。党政管理队伍职业化水平不高,考评办法亟待改进,三支队伍总体待遇偏低。

四是承担重大科研项目的能力、原始创新和解决重大理论与实践问题的能力有待加强,科学研究对国家和社会的贡献度有待提升。科研与教学相脱节现象依然严重,研究生特别是博士生作为科研生力军的作用没有充分发挥(2008年我校研究生为第一作者的SCIE论文436篇,占当年研究生发表论文数的61.4%;2009年为535篇,占62.8%)。科研经费总量偏小,承担重大项目数偏少,一些学院、平台和基地的作用发挥不够(2009年,我校科研经费总数在直属高校中居第37位,承担自然科学研究与发展课题居直属高校第39位,承担人文社科与发展课题居直属高校第3位)。具有重大社会影响的高水平成果较少,国家科技三大奖获奖数量偏少。跨学科组织科研攻关的能力明显不足,科研体制需要进一步创新和改革。办学资金资源不足,办学条件滞后于教学、科研和学科的发展需要,为师生员工解决现实问题和实际困难的力度还需要进一步加大。

五是内部治理结构还需要进一步完善,各类学术组织在学科建设、人才培养、学术评价、学术发展中的重要作用有待更好地发挥。

二、"十二五"发展面临的机遇与挑战

(一)当今世界正处在大发展大变革大调整时期。世界多极化、经

济全球化深入发展,人才、知识、技术等要素全球范围加快流动;世界政治经济格局出现新变化,中国国际影响力不断提升,和平、发展、合作仍是时代潮流。这为我们瞄准世界科技前沿、把握科技发展趋势、引进海外高端人才、开展国际交流与合作提供了难得的机遇。后金融危机时代,世界各国人才竞争、科技竞争、教育竞争日益激烈。培养具有国际化视野的创新型人才,汇聚具有国际水准的学术领军人物,产出更多原创性的科研成果,增强服务国家重大需求的能力,是我们面临的严峻挑战。

(二)我国仍处于可以大有作为的重要战略机遇期。经济建设、政治建设、文化建设、社会建设以及生态文明建设全面推进,工业化、信息化、城镇化、市场化、国际化深入发展,海峡西岸经济区奋力先行先试、跨越发展,为我们完善学科布局、构筑创新平台、组建创新团队、承接重大项目,提供了广阔的空间。我国发展中不平衡、不协调、不可持续问题依然突出,人口、资源、环境压力日益加大,迫切需要转变经济发展方式、调整经济结构、发展战略性新兴产业,迫切需要发挥教育和科技优势,支撑经济社会发展。所有这些都对我校优化学科专业结构、提高人才培养质量、增强自主创新能力、提升社会服务水平提出了更高的要求。

(三)高等教育改革发展进入了一个新的阶段。党和国家大力实施科教兴国战略和人才强国战略,出台了教育、科技、人才发展规划纲要,描绘了教育、科技和人才发展的宏伟蓝图,为高等教育改革发展指明了前进方向。国家继续加大"985工程"和"211工程"的投入,为世界一流大学和高水平大学建设创造了有利环境和良好条件。高等教育大众化、国际化使得高校间的竞争日益加剧。面对挑战、面对竞争,不进则退,小进也是退。我们要增强机遇意识、忧患意识和责任意识,保持清醒头脑,主动适应环境变化,正确分析优势差距,科学把握发展规律,以更加广阔的视野、更加开放的姿态、更加执著的努力,加快推进高水平研究型大学建设步伐。

三、"十二五"发展的指导思想、基本思路和总体目标

（一）指导思想：高举中国特色社会主义伟大旗帜，以邓小平理论和"三个代表"重要思想为指导，深入贯彻落实科学发展观，实施科教兴国战略和人才强国战略，深入贯彻全国教育工作会议精神，国家教育、科技、人才发展规划纲要精神和校党委《关于推动科学发展的若干意见》精神，以"中国特色、世界水平"为导向，加快世界知名高水平研究型大学建设步伐，为建设创新型国家和人力资源强国作出更大的贡献。

（二）基本思路：以科学发展为主题，以提高质量为主线，坚持"更加注重以人为本，更加注重提高质量，更加注重改革创新，更加注重主流特色，更加注重开放办学，更加注重社会贡献"的发展原则，实施"质量优先、人才强校、'顶天立地'、学科带动、共建合作和国际化"六大战略，着力培养拔尖创新人才，着力提升科学研究水平，着力增强社会服务能力，又好又快地推进世界知名高水平研究型大学建设。

（三）总体目标：到2015年，基本建成世界知名高水平研究型大学。

1. 培养大批创新型人才。学生思想道德素质、科学文化素质和健康素质明显提高，服务国家服务人民的社会责任感、勇于探索的创新精神和创新能力显著增强，毕业生成为最具社会竞争力、最受社会欢迎的优秀群体之一，毕业生年均就业率保持在95％以上。

到2015年，在校学生总规模为40000—42000人，其中本科生20000人以内，学术型硕士生8500—9000人，专业学位硕士生8500—9000人，博士生3000—4000人。在校生中接受学历教育的留学生达2000人。目前在校学生总规模40130人，其中研究生为19169人（博士生2772人，学术型硕士生8530人，专业学位硕士生7867人），本科生为20961人，学历留学生687人。

在下一个五年里，争取有10篇全国百篇优秀博士学位论文（每个

重点建设的学科、国家级科技创新平台和基地、重大科研项目都应该成为培育百篇优秀博士学位论文的摇篮和主阵地）。

2. 建成一批高水平学科。学科布局进一步优化，整体实力显著提升，优势学科的地位得到巩固，应用学科和新兴交叉学科加快发展，学科"主流特色"进一步凸显，一批学科在若干方向和研究领域达到国际先进水平。到2015年，学校整体实力和办学水平大幅提升，其中人文社会学科进入前6位，理科进入前10位，工科进入前20位，医科进入前30位，10个左右的学科达到国际先进水平（学术影响力进入ESI世界前1%）。目前学校共涉及一级学科40个左右，拥有14个一级学科博士学位授权。排名前5名的学科数第一轮评估为6个，第二轮评估为3个。

3. 造就高素质人才队伍。建成一支高素质的教师队伍，培养和造就一批活跃在国际学术前沿和国家重大战略需求领域的一流科学家、学科领军人物和创新团队，建成一支职业化、专业化的管理队伍和技术支撑队伍。

"十二五"期间，年均新聘全职教师200人以上，到2015年，教师队伍规模为5000—5500人，其中全职教师为3000—3500人。目前，全职专任教师为2393人。具有博士学位的教师占教师总数的80%以上，具有海外知名大学留学、研修背景的教师占教师总数的50%以上。两院院士和千人计划入选者、长江学者、国家杰出青年科学基金获得者等高层次人才达200名左右。技术支撑队伍规模力争达到2000人左右，其中50%具有硕士以上学位。目前教师之外的专业技术人员队伍人数约820人，具有硕士以上学位为25.1%。此外还有专业技术派遣人员117人。全校职员编制原则上控制在全职教职工总数的16%左右。目前在教职工总数中，专任教师占59%，党政管理人员占17%，专业技术人员占24%。

4. 产出一批原创性成果。跟踪国际科技前沿、服务国家和区域重大战略需求的能力显著提升，承担一批国家和海西重大科研任务，产出一批具有重大影响的原创性科技成果、发明专利和哲学社会科学研究成果,成为创新型国家建设的主力军。

到2015年,新增3—5个国家级科技创新平台,10—15个省部级科技创新平台,2—3个教育部文科重点研究基地。承担10项以上"973"、重大科学研究计划首席科学家项目和国家社科基金重大项目。获得5项以上我校为牵头单位的国家科学技术奖,教育部人文社科优秀成果奖获奖数位居全国高校前5名。

SCI、EI、ISTP、SSCI、CSSCI收录论文数年均增长20%以上,在各学科领域最有影响的刊物上发表的论文数显著增长(2008年SCIE为710篇,2009年SCIE为852篇,按此增长比例,2015年应达到2500多篇,相当于2008年台湾大学水平,北京大学2008年为2226篇)。2015年当年科研经费力争达到12亿—15亿元。企业是创新的主体,学校力争来自企业的科研经费不低于科研总经费的40%。2010年科研经费约4.8亿元,平均每年需增加20%以上。

5. 提供一流社会服务。解决国民经济与社会发展重大问题的能力不断提升,产出一批具有自主知识产权的高新技术成果,技术转移和科技成果转化率大幅提升,成为我国各级党委、政府和企业的重要智囊团和思想库,对国家和海西的贡献度显著提高。战略合作更加深入有效,每个学院、研究院都有若干个紧密型合作伙伴。力争培育出一两个具有自主知识产权的上市企业,知识产权收益占学校办学经费的比例逐年增加。到2021年(建校百年之际),建成世界知名高水平研究型大学。其标志是拥有一批在国际上有学术影响力的专家学者,所有的教师和学生都具有创新意识和创新能力,并能够自主地开展国际学术交流与合作;形成一批学术竞争力进入世界百强的学科,所有的实验室都具有对外开放的能力与条件;产出一批代表国际先进水平的重大科研成果,为我国现代化建设作出更大的贡献。在此基础上,朝着世界一流大学的目标继续奋斗。

四、"十二五"发展的主要任务和改革举措

（一）深化教育教学改革，着力培养一流人才

1. 加强本科生素质教育。不断优化课程设置、更新教学内容、创新教学方法，提倡自主性学习，鼓励探索性学习，加强实践性锻炼，注重个性化培养。抓好优秀生源选拔工作，把有学习兴趣、有发展潜能的优秀学生选进学校。把教学作为教师考核的首要内容，坚持教授为本科生授课制度，加大力度建设教学团队。加强实验室、校内外实习基地建设，鼓励科研平台向本科生开放，鼓励学生参与科研。实施"大学生创新实验计划"。不断拓宽人才培养途径，积极探索与国内外高水平大学、科研院所、大型企业联合培养人才的新机制。加强创业教育，增强学生的创业意识和创业能力，实施"基础学科拔尖学生培养试验计划"。

2. 提升研究生创新能力。抓住导师队伍、培养模式、培养机制、人文素养、创新能力等关键要素，深化研究生培养机制改革。强化导师作用，推行导师责任制和导师项目资助制。注重开放式培养，推行导师组制、双导师制。切实提高研究生生源质量，到2015年，力争研究生生源中有90％以上接受过系统而优秀的本科教育。加强研究生培养质量控制，建立和完善研究生培养淘汰机制，着力提高研究生创新能力和学位论文整体质量。依托重点学科、国家级平台基地、高水平创新团队和重大科研项目，加强博士生创新能力培养。

3. 推进人才培养国际化。积极引进消化国外先进课程资源，增加双语（全英语）教学的专业数量和课程门数，加强教师外语教学能力培训，扩大外籍教师比例，提高双语教学课程质量。完善公派出国留学和学生互换机制，加大力度选拔优秀学生到国外高水平大学和研究机构学习交流，到2015年有20％的学生在学期间具有境外学习交流的经历。发展留学生教育，改善留学生的学习环境和生活条件，提高培养留

学生的能力,吸引更多留学生来校接受学历教育、开展科学研究。

4.健全教育质量保障体系。建立以提高教育质量为导向的管理制度和工作机制,把资源配置和工作重点集中到强化教学环节、提高教育质量上来。完善教师教学工作规范,严格教学过程管理。完善学生评教制度,促进教学质量提高。改进学生综合评价办法。落实教学督导、教学检查、党政领导干部听课、教学事故处理等制度,建立教学质量年度报告制度。

(二)瞄准国家重大需求,着力增强创新能力

1.提升自主创新能力。加强基础研究,面向国际科学研究前沿、国家重大战略需求中的重大科学问题,鼓励自由探索,加强协同攻关,积极承担重大科研项目,努力推出更多原创性成果。加强应用研究,以转变经济发展方式、发展战略性新兴产业、加强国家安全等方面的核心关键技术为主攻方向,取得一批有重大经济社会效益的技术创新成果。加强哲学社会科学基础研究和应用对策研究,鼓励和支持哲学社会科学学科开展持续深入的调查研究,开发和建设一批数据库、案例库,不断促进学术观点创新、学科体系创新和科研方法创新,努力形成一批具有中国特色、中国风格和中国气派的创新成果。加强马克思主义研究院建设,积极参与马克思主义理论研究和建设工程。

2.加强平台基地建设。采取多种方式,与国家有关部委、省市政府、大中型企业、国内外著名高校和科研机构开展合作,构建交叉集成、联合攻关、团队作战的创新平台和基地。到2015年,在海洋科学与技术、生命科学、化学、新能源、新材料、环境健康与生态修复、通信工程等领域新增3—5个国家级科技创新平台,特别是牵头建设好国家南方海洋研究中心。在新药创制、光电技术、纳米制备技术、化工清洁生产技术、动力电源、食品营养工程、科学仪器研发等领域新增10—15个省部级科技创新平台;在法学、公共管理、历史、海洋人文、数理统计等领域新增2—3个教育部文科重点研究基地和文科重点实验室。集中力量,

加强海洋科学考察船、850兆核磁共振谱仪等大科学工程平台和重大装备建设。

3. 增强平台基地活力。理顺学校、学院与平台基地的关系，推进科研管理体制和评价激励机制改革，增强平台基地汇聚高端人才、承接重大任务、产出原创成果的能力。完善平台基地的运行机制，增强平台基地运作资源、自我发展、自我提升的能力。加强对平台基地的评估，根据评估结果实行"优胜劣汰、动态发展"。

4. 积极营造创新环境。确立科研评价的质量导向、创新导向，鼓励教师潜心研究、鼓励团队联合攻关。完善科研分类评价办法，加强科研组织管理，提高重大项目的组织与策划能力；加强重大项目监督，保证按时高质量结项；加强重大科研成果的培育和国家级省部级科研成果奖的组织申报，提高科研成果的显示度。加强学术道德建设，杜绝学术不端行为和学术腐败。

（三）深化拓展战略合作，着力服务发展大局

1. 提升战略合作实效。完善对接机制，落实好已签订的战略合作协议。拓展与国家有关部委、地方政府、大中型企业的战略合作，积极争取平台基地建设、资金资源投入、重大科研项目立项等方面的支持。各学院、研究院至少选择两个以上的地市级以上政府、省级以上部门或国内外大型企业开展持续深入的实质性合作。

2. 推进科技支撑产业发展。瞄准国家和海西发展战略性新兴产业需求，加快学科结构调整，加快科技创新平台建设。加强行业共性技术和核心关键技术研发，积极参与国家和区域产业技术创新战略联盟，加速把科技成果转化为现实生产力。完善并实施"服务海峡西岸经济区行动计划"和"服务地市产业发展行动计划"，加强平台、项目和成果对接，有效服务海西产业技术升级和调整振兴。加强厦门大学国家大学科技园建设，为科技成果转化、高新技术企业孵化、创新创业人才培养、产学研结合提供支撑和服务。加强知识产权保护和利用，提高知识产

权收益。

3.提高决策咨询服务水平。加强东海问题、南海问题、海洋权益维护、能源发展战略等重大问题研究,着力服务国家安全和国家发展战略。紧密围绕发展的关键时期、改革的攻坚时期和社会的转型时期亟待解答的突出问题,面向国民经济和社会发展中的重大理论和现实问题,主动开展前瞻性、对策性研究。紧密围绕福建跨越发展的重大决策部署,持续深入开展实地调研,有针对性地做好决策咨询服务。

4.开展高层次继续教育。整合继续教育资源,利用现代教育手段,构建培养培训相衔接的继续教育体系,打造继续教育品牌。适应"大规模培训干部、大幅度提高干部素质"的要求,积极承担各级党政管理干部、企业经营管理人才、专业技术人才的继续教育培训任务。大力开展专业学位研究生教育,为各行各业培养输送应用型高层次专门人才。

(四)强化学科主流特色,着力提升学科水平

1.完善学科整体布局。瞄准学科主流方向和国际学术前沿,巩固提升传统优势学科,大力发展应用学科,加快发展新兴学科。深入开展学科发展战略研究,进一步明确重点发展的学科和学科发展的重点,不断优化学科结构和学科布局。加强学科建设的管理,积极支持各一级学科参加全国一级学科水平评估,逐步建立学科国际同行评估机制,不断提升学科国际竞争力。完善"985工程"和"211工程"建设管理模式,按照"长期规划、分段实施、动态管理"的原则,引入竞争机制,实行绩效评估,提高建设成效。

2.强化学科主流特色。加强化学、生命科学、海洋科学、经济、管理、法学等学科建设,争取若干学科方向尽快达到国际先进水平。加强物理、数学、环境科学、历史、教育、公共管理等学科建设,力争在新一轮国家一级学科重点学科评估中取得新进展。在中文、外文、哲学、政治学、新闻传播、材料、通信、电子、化工、机械、仪器、计算机等有实力、有特色、有前景的学科中选择若干方向进行重点建设,力争在新一轮国家

重点学科评估中取得新突破。选择若干对学科整体布局和提升整体水平具有重要影响的薄弱学科进行重点扶持,使之尽快跨入国内同类学科先进行列。

3. 促进学科交叉融合。大力推动基础学科之间、基础学科与应用学科、科学与技术、自然科学与人文社会科学的交叉、融合与渗透,努力培育新的学科生长点。高起点规划、高水平建设、高效率推进新能源、新材料、生物医药、新一代信息技术、节能环保、先进装备制造等学科建设。推动医学与生命科学、化学、信息科学、材料科学、环境科学等领域的交叉融合,加快发展现代医学、药学和公共卫生等学科。

(五)加强人才队伍建设,着力构筑人才高地

1. 建设高水平的教师队伍。加强学科带头人队伍建设,依托千人计划、长江学者奖励计划等国家高层次人才计划,围绕重点发展的学科和学科发展的重点,加大力度引进高端人才,加快培养和造就学术领军人物,完善人才布局。实施青年骨干教师培养计划,选派中青年教师到一流大学和研究机构,从事学习研修、开展合作研究,提升教师队伍的国际化水平和整体素质。创新人才组织模式,大力推进"学科带头人+创新团队"建设,打造若干个在全国乃至世界有影响的优秀团队。加强非全职教师队伍建设,创新教师聘用方式,鼓励吸纳优秀博士后,适当延长优秀教师退休年限,聘请海内外名师短期来校工作,聘请实务型专家担任兼职教师。积极争取社会捐赠支持,设立讲席教授岗位,借助各方力量,延揽杰出人才。

2. 建设高素质的管理队伍。按照"勤学习、讲政治、懂管理、善沟通"的要求,加强管理队伍建设。深化职员制度改革,完善职员职级制度,建立健全以实绩为主要内容、以民主考评为主要形式的职员考核制度。加强职员队伍的教育和培训,支持和鼓励围绕高水平大学建设开展学习研究。到2015年,力争全校各单位副职以上党政管理干部均具有国(境)外高水平大学学习、培训和交流的经历。

3.建设专业化的技术支撑队伍。面向海内外公开招聘国家重点实验室、部门重点实验室高级工程师和校级实验中心主任。理顺技术支撑队伍管理体制,完善岗位责任制,鼓励各类科研实验室自聘工程实验技术人员。根据重点平台、大型设备建设和管理的特殊要求,逐步增设高级专业技术职务岗位和特聘教授级岗位。加强技术支撑队伍培训,分期分批选派实验室主任、高级工程师到国外高水平大学和研究机构进行学术交流、培训或考察,定期选派技术骨干到国内外一流大学进修,不断提高技术支撑队伍的专业化水平和服务保障能力。

4.营造人才成长的良好环境。牢固树立人才是第一资源的理念,尊重人才、关心人才、爱护人才、服务人才,努力为人才成长和发挥作用创造良好的环境和条件。加大三支队伍建设的资金投入力度,"211工程"和"985工程"资金更多地投入到引进高端人才和人力资源开发、队伍水平提升方面。建立有利于各类人才发挥各自才能与作用的综合评价体系。深化分配制度改革,建立多种形式的内部分配和薪酬激励制度。做好各类人才的服务保障,营造良好的环境氛围,让各类人才引得进、留得住、干得好。

(六)加强国际交流合作,提升合作实效

1.提升全方位开放水平。与世界高水平大学和高水平研究机构建立长期稳定的战略合作伙伴关系。参与"全球工程学生交换项目"、欧盟"伊拉斯谟"等合作计划,积极参与双边、多边和全球性、区域性教育合作。以学院(研究院)为主体,与国外高水平大学共建国际合作教学科研平台和基地,联合推进高水平研究,广泛开展教师互派、学生互换、学分互认和学位互授联授等合作项目。"十二五"期间,学校重点与50所左右世界排名前200名的一流大学开展实质性交流合作;每个学院(研究院)争取与3—5所世界高水平大学的相关院系、科研机构或若干世界知名的高科技企业、跨国公司建立实质性交流合作关系。

2.充分利用国外优质教育资源。广泛借鉴和吸收世界一流大学的办学理念和发展经验,促进学校改革发展,努力提升学校的国际影响力和竞争力。有计划地吸引海外高端人才和学术团队,提高聘任外籍教师的比例,力争"十二五"期间年均有200名以上的外籍专家来校从事教学科研工作。面向国际学术前沿,引进、消化、吸收境外优秀教材,构建更为开放的课程体系。探索多种方式利用国外优质教育资源,吸引境外知名学校、教育和科研机构以及企业,合作设立教育教学、实训、研究机构或项目。

3.服务国家软实力战略。加快孔子学院总部南方基地建设,为全球孔子学院和汉语国际推广工作提供强有力的支撑和服务。按照"设立一所、办好一所"的要求,加强孔子学院建设,派出优秀的教师和志愿者,探索符合对外汉语教学实际的教材内容和教学方法,加快推动汉语走向世界,提高孔子学院的办学水平。以孔子学院为桥梁和基地,积极拓展与孔子学院所在外方高校的交流合作,将我校的优势学科推向世界,促进东西方文明对话,进一步增强学校的国际学术影响力。

(七)加强与台港澳交流合作,着力开展先行先试

1.深化与台港澳的教育交流合作。充分发挥区位优势,与台港澳交流基础好、在台港澳校友多的优势,进一步拓宽交流渠道,创新合作模式,深化合作内涵。积极主动与台港澳高校开展互派教师、互换学生、共建平台、合作研究、联办学术会议等多种形式的交流合作。有计划地聘请台港澳专家学者来校任教,选派专家学者赴台港澳开展驻点研究。加大对台港澳招生工作力度,吸引更多台港澳优质生源来校接受学历教育。广泛与台港澳大学联合开展大学生联谊、交流活动。积极发起或参与组织两岸高校联盟,引导、帮助台湾高校与内地高校在厦门、金门、平潭等地开展合作办学。

2.加强与台港澳的科技经济文化互动。抓住两岸关系出现积极变化的新形势、海峡两岸高新技术互动和对接的新机遇,为两岸开展科技经济文化交流合作搭建平台和载体。积极与两岸的高校和企业联合设

立伙伴实验室,促进两岸在光电、信息、机械、通信、能源、石化及生物医药等领域的技术交流与合作。推动两岸的科技项目、科技人才、科技信息的对接,促进两岸的文化互动。积极参与组织海峡论坛,坚持举办海峡两岸大学校长论坛,支持各学科开展海峡两岸学术论坛。

3.服务中央和省市涉台决策。加强台湾研究院和海峡两岸发展研究院建设,重点开展台湾政治、台湾经济、台湾社会发展研究。拓展涉台研究领域,加强台湾文化、教育、军事、科技、宗教、法律等方面的研究。完善涉台研究与涉台工作联系机制,积极开展台湾岛内社情民意的追踪调研工作,及时提交涉台研究第一手资料和高质量的决策咨询报告,在中央和省市领导涉台决策中发挥重要的思想库和智囊团作用。

(八)科学运作资金资源,着力改善办学条件

1.拓宽渠道争取办学资源。在服务发展中运作资金、资源,不断优化办学经费构成。增强与政府沟通、交流、合作的能力,积极争取各种财政补助和各类政策性资源。鼓励教师积极争取来自政府、企业、社会团体、民间机构和国际组织的各类科研课题,大幅提升科研经费在学校总经费中的比例。健全国有资产管理体制机制,使资产经营收入成为办学经费的重要来源。加强与校友和社会各界的沟通联系,积极争取社会捐赠。办好"教育发展基金会",完善基金管理办法,确保基金保值增值。到2015年,确保当年办学总经费达45亿元,力争突破50亿元。

2.调整优化校区空间布局。大力推进校区战略调整,完善各校区的功能定位和学科布局。校本部以发展文理学科为主,加快完成经济学院、艺术学院、法学院等的改扩建工程。漳州校区用于建设部分学院的科技创新平台和嘉庚学院的发展、提升。翔安校区以发展应用学科为主,重点构筑一批应用学科的科技创新平台。按照"一次规划、分期建设"的原则,有计划、有步骤地推进翔安校区建设,力争到2012年9月,第一批学院和科技创新平台顺利入驻;2013年9月,第二批学院、

科技创新平台和孔子学院总部南方基地顺利入驻；2015年，基本完成翔安校区一期建设任务。"十二五"期间，新增教学科研用房60万平方米以上。

3. 加大绿色大学建设力度。加强环境保护教育和可持续发展教育，提高师生环境保护意识和社会责任感。制定"十二五"节能减排规划，争取国家和省市政府节能减排政策支持和修购专项资金补助，不断完善校园基础设施。充分运用节能减排新技术、新材料、新工艺，提升节能减排实效。

4. 完善公共服务体系建设。构建全面支持下一代互联网技术的高性能校园网，建设系统集成、资源共享的综合信息化服务支撑平台，升级高性能计算平台。深化研究型图书馆建设，拓展、优化学习共享空间。完善各学科文献保障结构，统筹兼顾纸质文献、电子文献、视听资料、缩微文献和档案文献的收藏。推动档案信息化建设，增强管理服务水平。加强《厦门大学学报》等高水平学术期刊建设，扩大学术影响力。

（九）倾情倾力关注民生，着力解决现实问题

1. 多途径解决教职工住房问题。立足实际、着眼长远，采取多种形式、多种途径，有效解决教职工的住房困难，全面实现教职工"住有所居"的目标。积极争取厦门市优惠政策，继续落实保障房房源；在翔安校区等地集中建设教职工住房。积极争取厦门市支持，加快校内危旧房拆迁改造，逐步把校内的教职工生活用房置换到校外，不断改善教职工住房条件。

2. 稳步提高教职工工资待遇。深化收入分配制度改革，建立教职工工资增长保障机制，想方设法争取中央财政和地方政府支持，增收节支、挤出财力，保障教职工工资稳步增长，努力使我校教职工工资水平不低于同期厦门市属单位同职务人员的水平。

3. 解决学生的实际困难。建立学习困难学生的帮助机制，做好学生的学术发展支持和学业辅导工作。认真做好毕业生就业工作，拓宽

就业渠道,提高就业质量,努力使学生有业就、就好业。进一步完善经济困难学生的资助体系,通过各种方式使每位家庭经济困难的学生都能得到有效资助。

4. 真诚关爱关怀师生员工。加强人文关怀,从思想、工作、生活上关心、帮助、促进师生员工的成长与发展。加强校园体育设施建设,推广全民健身运动,增强师生员工的身体素质。加强文化设施建设,丰富师生员工的精神生活。加强心理健康教育和心理疏导,培养师生员工良好的心理素质。完善师生员工医疗、保险、体检制度,落实相关社会保障政策。支持附属医院、附属中小学和幼儿园建设,更好地解决教职工就医和子女就学问题。做好离退休工作,按照相关规定,落实离退休教职工的相关待遇。

(十) 建设现代大学制度,着力完善治理结构

1. 加强制度建设。落实《厦门大学校院二级管理体制实施办法》,进一步理顺学校与学院(研究院)的权责利关系,充分调动学院(研究院)办学的积极性和创造性。深化人事分配制度改革,加强岗位管理,创新聘用方式,规范用人行为,完善激励竞争机制。强化学校内部目标管理和绩效管理,健全校务公开制度,接受监督。

2. 完善治理结构。坚持完善校党委领导下的校长负责制,健全议事规则与决策程序,努力形成党委领导、校长负责、教授治学、民主管理的工作运行机制。进一步完善学校内部治理结构,健全民主管理制度。进一步规范行政权力和学术权力相互协调、相互支持、相互监督的运行机制。充分发挥学术委员会、教学委员会、学部委员会等在学科建设、人才培养、学术评价、学术发展中的重要作用。充分发挥教职工代表大会、学生代表大会在民主管理中的积极作用。

3. 提高运行效率。加强机关效能建设,强化服务意识,增强服务能力,提高服务质量。加强校区管理,不断完善多校区管理办法,提高各校区运行效率。完善校内财务和审计制度,注重各类投入的可行性研

究和论证,提高资金使用效益。加强国有资产管理,加强成本核算和投入产出效益的评估。加强大型仪器设备管理,推进开放共享,避免重复建设。深化后勤管理体制改革,努力构建新型后勤保障体系。加强校办产业规范化建设,促进校办产业健康发展。

(十一)全面加强党的建设,着力提供坚强保障

1.大力加强领导班子建设。加强学习型领导班子建设,不断提高领导班子的思想政治素质,始终坚持中国特色社会主义的办学方向。加强能力培养,着力提高领导班子:谋划发展的能力、统筹发展的能力、创新发展的能力、推动发展的能力。努力把各级领导班子建设成为奋发向上、团结拼搏、高效务实的坚强领导集体。

2.大力加强基层组织建设。以深入开展创先争优活动为抓手,推动基层党建工作创新。充分发挥学院党委(党总支)的政治核心作用、党支部的战斗堡垒作用和广大党员的先锋模范作用。把创先争优内化为推动科学发展、强化主流特色、提高办学质量的发展动力。形成各级党组织和广大党员团结带领师生员工齐心协力推进高水平大学建设的浓厚氛围。

3.大力加强干部作风建设。各级领导干部要带头加强学习,带头践行宗旨,带头求真务实,带头增进团结,带头艰苦创业,带头廉洁自律,以良好的作风和形象推动学校各项事业又好又快发展。坚持从严管理干部,严格落实工作责任制和领导干部问责制,形成人人负责任、人人干实事的良好氛围。

4.大力加强和谐校园建设。以和谐求发展,以发展促和谐,实现学校发展和师生员工发展相统一。坚持构建"以人为本、全面发展,依法治校、民主管理,勇于创新、充满活力,诚信友爱、人际和谐,文明高尚、安定有序"的和谐校园。形成师生员工各尽其能、各得其所而又和谐相处的局面,进一步巩固"心齐、气顺、劲足"的和谐氛围,为学校改革发展创建和谐、安宁、稳定的校园环境。

5.充分调动各方面的积极性。视新时期统一战线工作,积极创造条件、畅通渠道,支持民主党派和党外知识分子履行职能、发挥作用。加强对工青妇等群众团体的领导,支持他们按照各自的章程创造性地开展工作,充分发挥他们在校园文化建设、思想政治工作和和谐校园建设中的积极作用。充分发挥离退休同志的专业特长,支持他们为学校发展多作贡献。扎实做好校友工作和各界人士的联络沟通工作,团结和凝聚海内外校友和各界人士为学校发展献计献策、贡献力量。

(2010年12月)

成绩、问题、目标与实现目标的举措(四)

——关于《厦门大学"十三五"规划》的说明

"十三五"是学校全面建成世界知名高水平研究型大学、迈向世界一流大学新征程的关键时期,科学编制"十三五"规划和"统筹推进世界一流大学和一流学科"建设方案,对于学校实现"两个一百年"战略总目标至关重要。学校高度重视"十三五"规划编制工作。今年4月,学校成立"十三五"规划编制工作领导小组,张彦书记和我共同担任组长,统筹协调"十三五"规划编制工作。9月4—6日,学校在漳州校区召开务虚会,讨论"十三五"规划草案。11月29日以来,学校分别召开11场征求意见会,通过多种形式向全校师生员工、校友和社会各界广泛征求意见建议。受校党委委托,下面由我就《厦门大学"十三五"规划和远景规划(讨论稿)》做有关说明,请各位代表审议。

一、关于"十二五"的执行情况

在全校师生员工的共同努力下,我校顺利完成了"十二五"规划提出的主要目标,学校办学水平明显提升,整体实力不断增强,为全面建成世界知名高水平研究型大学奠定了坚实基础,学校国际影响力显著提升,在国内外主流大学排行榜中的排名稳步提升。根据 US News 2016 排名,厦大位列全球第 275 名,在上榜的大陆高校中排名第 12 位。2015 年 4 月 22 日,李克强总理视察厦大,充分肯定学校办学成就,称赞厦大学生"高能成,低能就",既有能力又接地气,并对学校下一步发展寄予厚望。学校"十二五"成绩主要体现在以下几个方面:

一是培养质量稳步提升。我们深化人才培养模式改革,实施本科生大类招生、大类培养,教学改革深入推进,以优异成绩通过本科审核评估。学生在全国"挑战杯"系列竞赛、国际太阳能十项全能竞赛、国际法辩论赛、中美青年创客大赛等国内外重大比赛中屡创佳绩,学校成为中国唯一入选联合国教科文组织"高等教育内部质量保障优秀原则和创新实践项目案例"的高校。深化研究生培养机制改革,研究生创新能力显著提高。研究生以第一作者身分发表 ESI 数据库入选论文 2964 篇,7 篇博士学位论文入选"全国百篇优秀博士学位论文",45 名博士生获教育部"博士研究生学术新人奖"。

二是创新能力明显增强。我校新增国家级 2011 协同创新中心两个、国家级重点实验室(工程实验室)五个、省部级科技创新平台 14 个。承担"973"和国家重大科学研究计划首席科学家项目五项、国家重大科学仪器设备开发专项两项,自然科学基金重大(重点)项目 28 项,重大研究计划项目 27 项;国家社科基金重大项目 13 项,教育部重大课题攻关项目 12 项。发表 SCIE 科技论文 9838 篇,以第一作者或通讯作者在 *Science*、*Cell*、*The New England Journal of Medicine* 等杂志发表论文四篇,自然指数位居全球 120 名;人文社科发表 SSCI 论文 558 篇,二类以上核心刊物论文 4452 篇,出版著作 699 部。获得国家自然科学奖二等奖四项、国际合作奖一项、中国科学十大进展一项、中国高校十大科技进展两项、中国高校人文社科研究优秀成果奖 32 项。科研经费从 2010 年的 5.21 亿元增加到 2015 年的近 10 亿元。

三是社会服务深化拓展。我们实现了与福建省各地市战略合作全覆盖,与中航工业、国家核电、复旦大学、国防科大等的战略合作不断深化拓展。生物疫苗研制、新一代煤化工、锂离子动力电池研发、特种材料研发等产学研成果成功产业化,研制世界首个戊肝疫苗并成功获批上市。成立产业技术研究院,国家大学科技园南太武园区开工建设,翔安主园区获批建设。围绕"一带一路"战略、自贸区建设、两岸和平发展、宏观经济政策、能源发展战略、南海权益、教育发展等重大理论和现实问题，为中央和地方各级党委、政府提供高质量决策咨询服务。继续教育的办学层次和整体效益显著提升。积极帮助受援学校提升办学质量和水平。

四是人才队伍水平提升。我校新增中科院院士三名、国家"千人计划"入选者44名（其中"青年千人计划"27名）、"973计划"项目首席科学家5名、"长江学者"特聘教授五名、"长江学者"讲座教授5名、国家杰出青年基金获得者10名、"万人计划"入选者11名。新增国家基金委创新群体1个、教育部创新团队4个。教师中具有博士学位的比例从66.8%增至81%，具有国（境）外博士学位的比例从10.5%增至15.8%；具有一学年（10个月）以上海外学习工作研修经历的比例从33.2%增至47.7%。技术支撑队伍和党政管理队伍的学历结构明显改善，整体素质稳步提升。

五是学科实力不断增强。学校组建航空航天学院、公共卫生学院、药学院、能源学院、海洋与地球学院、环境与生态学院以及南海研究院、中国（福建）自贸区研究院等一批学院、研究院，不断优化学科布局。实施《厦门大学哲学社会科学繁荣计划》，着力打造哲学社会科学研究的"厦大学派"。召开医学教育工作大会，大力扶持医学学科建设。统筹推进"211工程"和"985工程"重点建设成效显著。在教育部第三轮一级学科评估中，5个一级学科进入前五位、16个一级学科进入前十位。新增6个学科进入ESI全球前1%，一个学科进入ESI全球前100强，进入ESI全球前1%学科数已达到9个，数量居全国高校第15位。

六是对外交流合作取得实效。马来西亚分校获批立项并启动建设，厦大成为第一家在海外建设分校的高校。新建孔子学院四所（总数16所），启动汉语国际推广南方基地和孔子学院院长学院建设，成功举办第九届全球孔子学院大会，荣获"优秀中方合作院校"称号。推行"G50战略伙伴计划"，与39所世界排名前200名的高校开展实质性交流合作。组建或参与了10个国际性、区域性大学联盟和合作平台，共建了一批国际联合实验室和研究中心。与32所台湾高校签订校际合作协议，对台教育科技文化交流互动更加活跃。

七是办学条件不断改善。校区战略调整基本完成，校区功能定位和学科布局不断完善。思明校区新增各类用房近10万平方米，物理机电航空大楼、材料学院大楼、经济学院新楼、艺术学院二期、曾厝垵学生公寓新楼和运动场等一批项目投入使用。翔安校区建成投入使用，新增办学用地243公顷、用房面积80多万平方米，10个学院、7个国家级平台、近1万名师生入驻。漳州校区为嘉庚学院、产业技术研究院以及应用学科创新平台发展提供广阔空间。实验装备服务体系建设水平不断提高，完成基础网络扩容与升级，图书文献等资源引进与数字化建设成效明显。综合财务收入从2010年的25.19亿元增加到2015年的42亿元。

八是民生工程有效落实。学校完成183套五缘湾、403套高林保障性住房的配售，完成490套海韵北区教职工住房置换，完成4200多人次39890万元住房货币化补贴资金的发放。提高教职工福利待遇，我校教职工工资收入基本达到厦门市事业单位同类同职务人员水平。改善幼儿园办学条件、落实岛外工作补贴、改善校区间公共交通、推行教职工大病互助机制等惠民举措，教职工工作生活条件进一步改善。完善学生资助体系，共投入7.9亿元用于发放学生奖助学金。加强就业指导服务，帮助家庭经济特别困难的毕业生全部实现就业。

九是制度建设不断完善。我们制定、实施《厦门大学章程》，推进依法治校。坚持和完善党委领导下的校长负责制，形成党委领导、校长负责、教授治学、民主管理的工作运行机制。编制《厦门大学综合改革方案》，系统谋划、协调推进学校综合改革。加强机关效能建设，提高服务质量和水平。下放办学自主权，充分激发学院（研究院）办学活力。改革学术委员会、学部委员会，发挥学术组织作用。加强教职工代表大会、学生代表大会建设，发挥群众团体在民主参与、民主管理和民主监督中的重要作用。

十是党建工作水平提升。顺利召开校第十次党代会，提出了学校

"两个一百年"的战略目标和发展蓝图。顺利完成校院二级党政领导班子换届选举工作,进一步优化领导班子和干部队伍结构。健全干部选拔任用工作制度,强化干部监督管理工作。深入开展创先争优活动、党的群众路线教育实践活动,扎实推进"三严三实"专题教育,强化基层党组织建设。严格把好发展党员工作质量关,不断优化党员队伍结构。规范党员教育管理,加强党务工作队伍建设。贯彻落实党风廉政建设责任制和领导干部廉洁自律的各项规定,不断推进作风和反腐倡廉建设。成功举办90周年校庆活动,进一步凝聚发展合力。推进校园文化精品建设,大力传承弘扬厦大精神文化,升华校史校训育人内涵。

总的来看,厦大"十二五"规划中提出的主要目标、重点任务、重大工程实施进展顺利,人才培养、高层次人才、科研平台、重大项目、高水平论文、国际交流合作、办学空间、办学经费等主要指标大多数达到预期进度要求,部分指标已超额完成目标。受外部环境变化、相关政策调整等原因的影响,国家重点学科、教育部文科基地、百篇优秀博士论文停止评审,相关指标不再考核。此外,学校在科研经费总数、科研成果转化、学科排名对比等方面的指标实现情况相对滞后,与兄弟高校还存在一定差距,需要努力追赶。

二、关于"十三五"的目标思路

学校"十三五"面临的机遇和挑战主要包括以下几个方面:一是世界正处在政治、经济格局的重大调整期。中国政治、经济、文化的全球影响力进一步提升,我国发展仍处于可以大有作为的重要战略机遇期。新一轮科技革命和产业变革孕育兴起。我们必须着眼于增强国家核心竞争力,主动适应全球科技创新和学科发展趋势,加快创建一流大学步伐。二是我国正处在全面建成小康社会的决胜阶段。发展进入新常态,"一带一路""中国制造2025""互联网+"等重要战略实施。面对经济社会双重转型的压力,我们国家现在比历史上任何时期都需要一流大学和一流学科的支撑、引领。三是福建正处在科学发展跨越发展的战略机遇期。随着中央支持福建加快发展的力度加大、福建自贸试验区和"21世纪海上丝绸之路核心区"的深入推进,政策叠加效应进一步显现,福建省和厦门市发展潜力空间巨大。四是高等教育正处在内涵发展质量提升的重要转型期。党的十八届五中全会深刻指出,必须把创新摆在国家发展全局的核心位置,深入实施创新驱动发展战略。我们必须牢牢把握国家统筹推进世界一流大学和一流学科建设的重大历史机遇,积极争取更多支持,努力实现跨越发展。

学校"十三五"发展的指导思想是:高举中国特色社会主义伟大旗帜,以邓小平理论、"三个代表"重要思想、科学发展观为指导,深入贯彻落实党的十八大和十八届三中、四中、五中全会以及习近平总书记系列重要讲话精神,按照"四个全面"战略布局,坚持发展是第一要务,牢固树立创新、协调、绿色、开放、共享五大发展理念,以中国特色、世界一流为统领,以立德树人为根本,以培养拔尖创新人才、支撑创新驱动发展战略、服务经济社会为导向,以队伍建设为核心,以加强党的领导为根本保证,着力培养一流人才、打造一流队伍、建设一流学科、产出一流成果、作出一流贡献,确保全面建成世界知名高水平研究型大学,奋力谱写中华民族伟大复兴中国梦的厦大篇章。

学校"十三五"发展必须遵循以下六个基本原则:一是坚持以人为本,尊重师生主体地位,发挥师生首创精神,把促进人的全面发展作为发展的出发点和落脚点,充分调动师生员工的积极性、主动性、创造性。二是坚持科学发展,把握发展新特征,适应发展新常态,融入发展大格局,坚持内涵发展,努力实现各项事业更高质量、更有效率、更加公平、更可持续地发展。三是坚持深化改革,创新发展理念,转变发展方式,增强战略定力,保持改革韧劲,实现关键环节突破,建立完善现代大学制度,为发展提供持续动力。四是坚持依法治校,牢固树立依法办事的意识,贯彻落实《厦门大学章程》,善于运用法治思维和法治方式办学,提高依法治校、依法决策、依法管理的能力和水平。五是坚持开放办学,既立足国内、扎根中国大地,主动对接服务国家和区域发展,又融入全球,参与国际教育、科技、文化的交流与合作,增强国际影响力和竞争力。六是坚持党的领导,贯彻全面从严治党要求,坚持和完善党委领导下的校长负责制,增强党的创造力、凝聚力、战斗力,确保学校发展沿着社会主义办学方向前进。

学校"十三五"时期发展的总体目标是:人才培养、科学研究、学科建设、社会服务和文化传承创新水平不断提高,成为知识发现和科技创新的重要力量、先进思想和优秀文化的重要源泉、培养高素质优秀人才的重要基地,在支撑国家创新驱动发展战略、服务区域经济社会发展、弘扬中华优秀传统文化、培育和践行社会主义核心价值观、建设高等教育强国等方面发挥重要作用,学校综合实力进入世界前200名,实现全面建成世界知名高水平研究型大学的第一个一百年目标,为学校创建一流大学奠定坚实基础。

学校中长期发展的战略目标是:到2030年,服务国家发展的能力更加突出,国际学术地位显著提升,更多学科进入国内领先、世界一流行列,若干学科进入世界一流前列,各学科领域都有一批世界级的专家学者,主要办学指标和整体实力跻身世界一流大学行列,学校综合实力进入世界前150名。到2049年,办学声誉和办学水平获得国际公认,主要办学指标和整体实力位居世界一流大学前列,为区域发展、国家富强、民族复兴和人类文明进步作出卓越贡献,学校综合实力进入世界前100名。

以下为"十三五"时期发展的具体指标:

一是人才培养。到2020年,在校生规模控制在40000人左右,其中本科生18000人以内,硕士生16000人左右,博士生4000人左右,学历留学生2000人左右。目前,我校学历留学生数量约为1800人,"十三五"要大力加强这方面的工作。

二是队伍建设。到2020年,教师队伍规模约6000人,其中全职专任教师约3000人,博士后约1000人,非全职教师约2000人。目前全职专任教师2700人,博士后不到300人。我们要大力加强博士后队伍建设,制定有效政策,延揽优秀人才。博士后队伍要实现从300人到1000人的跨越,需要有什么样的实施路径,全校上下都要认真研究。

三是科学研究。到2020年,力争实现国家实验室零的突破、新增两个以上"2011"协同创新中心、五个左右国家级创新平台,建设一批新型智库,当年科研经费力争达到20亿元以上。

四是社会服务。到2020年,横向科研经费占科研经费的30%以上,专利申请数和专利授权数年增长率20%以上。

五是学科建设。到2020年,力争有12—15个学科领域进入ESI全球前1%、3—5个学科领域进入ESI全球前1‰;有10个左右一级学科进入全国前5名,25个左右一级学科进入全国前10名,多数学科力争进入全国前20名,与学校整体排名和综合实力相适应。

六是大学文化。培育形成爱校荣校、改革创新、团结合作、包容共享的价值理念,养成厦大人开放、包容、自信、大气的精神特质,建立与世界一流大学相适应的文化生态。

三、关于"十三五"的主要任务

(一)创新人才培养模式,提高人才培养质量

实施卓越教育战略。坚持以立德树人为根本,不断更新教育教学理念,改革人才培养模式,提升人才培养质量,着力培养德智体美全面发展的精英人才。

一是促进学生全面发展。以培养社会主义的优秀建设者和可靠接班人为目标,促进德智体美全面发展,确保培养出来的人才是国家发展需要的人才。二是深化本科生培养模式改革。尊重学生主体地位,充分挖掘学生潜能,彰显学生个性。三是深化研究生培养模式改革,学术型重在培养创新性思维方式和提升系统性学术研究能力,专业学位型重在提升基本理论水平、工作实践技能和对接职业从业资格。四是加

强课程建设和课堂教学。本科课程控制在3000门左右,推进小班化教学,提高课堂教学质量和效果,到2020年本科生30人以下小班化课程达到70%。五是增强学生创新创业能力。支持本科生尽早参与科研,实现研教相长,提升学生的创新实践能力。六是完善教学质量保障与监控机制。要加大教学经费投入,本科生学费收入全部用于学生培养工作。完善校内本科教学评估"年检"制度,建立与国际接轨的校内质量保障和监控体系。加大返聘退休优秀教师从事教学的力度。七是支持嘉庚学院发展。嘉庚学院是厦大大家庭的重要一分子,这几年的发展有目共睹,为学校漳州校区建设作出了重要贡献。学校要支持嘉庚学院更好更快地发展,推动其尽快成为国内同类高校中一流的、获得国际广泛认可的、教学科研并重的优秀大学。

(二)深化人事制度改革,建设一流人才队伍

实施卓越人才战略。强化人才第一资源的理念,坚持培养和引进并重,努力打造具有国际竞争力的师资队伍、具有顶尖水平的学术团队、具有专业化水准的管理服务队伍和技术支撑队伍。

一是建设国际一流师资队伍。加快引进一批一流科学家和学科领军人物,引进和选拔、培养一批具有创新能力和发展潜力的中青年学术骨干,形成合理的学科队伍梯队。深入实施"国际化师资培养与储备计划",为打造国际化的高水平师资队伍做好人才储备,建设一支全职和非全职相结合的高水平师资队伍。二是打造高水平创新团队。有目标、有规划地重点建设40个左右学术团队。每个团队都有国家级或省部级的平台或基地做支撑,形成学术带头人、学术骨干、博士后与博士生的团队结构。三是加强博士后队伍建设。打造一支1000人左右的博士后队伍,将博士后研究人员纳入专职科研系列人员管理,使之成为高端人才后备军、科研团队生力军、优秀师资"蓄水池"。四是打造专业化的管理服务队伍和技术支撑队伍,强化服务意识,提高服务水平。五是完善考核评价办法,由目前以学校为主,改为以学部和学院为主。六

是改革人事分配制度,按照"多劳多得、多贡献多得、多担当多得"的原则,设计统一规范、具有竞争力的薪酬体系。人事分配制度改革是学校综合改革的牛鼻子,牵一发而动全身,关系到广大教师员工的利益,要在深入调研的基础上扎实推进。

(三)推动学科交叉融合,增强学科核心竞争力

实施卓越学科战略。适应学科发展趋势,加强学科顶层设计,优化学科布局结构,推进学科交叉融合,强化学科主流特色,打造一批国内领先、国际一流的高峰学科。

一是加强学科顶层设计。构建符合学校目标定位、面向未来发展方向、具备国际竞争力的新型学科体系。繁荣人文社会学科,巩固提升基础理科,振兴发展工程和应用学科,大力发展医学学科。二是强化学科主流特色。实施"统筹推进世界一流大学和一流学科建设",重点建设一批国内领先、国际一流的优势学科和领域,努力实现学科在"高原"有"高峰"。三是推动学科深度交叉融合。打破现有院系固化的运行管理模式和藩篱,让学科交叉真正动起来。我们的管理服务和信息技术支撑要跟上,从顶层设计和具体工作等各方面都来促进和支持学科交叉。

(四)增强科研创新能力,提升服务发展水平

实施卓越科研战略。嘉庚先生在建校之初就明确厦大的办学任务是"研究高深学术,养成专门人才,阐扬世界文化"。我们要强化需求导向和问题导向,不断推进理论创新、制度创新、科技创新、文化创新等各方面创新,不断提高服务国家创新驱动发展战略和区域经济社会发展的能力、水平和实效。

一是坚持基础研究与应用研究并重。促进基础研究和应用研究相结合,加快推动应用学科发展,提高应用研究水平和成果转化能力,合理配置资源和投入,引导教师积极从事应用开发研究。二是扎实推进协同创新。以国家重大需求和区域亟需为牵引,转变科研组织方式,建

立和完善有利于交叉整合的体制机制。三是积极参与军民融合。积极参与军民科技融合创新研究，建立学校参与军民科技创新的体制机制。加强军工技术项目的研究、转化和产业化。四是加速推进科研成果转化和产业化，构建既符合科研规律，又符合市场规律的科研成果转化体系，提高成果转化成功率。五是拓展社会服务领域。坚持"一地一重点"，扎根福建、立足厦门，全面服务福建海丝核心区、自贸区和美丽厦门建设。

（五）深化对外交流合作，提升国际化办学水平

实施国际化战略。把开放办学作为创建一流大学的必由之路，在国际教育和科技学术舞台上展示厦大形象，发出厦大声音，提供厦大经验，全面提升学校国际竞争力和影响力。

一是主动服务对外开放战略。建设好中国—东盟海洋学院；共建纽卡斯尔学院，与卡迪夫大学共建口腔学院；建好汉语国际推广南方基地、孔子学院院长学院和示范孔子学院；加强"一带一路"研究。二是深化实质性交流与合作。推进与国外高水平大学广泛开展教师互派、学生互换、学分互认和学位互授联授等合作项目。积极推动教师参与国际合作研究，主动参与或牵头组织全球性或区域性的重大科学计划和科学工程。三是完善国际化人才培养体系。完善软硬件条件，加强国际化配套管理服务，打造优质留学目的地。推进学生国际化培养，加大学生互换力度，力争到2020年超过50%的学生在学期间具有境外学习交流的经历。四是全力办好马来西亚分校。要把马来西亚分校建设成一所在东南亚具有较大影响、涵盖本硕博教育的综合性大学，成为中国高等教育和中国文化"走出去"的典范。同时，马来西亚分校也要成为一个好的纽带和平台，倒逼厦大不断提升国际化办学能力。

（六）发挥区位和人文优势，服务两岸关系和平发展

充分发挥我校独特的区位优势和人文优势，进一步加强与台湾高

校及科技、文化、经济各界的交流与合作,更充分地利用好台湾的各类资源,不断创新合作模式。

一是加强对台交流合作。深化合作内涵,与台湾高校开展教师互派、学生互换、平台共建、科研合作、学术会议联合举办等多种形式的交流合作;制定对台人才发展战略,吸引台湾高层次人才来校工作。二是服务政府对台决策。围绕促进两岸关系和平发展,为中央和省市领导涉台决策提供参考,发挥重要的思想库和智囊团作用。三是促进两岸青年学生交流互动。引导青年学生感悟两岸关系和平发展潮流,增强认同感。目前,台湾的高校数量多,但生源少,台湾当局正在考虑高校的整合。这是大陆高校发展的一个机会,可以聘请更多的优秀台湾教授。为此,福建省还将出台促进闽台高等教育交流与合作十条措施,加强两岸交流合作,我们要用好用足这个政策。

(七)优化配置办学资金资源,增强保障支撑能力

资金资源是创建一流大学的重要物质基础和财力保障。要提升资源资金筹措能力,千方百计开源节流,优化配置和有效利用现有条件,提升公共服务水平,支撑持续健康发展。

一是积极争取资金资源。到2020年,学校综合财务收入达到70亿元以上、力争突破80亿元,更好地支持学校各项事业的发展。要充分调动院系的积极性,落实好捐赠配比返还学院的政策,形成"小河有水大河满"的良好局面。对外积极争取资源的同时,我们还要增强理财意识。现在的学院经费盘子越来越大,一些学院还存在用不好钱的现象。这就要求我们的院长、书记强化当家理财意识,管好钱,用好钱。二是优化资金资源配置。改革校内预算制度,全面实施绩效预算管理,强化绩效导向,提高资金使用效益。三是深化资产管理体制改革。强化资产经营理念,规范对企业资产和事业资产的管理。完善国有资产管理体制,推行资产有偿使用制度,加强无形资产管理,盘活存量,优化增量,避免浪费,提高效益。四是持续改善基本办学条件。完善各校区

学科布局和配套设施建设,完善多校区协调发展的管理运行机制,形成功能分区科学、学科布局合理、基础设施完善、管理运行高效的一流大学校园。五是提升公共服务水平。加强教学基础设施、实验平台、图书、档案等建设,提升服务质量和水平。

(八)完善内部治理结构,建立现代大学制度

一流大学要有一流的管理。要加强管理服务体系建设,落实《厦门大学章程》,全面推进依法治校,加快中国特色世界一流大学制度建设,推进学校治理体系和治理能力现代化。

一是完善学术管理制度。健全和维护以学术委员会为核心的学术管理体系和组织架构;充分发挥学部委员会在学科规划、教师评价、重点建设资源配置、学术咨询等方面的重要作用。二是加强机关作风与效能建设。强化精细管理,推进简政放权,明确负面清单,减少审批事项,提高工作效率。简政放权,其实就是"少生优育",各单位要做好该做的,不做不该做的。三是完善内部控制制度。规范各类经济活动业务流程,提升学校管控的水平和能力。四是深化校院二级管理体制改革,确立学校与学院之间的科学分工。凡是学院能做的事情都由学院做,学校只做学院不能做、不愿做、做不好的事情,学校重在提供校内的"公共产品"。五是推进民主参与和民主监督。充分发挥教代会、学代会等作用,拓宽民主参与、民主管理、民主监督的渠道和途径,扩大有序参与,加强议事协商,探索师生代表参与学校决策的机制。

(九)塑造良好文化生态,推进美好厦大建设

文化生态是一流大学的本质表现。要强化文化内涵建设,弘扬社会主义核心价值观,传承厦门大学优良办学传统,倡导爱校荣校、改革创新、团结合作、包容共享的校园价值理念,为建设一流大学提供强有力的精神支撑和文化保障。

一是建设魅力校园。坚持把社会主义核心价值观融入教育教学的

全过程,让社会主义核心价值观更加深入人心;弘扬优良办学传统,不断提高厦大在海内外的知名度和美誉度。二是构筑温馨校园。以人为本,关心师生员工身心健康,促进师生员工全面发展与成长成才,着力解决师生员工最关心、最直接和最现实的利益问题。三是建设绿色校园。树立绿色发展理念,加强资源环境国情和生态价值观教育,大力开展环境生态、节能环保等领域的攻关,推动形成绿色发展方式和生活方式,积极参与和支撑绿色循环低碳发展。四是打造平安校园。强化国家安全意识,加强思想文化阵地建设,加强校园网管理,强化校园综合治理。要引导师生员工养成良好的工作和生活习惯,抓好公共场所控烟工作,建设和维护整洁文明的校园环境。

(十)全面加强党的建设,提供坚强有力保证

党对高校的领导是办好中国特色社会主义大学的根本保证。要坚持党要管党、从严治党,不断加强党的思想建设、组织建设、作风建设、反腐倡廉建设和制度建设,努力为创建一流大学提供坚强保证。

一是加强思想理论武装。加强党性修养,坚定理想信念,引导党员干部强化责任和使命意识,勇于担当、奋勇争先,保持定力、真抓实干,矢志不渝地为建设世界一流大学而奋斗。二是加强领导班子和干部队伍建设。加强学习型领导班子建设,不断提高领导班子领导和推动事业发展的能力和水平。按照"好干部"的标准和要求,打造一支信念坚定、为民服务、勤政务实、敢于担当、清正廉洁的干部队伍。三是加强基层党组织建设。充分发挥基层党委(党总支)的政治核心作用和保证监督作用。四是切实转变工作作风。对照中央八项规定和学校改进作风十六条规定要求,持续反对"四风",以优良作风正校风、促教风、带学风。五是加强党风廉政建设。营造风清气正的良好氛围,为学校改革发展提供有力保障。六是充分调动各方面的积极性。大力支持统战工作;充分发挥工会、共青团、妇委会、侨联、台联等群众团体的桥梁和纽带作用;发挥离退休老同志在学校建设和育人中的积极作用。七是凝

聚校友力量。把校友作为推动事业的重要力量，培育感恩母校、奉献社会、报效国家的校友文化，更好地凝聚校友力量，共同推进一流大学建设。

  同志们，讨论、修改厦门大学"十三五"规划和远景规划，是这次会议的主要任务。做好这项工作，对于推动学校"十三五"时期改革发展、全面建成世界知名高水平研究型大学具有十分重要的意义。希望大家认真学习、深刻领会党的十八届五中全会精神，结合学校改革发展实际，围绕"十三五"规划讨论稿提出的目标任务、思路举措，认真思考，深入讨论，提出建设性的意见和建议，使讨论稿更加完善。让我们同心同德、群策群力，共同描绘学校"十三五"改革发展蓝图。

（2015 年 12 月）

好的大学应该具备哪些元素[*]

您作为一个教育家,作为一个在特区高校的校长,您认为一所好的大学应该具备哪些元素?

首先很感谢《光明日报》对厦大的关注和支持。您刚刚提的问题非常好,因为中国的高等教育从20世纪90年代末开始,从量到质都有一个很大的发展,特别是经过了十多年的大发展以后,中央根据整个国家经济建设和教育发展的实际情况,根据"教育如何更好地适应社会发展的需求"的实际情况,明确提出现在的教育发展重点要放在内涵的建设上,放在质量的提升上。我觉得中央的这个提法是很重要的。根据我的体会,拿厦门大学来讲,一所大学要做到内涵的发展和质量的提升,最关键的就是如何真正地体现教育规律,如何按照教育规律来培养人才,给我们的学生最好的服务。我个人认为,一个人到了18岁,应该说无论是心理上还是生理上基本都定型了。再借助一些社会学、教育学的术语来说,就是一个人到了18岁以后,他有什么天分、有什么潜能也基本上确定下来了。18岁到了一所优秀的大学,这所大学最重要的就是怎么去发现、挖掘学生的天分和潜能,怎么能够创造一个好的环境和条件,让学生在校园里、在大学里把他的天分和潜能充分地发挥出来,使得他的天分和潜能得到张扬、得到实现。

所以,我们的大学要培养优秀的人才,第一个重要的要素就是要有一个正确的教育观,要有一个正确的教育思想,要能够按照教育规律来培养人才。在这方面我们优秀的中华文化在很早就包括了这样的教育

---

[*] 2013年3月接受《光明日报》记者采访。

思想。比如孔子在很早就提出既要"有教无类",又要"因材施教"。这两者,八个字是很辩证的一种教育观。

第二个要素就是要有优秀的教师。这些优秀的教师就是伯乐,能够发现千里马,能够把学生的天分和潜能发现和挖掘出来。他们乐于教书也乐于育人,乐于当一个楼梯,能够让学生在他们的肩膀上爬得更高、看得更远、走得更远。这是很基本的第二个要素。

第三个要素是要有好的环境和条件,让学生的个性、天分、潜能能够得到张扬、发展和培养。没有条件,天分是很难被发现的,要给他一个土壤。打个比方,如果一个人有打篮球的天分,可是这个学校连个篮球架都没有,那他的天分怎么发挥出来?再打个比方说,一个同学确实有音乐方面的天分,可是这个学校连最基本的钢琴、声乐老师也没有,什么都没有,那他的音乐的天分怎么能够发挥出来呢?要多创造舞台给他们。

所以我个人认为最最基本要有这三个方面的要素。教育观、教育思想是文化上的、理念上的要求,是最重要的。第二个是要有好的老师、伯乐;第三个是要有好的环境,这是物质条件,我们是唯物主义者。如果说有这三个最基本的要素,我们的优秀的人才就一定能够被发现、挖掘,就能够得到培养和提升。

好的环境和好的条件是学生走出社会的一个很重要的台阶,我们应该怎么样来打造?

首先,全社会都要真正地认识到教育是促进社会发展的最为重要的要素。从经济学的原理来讲,我们把教育这种产品定为"公益品"。教育不是公共产品,因为公共产品有它的特定的要件,但是教育是"公益品",就是这种产品生产得越多,它所产生的外部效益会越多,会给这个社会带来很多很多跟它的成本不相配的利益、好处,它的正的外部效益会溢出,对于推动社会会起到很好的作用。

第二,政府在教育的发展上一定要自觉地承担起主导的责任。因为扩大"公益品"的生产对任何一个国家来说都是最有收益的事情,也是政府理所当然地要大力做好的事情，所以政府在这方面一定要是主导力量。政府要尽可能担起主导责任，要更多地把政府的精力、财力、物力、人力投放到这个方面上来，包括主导在整个社会营造起一个氛围。教师是一个最崇高的职业，教师应该得到社会的尊重。

第三，个人、家庭对教育也要有一个正确的认识和把握，要明白，从长远的发展来看，教育对个人，对家庭来说其实是一种投资，是能得到回报的。所以个人与家庭也理所当然地要尽自己的可能在教育上自觉地支持。比如说义务教育，有的家长就没有认识到这一点，不舍得让自己的孩子去读书，觉得孩子可以去打工、挣钱，而让自己的孩子辍学。再打个比方，一些家庭已经过了义务教育的阶段，比如说是读大学或读研究生，这个时候家庭应当要负担一部分的成本，很多时候由于社会没有正确的认识，使得我们的教育环境不是那么宽松，不是一种正常的环境。

哪些是不宽松、不正常的环境？

打个比方，现在的大学只要收一点的费用，或者说要让家庭分担一些成本，马上社会的批评声就是一片，说这个大学"乱收费"。这很不利于中国的教育，特别是高等教育的建设和发展。很多人就理所当然地认为这些（费用）都应该是政府来承担，都应该是大学提供。比如说厦门大学，据我所知，厦大现在的学费已经是将近十年没有动过了，包括住宿费也一样没有变动。这十年物价上涨了多少？相对来说货币贬值了多少？大学的费用的稳定是一个社会问题，作为一项政治任务，不能动就不能动。当然，对于贫困家庭、贫困学生，确实无法支付学费等费用的，政府和学校就要负起责任，免除他们的费用，确保这些学生能够顺利地完成学业。

我们刚刚从政府、社会、个人等角度，讨论了外部力量来帮我们一起来创造好的环境，现在能不能谈谈高校如何给学生创造好这些平台，让他们得到好的发展？我也看了您的一些东西，比如学校培养学生既要市场化又不要市场化的概念。今天我也不想谈一些具体的，就想谈一些宏观的东西,比方说结合"中国梦",我们的高校该怎么做?我们应该怎样去关爱学生?怎么去培养学生?怎么为学生成长营造良好的环境?我也看到过像萨本栋校长不让迟到的学生报到的故事,而我们厦大又为学生提供了什么呢?我们知道厦大有免费的白米饭,还有校长早餐会,等等,这实际上是在非常辩证地关爱学生,对我们的学生既要严,又要爱。在这种过程中使学生养成了良好的做事、做人的习惯,实际上也为他们以后成长为各个领域的领袖打下一个很好的基础。

陈嘉庚一开始就是以"教育救国"的理想来建这所学校。因此,他从建校之初就希望这所学校所培养出来的学生能够成为国家的栋梁,因此他给这所学校定下来的办学宗旨就是"养成专门人才,研究高深学问,阐扬世界文化",这三个要求立意多高啊!这是他那个年代的中国梦,就是要实现中华民族的伟大复兴,要为民族的伟大复兴培养优秀的人才。我在不同的场合都说过,中国一定要有一批的高校,至少要有若干所一流大学,这些大学要有更高的境界和目标,这些大学就是要能够为国家为社会培养栋梁之材。我当时借助一个时髦的词——精英,就是要培养精英,精英不是贬义词,是各行各业的领袖。我说的精英就是这样一群人:他有远大的理想,愿意为自己的国家、民族和人民无私地奉献,同时他又能为实现自己的理想脚踏实地地奋斗、努力,他不仅能够个人奋斗,还能够团结自己周边的一群人一起来奋斗,我认为这样的人就是精英、就是领袖。我再三地说"领袖"和"领导"不一样,不一定说非得要做领导才称得上是领袖,当然,领导很多都是领袖,但领袖不一定都是领导(领袖范围更广,在各个行业、各个领域、各个工种的普通岗位上都有领袖)。举例说上海的装卸工人包起帆,但是他在他平凡的工作上面搞了几十项的技术革新,把很繁重的劳动变得轻松了,大大地提高了工作效率。他不仅自己在奋斗,而且把周边的整个团队一起组织起来共同奋斗,做技术革新,用今天的话来说就是做了很多的创新,大大地减轻了工作的强度,又提高了工作的效率,像这样的人他就是领袖。

　　我觉得一流的大学，应该有我们的目标，在大学里面要能够创造条件，让我们的学生都能有远大的理想，都能有无私奉献的精神，都能有脚踏实地、勤勤恳恳的作风，同时又有报效祖国、为社会服务的本领，而且还要有宽阔的胸怀，不仅能够自己奋斗，还能够团结带领大家共同奋斗。一流的大学培养的人应该要有这样的目标和要求。要能够培养出这样的人，能够实现这样的目标，我认为作为一所大学来说首先是要让自己的学生爱自己的祖国，在这一方面是既抽象又具体的。其实如果能让每个学生都爱自己的学校，就能爱家、爱乡、爱国。所以厦大要尽可能地创造条件让我们的学生能够很愉快、幸福地生活在这个地方。第二是要创造条件，让学生更好地、自主地学习和发展。单有理想、精神还不行，还要有本领。我们就是要想方设法地创造条件，让学生这四年——人生中最宝贵、最美好的四年时光不要虚度，打下一个扎实的基础，掌握终身学习的本领和手段，养成创新的意识和能力，真正地成为一个有本领的人。再一个方面，我们很注重在厦大校园里对学生提出这样的要求，同时也为他们创造这样的条件，让他们彼此之间能够相互团结、相互帮助，有团结协作的精神。厦大的校友让大家感到很羡慕，觉得厦大的校友彼此之间都很团结，都很爱学校，他们都在厦大的旗帜下团结在一起，这就是一种学校里的团结的文化。这些校友走出去不仅能够自己奋斗，而且能够有这种团结协作的精神，能够跟大家一起奋斗，这个非常重要。我们厦大一直在朝着这个目标在努力，所以我们利用各种各样的条件和可能让同学们形成这种精神。

　　这些有没有具体的例子？

　　比方说，怎么让同学爱校？你就要关心同学，你首先要爱同学。比如，厦大为学生提供免费的白米饭、提供免费的矿泉水，厦门这么热，为每个同学的宿舍提供空调、为每个教室安装空调，要求老师都要担任本科生的班主任，学生如果有什么问题要能够及时地了解他们的苦恼。我们现在还要求机关干部，我们很多的干部特别是部、处长都很有经验，他们有条件的都可以去担任学生的导师。很多同学其实对你做他们的导师没有什么太高的要求，只要当他有苦恼的时候，你能够安安静静、认认真真地听他倾诉一下苦恼他就很高兴了。有一个真实的故事，有一位女同学，她因父母亲闹矛盾一直很苦恼，这种忧愁和苦恼她又不好向其他的同学倾诉。她的任课老师人特别好，她就把他当做是亲人一样，就告诉了导师。导师静静地听她把所有的苦恼都说出来。后来，这位导师在一次学生工作表彰会上发言时说，这种事情是很正常的，我也想不出什么办法来安慰她，但是我就认认真真地听她说出来。说出来之后，这个学生的心情就好了很多。再比如说，校长早餐会也是如此，一个早餐会我们要吃四个多小时，其实也就是听同学有什么不满、问题、意见和建议，能够尽可能地帮助他们，我想如果一个学校能够那么真诚地对待学生，那么学生一定会回馈母校的，从而由爱校演化为爱国。在培养学生方面，厦门大学是尽其所能为学生的成长提供一个好的条件，这里第一位的是要有一个好的师资队伍。

关于好习惯，我很感兴趣，上次您提到了萨本栋的故事，对我们来讲这样是真诚对待学生，让他们的心智成长更健全一点、更有爱心一点，最后能够激发出他们强烈的爱国之情。在这个过程中我们是属于关爱的一面，那么关于他们的行为养成方面有什么要求？

我们所说的关爱不是只给表扬，只给红花，这不是叫做关爱，不是的，也有批评，有惩处。比如厦大对于违反校纪校规的同学的惩处历来是很严厉的，一些老校友对当年学校的规定还记忆犹新。像萨校长，注册的时间一到，注册处就关门了，就算你再远来，对不起，明年再来报到。他说我如果不对你严格要求，你以后走到工作岗位上是要出大事情的。我们现在也一样，同学如果有违反校纪校规，那学校的处分也是非常严格的。打个比方，学生考试作弊，这个毋庸讳言，哪一个学校、哪一个时候都会有，但是对我们来说这绝对是零容忍的事情。如果你今天在学校里考试可以作弊，那你今后走到外面去搞学术研究就可以造假，到单位去也可以欺上瞒下。如果你在大学里面不能够诚实地考试，就养成了坏的品德,这种品德以后走出去一定会给他的人生带来污点,也会给社会带来危害。所以只要课堂上一抓到,监考老师要签字负责,学校的教务部门马上就公布处分的结果,让这个学生要走关系、要说情都没时间。在这一方面学校是很严格的,一抓到就是做退学处理。所以厦大对于校规校纪的维持是很严格的,同学一旦违反校规校纪就要受到相应的惩罚。这对同学来说是一种宽严相济的大爱,这是真正的爱。要让同学知道哪些事情是可以做的,哪些事情是不能做的。再一个方面厦门大学的同学之间确实比较团结友爱,打架斗殴的情况很少,这和好的环境也有关系,和学校对这方面很严格也有关系。如果哪一个同学有这样的行为,那学校的处分也是非常严厉的。这些严格的要求都有助于学生养成一种好的习惯、好的品质。

　　那么您能不能再谈谈根据"钱学森之问",怎么能够培养出创新人才?或者怎么样让我们的学术氛围更活跃?怎么用一种大度、大气来包容、引导,使得这种环境的形成?

　　"钱学森之问"问得非常好,为什么我们的大学就培养不出大师?实际上大师就是有着杰出的、非凡的创新能力和创新思维的人,就是能够做出一般人做不出来的东西的人,他总是能够站在时代的前面做出新的东西出来。钱学森这个问题提得很好,不过我认为,这个"问"不单单是问大学,而是问我们的整个教育。这个问题的症结在于现在整个的教育制度使得我们的学生把过多的精力耗费在背书上、耗费在考试上、耗费在成绩上,创新的激情和欲望都给消磨掉了。打个比方来讲,让受教育者真正感到有极大压力的考试从12岁就开始。12岁小学毕业要开始考中学,有的时候中考考得不好就进不了一所好的中学,现在的九年义务教育已经严格按照区域来上中学,但是很多地方仍有例外,好的中学想方设法地招一些尖子生,即使不在这个片区也要招进来。15岁就更不得了了,因为高中确实是要看成绩的。15岁初中毕业,那个时候需要考重点中学,强度更高,有的还要考重点班。到了18岁的高考,经历过的人没有人不说这是一场噩梦,可是,这个时候正是一个人最有创新的激情和欲望的时候。22岁考研究生又是考试,硕士考完25岁还要考博士。人一经历过这么几层的考试,他对学习、对知识、对求知还有多少真正的兴趣?

在我们的中华文化中,包括孔子的教育思想有很多很好的东西,如我们前面讲的有教无类、因材施教都很好,但也有很多落后的、不正确的思想,比如"万般皆下品,惟有读书高","书中自有黄金屋"。老话说得好——三百六十行,行行出状元,个人获取的知识、得到的经验,不是只有书本、学校这个渠道才能得到。要根据每个人不同的天分和潜能,让他在适合的地方发展。现在的教育制度就好像你不过这个"独木桥"就不是人才,只有过了这个"独木桥",你才是人才。

谈到这里我想问您,您的精英理念和"行行出状元"的理念实际上是一样的,行行出状元这个情况不一定上了大学才有,但是您的精英理念是在高校里的,在一个高的层次上再去推选行业领袖。

大学肯定会更加集中、更加密集地培养出领袖和精英,因为它有更好的条件和环境,这是不能否认的。说到这里,我们就要讨论大学的责任了。大学是一个最重要的教育平台,在这里都是经过千挑万选才进来的最有才华的人,因此大学不能够推脱自己的责任。"钱学森之问"虽然针对整个教育,但是大学要勇于承担自己的责任,不能说中小学已经搞坏了,到了大学就没有什么办法,不能这么说,因为进入大学的都是千挑万挑的优秀人才,大学因此要有一个正确的教育观和教育思想,要按照教育规律来培养人。其中最重要的是大学要想方设法地让每一个同学都能够把他的才干、天分、潜能给发现和挖掘出来,我觉得一所大学能不能成为一流的大学,就是看这方面的本事如何。最一流的大学最能够创造条件让每一个学生的天分、潜能都能够被发现,并充分地得到张扬和体现。不管是比尔·盖茨还是因特网的发明者,他们为什么都出自哈佛、剑桥、麻省理工、斯坦福、伯克利这样的学校呢?这是有它的必然性的。既有偶然又有必然,这种学校出这种天才人才的几率就是高。一流的学校就是有这种环境和条件让这种人的天分和潜能发挥出来。像比尔·盖茨,哪怕他哈佛没毕业,虽然这在中国来说简直是不可思议的事情,在中国可能连老师、校长都会动员他再熬两年,拿一个毕业证书,而国外是给他一个结业证书,让他好好去奋斗,这就是一流的大学,这些一流大学的条件、硬件都很好。所以在学校的大会上我再三说我真的很羡慕国外的一流大学,羡慕它们对学生整体是如此宽松。一个学生半夜十二点睡不着突然想要做一个小实验:把一杯可乐倒到硫酸里去会产生什么反应?他鞋子一穿就跑到实验室去做实验,学校就有这个条件。而我们什么都锁着,锁得紧紧的,什么都怕被人家偷走。当然厦大现在也有所改变。如果哪一天能做到同学想进实验室就进实验室,半夜有一个妙思奇想想捣鼓一下就有地方捣鼓,那就有一点一流大学的样子了。现在我们正在做的很具体的一点改善,就是要把所有的实验室、学院大楼的锁都换成电子锁,学生刷个卡授个权就可以进去,现在一些学院已经开始了,这就是一个很好的开端。

有没有具体的例子呢?

比如说我们的生命科学学院、公共卫生学院、台湾研究院、能源研究院等已经开始往这方面发展了,当然还是要逐步地来。可能院长的锁匙是所有房间的门都能打开,可能同学只能在某个区域里。我们要一步一步地来。

这是我们的教育观,就是对待同学要宽松,提供实践梦想的可能性。那么能不能谈谈在激发老师同学的学术创新这方面的问题?

我再三地说,一个人有没有养成创新的思维、创新的能力,和他的兴趣有很大的关系。你一定要让他去做不喜欢的事情,他是很难有创新的。现在学校也是想方设法地把同学的学习和兴趣结合起来。比如现在很多同学由于高考制度使得他不得不去学一些他不喜欢的专业,我们现在想方设法地创造条件让兴趣跟学习能够相结合起来,比如说通过双学位。今天上午南安普顿大学校长也提出这个问题,即怎样让同学的学习和兴趣更好地结合?而且兴趣是会转换的,这个兴趣学了一年以后转到另外一个兴趣去了,这个时候要如何做?这对大学也是一个挑战,因为这是一个很复杂的事情,包括制定课程表都会是一件很难的事情。当然一流大学一定要克服这个障碍,要满足同学这样的一个要求。

我有一个想法是把每门功课都设有学分,不管你学什么专业,只要你最后把学分拿够了就行了,您怎么看?

这个实际上很难实现,在大学里,学生的兴趣有时候也需要有人去引导。学习有一个系统性,不是说对什么都感兴趣,一会儿来这个,一会儿来那个,那么学习就没有系统,是难以打下好的基础并达到学习的目标和要求的。今天南安普顿大学和我们也在做,关于课程的设置有一个模块,是一组的课程,一旦你要修这里面的哪一课,就需要修它所在的那一组课,这是从整个知识的整体性、系统性的要求出发的,是学校在引导学生不要把时间和精力浪费掉。这是现在一流的大学都在探索的问题。

第二个是教师尤其是一流教师的作用很重要。一流的教师不仅能够把知识和自己的经验传递给学生,还能帮助学生朝着正确的方向去前进,少走弯路。这就是好的教师的重要性,他能够帮助学生掌握一种正确的学习方法、探索方法。好的教师与同学既是一种师生关系,又是一种朋友关系,教学相长,在这样的过程中与同学一起努力,既实现了教学目的,又能够培养创新的兴趣、思维和能力。

在这方面我们有没有一些具体的措施?

具体来说我们现在尽可能地让教学小班化,就是让老师能够更多的接触同学。比如理工科现在一个班一般来说四五十个人,我们现在争取能够二三十人一个班;人文社科的三四十人;其他的像医科、艺术、建筑就要更小了。当然这样对我们老师的要求就高了。第二个就是要让同学有更多的实践和实习的机会,有更多的实验课、实习课,不仅动脑还能够动手。第三是既重视课堂教学,又重视课外教学,即所谓的"第二课堂"。比如很多同学自己组织了各种各样的兴趣小组、学生社团,这其实都是一种学习。我们学校现在至少有一两百个学生社团,比如说机器人、电动车、航母航模、无人机的学生组织等等都很活跃。我们最近在芙蓉隧道里搞了学生兴趣活动的场所和基地。我有一天晚上11点去看了,隧道基地里热气腾腾,几十、上百个学生在里面倒腾他们的机器人、电动车,做得很好。这些就是让他们在第二课堂进行学习,培养他们的创新力。里面不单有理工科的学生,还有文科的学生,比如公共管理的,他对这个感兴趣就参加进来,很有意思的。再一个就是学生一定要走到社会上去,到外面去实践。中国的古语是很有哲理的,学习要"读万卷书,行万里路"。很多到外面的同学真的在社会这个大课堂里学到了很多东西。像今年3月5日,是毛主席发出"向雷锋同志学习"题词五十周年,学校对先进的学雷锋的个人和集体的报道,我看了真的很感动。他们中的很多就是走到社会上去,一方面是自我学习、自我提高,另一方面也帮助其他人,利用自己的知识能力去帮助有需要的人。这些对学生来说是一种学习,是一种提高。

我们回到最初的那个问题,就是一流的学校应该具备哪些元素?从您走过了那么多的国家、那么多的高校来说,可否宏观上回答这个问题?

宏观的问题最基本来说就是三个元素:第一,一所一流的大学一定要有一流的符合教育规律办学、培养人才的教育理念;第二,要有一支一流的发自内心地热爱学术、热爱教育、热爱学生的师资队伍;第三,要有良好的环境和条件。如您刚刚所说,我确实走过很多的大学,任何一所一流大学一定有一个很好的环境和条件,能够让它的学生在这样优美的环境和条件中安心学习、愉快生活。如果没有好的环境和条件,在校园里整体不愉快、不安心,三餐都吃不好,老担心晚点去食堂的菜就没了,那就完蛋了;这也没有,那也没有,实验室的门都锁着,学生都不能进去,那他怎么能自立、成长、成才呢?如果我半夜想去实验室,鞋子一穿就能跑去实验室捣鼓,这就是一流的大学。我觉得最基本的就是这三个元素,能够做到就是一流的大学。一流的大学也没有太多的元素,最基本的就这三个。

我发觉您每次讲话都很精彩，这也让我很受益匪浅。厦大应该算是大陆第一所走出去的大学吧？

应该说厦大是中国大学第一个走到外面去建分校的。现在中国的大学已经用不同的形式走出国门了，但是出去建分校的，厦大算是第一所。一个更加国际化的说法是我们到国外去建一个校区，规范地说是建立厦门大学马来西亚校区，按中国的说法说是办分校也没问题。对我们来说讲"办分校"会更明白，对外国人来说"办分校"会有点歧义。

对于学校在海外办分校您是怎么考虑的呢？

厦大为什么要到海外去办分校呢？应该来说我们是从多个方面来考虑的。这个事情的由来是2011年下半年，马来西亚高教部副部长何国忠博士，是一位祖籍广东的华裔，到北京找了教育部分管外事国际交流的副部长郝平博士。他代表马来西亚高教部向中国教育部提出，希望有一所中国的大学到马来西亚去办分校。马来西亚当时已经有十几所外国的大学在那里建立了分校，有英国、澳大利亚、荷兰等国的学校。马来西亚总理纳吉布对高教部提出，希望有一所中国的大学到这里来设立分校。马来西亚高教部就跟中国教育部提出这样的愿望。教育部很支持，说当然可以。双方就开始物色究竟由哪一所著名的大学到马来西亚去建立分校。经过反复的比较、磋商，他们最终选中了厦门大学，觉得厦门大学到马来西亚去可能各个方面的条件会比较好。因为厦大在东南亚一带有着很好的声誉，历史上又和东南亚有着诸多的联系，包括厦大的校主就是来自马来亚的华侨。在这种情况下，在2012年初马来西亚高教部口头地跟我们提出这个邀请，希望厦大到马来西亚去设立一个校区。得到这个信息后，整个学校很重视，学校党委也专门开会讨论。大家都同意接受这样一个邀请。

校长，打断您一下，为什么会选择厦大来做这个事情？教育部有没有跟你们提起为什么希望你们做这个事情？

教育部认为厦门大学与东南亚一带最熟悉，有最多的渊源和联系。厦门大学早在1950年代提出了一个办学方针叫"三个面向"，即面向海洋,面向东南亚,面向华侨华人,几十年来这也成为厦门大学办学的一个重要方向。因此厦门大学的办校特色也在这几个方面:海洋、东南亚、华侨华人,应该说这是他们选择厦大的一个主要原因,当然还有厦大和东南亚的历史渊源,主要是与陈嘉庚有关。

当时陈嘉庚在创建厦门大学时,也不会想到要去马来西亚办分校,只不过是存在这种历史渊源。这其实也很有意义,陈嘉庚先生是马来西亚成长起来的侨领,他在中国创办了一所大学,若干年以后这所大学又回到他成长的地方去办分校。陈嘉庚创办厦门大学92年之后,厦门大学又回到他成长的地方去办分校。我想他自己都没有想到。

我们再设想一下如果他地下有知的话也会感到很欣慰的。那么我们在有这个方向之后,与其他学校相比同东南亚的联系还是比较密切的,您能不能举一些例子?

比如说1950年代在周总理亲自关心下,厦门大学设立了中国第一个海外函授学院,后来改名为海外教育学院,到现在这个学院已经有近60年的历史了。它的主要任务就是为海外的华侨华人,特别是为东南亚的华侨华人提供远程教育,几十年培养了大批的人才。

在这些马来西亚的华侨华人中是不是福建人居多?大概比例是多少?

现在在马来西亚总共有600多万的华侨华人,其中一半以上祖籍在福建,所以厦门大学在马来西亚的校友很多。几十年海外教育学院为马来西亚培养了大批优秀人才。现在厦门大学来自马来西亚的留学生也很多。在改革开放方针的指引下,厦大成为了一所最开放的大学,开始接收留学生。来自马来西亚的留学生是留学生群体中最大的群体之一。因为马来西亚的学生中文水平很高,华文教育普及得相当好。

大概每年来自马来西亚的留学生有多少呢?

现在每年来自马来西亚的留学生具体应该有几十位。如果我没有记错的话,现在厦大在校的马来西亚留学生有200多位。

厦大和马来西亚大学还是姐妹校,这是哪年的事?

我们与马来亚大学在2003年正式结为姐妹校。2003年初，马来西亚副总理（候任总理）巴达维访问厦门大学，他对厦大的东南亚研究，包括对马来西亚的研究很赞赏。他当时就提出，希望厦大跟马来亚大学建立姐妹关系，而且希望厦门大学2003年先设立一个专门的马来西亚研究所，马来亚大学随后也设立专门的中国研究所。

中国的其他大学也有设立马来西亚研究所的吗？

专门的研究所可能没有其他学校设立了，即使是中国社会科学院也没有设立专门的马来西亚研究所。

我们刚刚回溯了一下历史，在接到教育部指示后厦门大学非常重视这个事情。2012年3月、6月、8月，分管国际事务的副校长和我本人分别组团到马来西亚去考察。考察后就初步选定了在马来西亚建设校区的合作伙伴和校址。经过多方的考察，那里的华人华侨都很热情，都愿意帮助厦大，提出了好几个地点供厦大选择。我们经过了比较后，最终选定了吉隆坡郊区，离机场只有9公里的一个地方。在这个过程中我们也不断向教育部报告我们的工作情况，也得到了教育部国际司、主管部领导的大力支持和帮助。11月，学校正式同意接受马来西亚高教部的邀请到马来西亚设校区，同时马来西亚高教部也决定要在2013年1月正式向厦门大学颁发邀请函。因此在1月21日，在纳吉布总理的见证下，马来西亚高教部部长给我颁发了正式了办学邀请函，马方还提出要借全国政协主席贾庆林2月初正式访问马来西亚之机，厦门大学跟马来西亚新阳光集团签署合作建设马来西亚校区的合作备忘录。可见，这件事得到了双边政府和社会各界的大力支持。厦大师生员工对这件事情的认识也高度一致，认为学校应该走出去，要下力气把这件事情做好。

我们去马来西亚办学，对方是否有给我们提供什么优惠政策？中马两国政府是如何支持厦大的？

中国政府认为厦大这件事情是好事情，要大力支持，全国政协主席贾庆林亲自见证这个时刻，就是一个最大的支持。中国驻马来西亚大使馆,包括柴玺大使,对厦大这件事情很重视,给予了很多支持。因为厦门大学这是第一次以这种方式走出去,在具体政策上要如何支持,现在教育部还在研究。

据我理解这种支持有些是需要厦大提出来的,那么厦大到目前为止有没有提出什么要求?

到目前为止,我们也正在研究、准备中,包括在招生、校区建设、社会捐赠配套等方面的问题。马来西亚方面非常支持,总理多次过问这件事情,这就是最大的支持。政府所属的森那美集团以每平方英尺10.71马币的最为优惠的价格出让150英亩(约合900亩)的办学用地给厦大。马来西亚政府还同意厦门大学的校区建设可以从中国以劳务输入的方式输入建筑技术工。马来西亚对劳务输入的控制很严格,但是为了厦大它开了绿灯。校区的周边城市配套也优先给予保证,确保校区的建设。这已经是很实在的大力度的支持了。当然我们也相信中国政府各有关部门也会给厦大大力支持的。

那么和新阳光是什么关系?

新阳光是我们在马来西亚建校区的合作伙伴,包括购置土地、建设校区所需要的资金,都由新阳光集团来垫付。① 因为新阳光集团是华人企业,它的总裁是马来西亚中国总商会的副会长及署理会长,祖籍福建永春。他对教育、对中国都非常热爱。以后我们跟他用BLT方式进行合作,B即建设,L即租赁,T就是转让。就是说,新阳光建设完成后厦大租赁,15—20年后整个校区产权完整地、无偿地转让归厦大所有。价格现在也说不清,因为我们也还在争取自己的经费。我们有一部分钱是捐赠的,就不需要新阳光的钱了。比如说这个校区建设好需要10亿元人民币,其中可能我们争取的捐赠有5亿元,还有5亿元是新阳光

---

① 新阳光集团现已更名为征阳集团。厦门大学与征阳集团的合作模式也根据实际情况做了一些调整。整个校区的建设资金由厦大负责筹措,征阳集团无偿帮助厦大完成征地到建设的各项工作。但是整个校区是厦大独立建设、完全拥有和管理的一所大学。

出的,是需要还给他的。但是因为一开始新阳光肯定要垫钱,毕竟捐赠也要有一定的时间,因此他是很支持的。包括森那美出让的900亩土地,1.4亿元,也是由新阳光先垫付。

再一个要说的是厦大建校区得到了马来西亚,以及东南亚各国华侨华人的大力支持。现在已经有多位华人华侨企业家、慈善家,包括新加坡的李氏基金明确表示要给予捐赠支持。

合作方式已经很清楚了,厦大有没有给予他们一些回报的条件呢?

从他们的角度来讲肯定是会得到很多好处的,因为几乎任何一所大学周边的土地都会随之增值。现在那块地的整体规划名称就是"厦门大学马来西亚校区开发规划"。我只有150英亩,而那块地整个是2700英亩,现在那2700英亩要整体开发。引进厦大这样一所优秀的大学能够为马方培养经济建设、社会发展所需要的人才,能够提高其科学研究水平,因为我们不仅要培养本科生还要培养研究生,这对双方都是受益多多的,也能够加强中马之间的友好关系,对政治交往起到促进作用。

马来西亚校区是一个独立法人,是在马来西亚登记注册的一所大学。同时它又是厦门大学的一个部分,因为它颁发的文凭是经中国教育部认可的厦门大学文凭。在管理模式方面,因为是设校在马来西亚,所以要按照当地法律法规来进行管理,同时也要按照国际通行的现代大学制度来管理。

那么国际通行的现代大学制度和国内的大学制度有什么区别呢?

因为我们的大学最基本的制度就是党委领导下的校长负责制,而他们实行的是校董事会领导下的校长负责制。

教学方面,我们按15∶1的生师比来配备教师。我们希望2015年开始投入使用,预计到2020年的学生规模达到5000人,最终学生规模希望达到10000人,按照15∶1就是700多名教师。整个教师队伍是面向全球招聘,来源的构成是三三制,即三分之一来自马来西亚,三分之一我们希望能够来自欧美,还有三分之一将利用特有的优势由厦大派出。在整体上，教师招聘的条件和要求是按照一所高质量、高水平的国际化大学的条件来要求。我们希望生源的构成也是三三制，即三分之一来自马来西亚，三分之一来自中国，其他的来自中国、马来西亚之外的国家。招生标准要符合当地政府和中国政府的要求，比如招收马来西亚的学生就适用马来西亚的标准，中国学生就按照中国的标准，其他的学生适用留学生标准，即要符合两国政府要求的留学生的入学标准。

培养模式笼统一点说就是按照实用性原则，培养应用型人才。研究生则按照不同的学科，培养研究型或实用型的人才。课程设置是按照马来西亚高教部的要求，根据各个专业进行课程设置，当然课程的内容是学校来安排。分校的学历学位证书概由厦大颁发，与总校没有区别。会逐步建立与国内高校，包括厦大在内的师生交流。我们目前所确定的收费标准是按马来西亚私立大学的要求来收取，具体的数额是定在低于其他在马办学的外国大学、高于马来西亚本土的私立大学，4万～5万人民币一年。学生毕业后，可以留在那里或者去新加坡工作。

我们的发展规划是实行"一次规划，分步实施"，整个学校学生总规模最终达到10000人，第一期先按5000人的规模来建设校区，我们计划2020年学生规模能达到5000人。这个学校要按照厦大的标准和要求来建设，要能够为马来西亚的经济建设和发展培养最优秀的人才。

我们根据马来西亚的经济发展需要来设置学院，目前初定要设置十个学院，第一期设置的五个学院是信息科学与技术学院、电子工程学院、医学院、经济与管理学院、中国语言与文化学院。第二期五个是化工与能源学院、生物工程学院、海洋与环境学院、材料学院、动漫与传媒学院。①

中国的本科教育在国际上声誉还是很好的，特别是中国一流大学

---

① 在学院的设置上，后来做了一些微调。第一期建设的学院包括了海洋学院。厦门大学马来西亚海洋学院同时也是中国东盟海洋学院。由中国东盟海洋基金资助建设。电子工程学院则调整到二期建设。

的人才培养水平进步很快。我们一些人才培养的模式和方法也得到了国际上同行的认可和肯定。东南亚各国有很多中国留学回去的学生，他们在当地的建设中都发挥了很好的作用。因此，中国的人才培养质量在东南亚各国是得到了充分的肯定的。厦门大学马来西亚校区以本科教育为主，我们希望达到10000名学生规模的目标，包括9000名本科生和1000名研究生。

建设世界一流大学，
为实现"中国梦"作出应有的贡献*

今天下午由我和大家一起谈一谈我学习十八大报告和十八届三中全会决定的学习体会。在党的十八大报告明确地提出了"两个一百年"的奋斗目标：到2021年中国共产党成立一百年的时候，我们要全面建成小康社会；到2049年中华人民共和国成立一百年的时候，我们要建成社会主义现代化国家。中华民族的伟大复兴是几代中国人的梦想，要实现中华民族的伟大复兴，教育是根本。要建设一个一流的强国，必须有一流的教育，一流的大学。中国能不能成为世界上最强大的国家，很关键的一个要素就是要看我们中国有没有足以支撑实现这样目标的优秀的教育、一流的大学。"先有哈佛，才有美利坚"，这是每一个哈佛大学学生最引以为豪的一句话，这句话是美国发展史的一个客观写照。如果没有哈佛这样一批一流的大学，美国不可能有今天的地位、有今天的实力、有今天的强大，无论从哪一方面来说都是这样。因此，厦门大学要为实现"中国梦"作出我们应有的更大贡献，我们就必须成为一所世界一流的大学，要实现我们第十次党代会提出的厦门大学"两个一百年"的目标。

我今天的报告主要讲三个问题。第一，我们的现状：离世界一流大学还有多远？第二，我们的目标：厦大的"两个一百年"跟中国的"两个一百年"。第三，我们的措施：大楼、大师和大爱。

---

* 2014年1月7日，在党校第108期学习贯彻习近平总书记系列讲话精神集中轮训班上的专题报告。

一、我们的现状：离世界一流大学还有多远？

2005年,我们制定厦门大学第十一个"五年规划"和2021年中长期发展愿景规划的时候,选择加州大学伯克利分校作为我们的参照系。为什么选这所学校呢？首先它是一所世界一流的大学；第二,这所学校在规模等各个方面跟厦门大学差不多；第三,这是一所公立大学。美国有很多一流的大学都是私立大学,像哈佛、耶鲁、斯坦福,等等,相对而言,中国的大学与美国的私立大学有比较多的不可比性,跟公立大学则有一定的有可比性；第四,我们两所大学分立在太平洋的两岸,厦门大学在太平洋的西岸,伯克利在东岸,两所大学隔洋相望；第五,厦大与伯克利两校之间有着密切的交流与合作。

十年过去了,我们来看一看今天两校的情况。我希望通过比较,能够更加清楚地判断我们今天的方位在哪里,我们明天的方向又在哪里。很感谢规划办,他们做了大量的工作,这些数据全是他们收集的。厦大现在有学生4万多人,伯克利现在是3.5万多人,本科生他们有2.5万人,我们接近2万人；研究生他们接近1万人,我们超过2万人,其中硕士生他们只有4000多人,我们超过1.7万人(这里面有8000多人是专业硕士,包括MBA、MPA、工程硕士,等等)。当然两国之间在研究生培养的制度上有区别,在美国,硕士是一个过渡阶段。就博士生来说,我们不到3000人,他们有5000多人,接近我们的两倍；他们的国际生将近5000人,超过学生总数的13%,我们的国际生也不算少,超过1700人。

我们只看头和尾：2003年伯克利SCIE论文总共有4787篇,而厦门大学才462篇,伯克利是厦门大学的10.36倍；SSCI论文伯克利在2003年有794篇,厦门大学当年只有5篇,非常可怜,伯克利是厦门大学的158.8倍。经过了十年的发展,到了2012年伯克利的SCIE论文发表了6589篇,厦门大学达到了1884篇,伯克利是厦大的3.5倍。2013年的统计还没有出来,根据科研部门所知,厦大今年应该可以突破 2000 篇。如果伯克利仍然保持 2012 年的规模（因为这所大学非常成熟，每年在这些数字上不会有太大的变化），差距将进一步缩小，估计在 3 倍多一点。在 2012 年伯克利的 SSCI 论文发表总数是 1322 篇，厦门大学发表了 128 篇，从原来那么大的一个差距缩小到只有 10 倍多一点。特别让我们高兴的是，到 2013 年 8 月为止，伯克利发表了 657 篇，我们发表了 157 篇，从去年前 8 个月的统计来看，我们之间的差距缩小到了五倍以内，进展得非常快。

2003 年，伯克利在 $Nature$ 上共发表了 41 篇文章，在 $Science$ 上发了 53 篇，总共是 94 篇。厦门大学在 1923 年发表了第一篇 $Science$ 论文，在 2004 年，时隔 80 多年后我们发表了又一篇 $Science$ 论文，这是郑南峰、郑兰荪、谢素原作为共同作者发表的。在那以后，我们不断有高质量、高水平的论文发表。到了 2012 年伯克利总共发表了 115 篇，这个数字大概超过了我们全国的总数；在这一年，加上 $Nature$ 子刊，厦门大学总共发表了 4 篇。2013 年的头 8 个月，它发表了 63 篇，我们是在子刊上发表了 6 篇。当然去年我们还有其他高质量的论文，在这里我们只拿 $Nature$ 和 $Science$ 来统计。从这里可以看出，伯克利每年在这两个代表了自然和科学最高水准的综合性杂志上发表的文章都在 110 篇上下，而厦门大学也在不断前进，但是差距还是非常大。

网大的网站前不久发表了一个统计，这个统计是 2000 年以来，中国科研机构在 $Nature$（含子刊）和 $Science$ 上的发文排序，在这个统计上厦门大学排在第 9 位。大陆的学校在厦大之前的只有清华、北大、中科大、复旦这四所。在这里我们可以看出清华大学的发展势头非常强劲，$Nature$ 和 $Science$ 的主刊加在一起已经达到了 27 篇；北京大学是 13 篇。厦门大学在这高水平的杂志上发文的数量在大陆的高校里面是名列前茅的，说明我们的科研质量、原创能力是比较强的，但是与一流大学相比较就很不足了。

科研经费只从 2007 年开始统计。从 2007 年一直到 2012 年，两校之间的差距也在不断缩小。2007 年伯克利的科研经费是厦门大学的

12倍。这里的美元是按照当时的汇率换算成人民币的,当时伯克利的科研经费是人民币36亿多元,而我们只有2.9亿元,相差了12倍。到了2012年,伯克利是将近45亿元,我们是6.8亿元,差距从12倍缩小到了6倍。

伯克利现有专任教师2177名,其中包括1580名全职教师和597名兼职教师,除此以外还有数千位靠自己的科研经费来维持工作的科研人员;厦门大学现在有专任教师3042人,其中教授1124人、副教授878人,也有几百位靠自己的科研经费维持工作和生活的科研人员。我为什么专门把科研人员点出来呢?因为这是一个方向,一个趋势。在一流大学里面,靠学校的经费来全额维持的老师只是其中的一部分,甚至在数量上是小的部分,大的部分都是靠自己的科研、课题来维持运转,这些科研人员也带研究生,也给学生上课,但是哪一个系请他给学生上课会给他报酬。所以这也是厦门大学今后的一个方向,我们更多的科研人员应该走这一条路。伯克利一年的科研经费大概是7亿多美元,其中一半即3亿多要交给学校,课题组大概留下3亿多,我们算它4亿留给课题组,它最高用在人头费上达到70%,也就是2.8亿用来发工资,假如科研人员的平均年薪10万元,也就是说它大概有2800名科研人员。在厦门大学,这涉及体制上的问题,厦大一年的科研经费有7亿多元人民币,如果按照美国的体制,我们也能够支撑两三千的科研人员,但是实际上我们不行,为什么呢?因为我们的科研经费能够用于人头的,能够让课题组自己支配的份额太小,这也是值得我们思考的一个问题。十八届三中全会是一个全面深化改革的大会。所以我们在思考的时候,任何一个问题都要想一想要不要改革、怎么改革。伯克利具有本专业博士学位、终极学位的教师的比例是99%,我们现在具有博士学位的教师的比例超过了80%。这样的统计标准值得我们学习,从今年开始,我们也要承认本专业终极学位。比如说,搞艺术的这一部分教师,一定要他拿一个博士那真有点难为他了,搞艺术科的很多专业的终极学位就是硕士,所以有一些专业拿了终极学位就可以了,不要再强求他非要再拿一个博士学位。当然，要从自己自身提高的各方面去要求。我虽然是搞音乐、搞美术的，我也拿一个历史学的博士，也拿一个文学的博士，当然也没什么不好的，但是不要作为一个硬性的指标去要求，没有这个必要。在这里我没有把其他一些专业的终极学位的状况统计进来。我相信，像伯克利这样的学校，有博士学位的肯定超过了90％，厦门大学是80％。

伯克利现有美国国家工程院的院士91名、美国国家科学院院士141名，它的教师总共就两千多，十分之一左右是美国工程院或美国科学院的院士。目前在任的教师有8位是诺贝尔奖获得者；图灵奖的获得者有3位，图灵奖是计算机领域最高奖；普利策奖的获得者有4位；邵逸夫奖获得者有3位，大家知道，邵逸夫奖的奖金跟诺贝尔奖的奖金是一样的，这也是很高的荣誉，很难得。从这里可以看出伯克利确实是大师云集。厦门大学的情况也很好，我们现在全职的两院院士有12位，双聘的有10位，"千人计划"的入选者有43位，"973计划"首席科学家有8位，"国家特支计划（万人计划）"有8位，"国家杰出青年科学基金"获得者有38位，教育部"新（跨）世纪优秀人才培养计划"有151位，这是教育部跨世纪的优秀人才。

伯克利在世界的排名在20以内是没有问题的。有一些学科它是很强很强的，像社会学排在第1位、商学第7位、经济学第5位、教育学第12位、法学第9位、工程学第3位，我如果没有记错的话，它的化学化工、计算机大概也都很靠前。厦门大学在世界大学里的排名大概400位左右。厦大有8个学科进入了ESI全球前1％，伯克利所有的22个学科领域都进入了1％。厦大与伯克利相比较最接近的就是化学，在SCI的文章发表数量，厦大的化学在全世界排在第48名，它排在第23名；总的被引数我们排在第110名，它在第3名。这是ESI整个学科的布局，伯克利有6个学科在全球的0.01％以内，10个是在0.01％—0.1％以内，我们只有化学是在这个区域内；在全球0.1％—1％的它有6个，我们有7个，我估计今年厦大还有几个学科会进到

1%的行列里面，包括数学学科都比较有希望。

在 2007 年伯克利的办学经费是厦门大学的 10 倍多，按照当年的利率来折算，加州伯克利的办学经费有 145 亿元人民币，厦大是 13.8 亿元。到了 2012 年，伯克利是 142.5 亿元，我们是 33.5 亿元，这样就缩小到了 4 倍。大家可以看到，2008—2009 年因为金融危机美国大学的办学经费掉得很厉害，后来又慢慢回升，但基本上是持平的，而我们一直呈增长趋势。

伯克利占地面积在美国的大学里是比较大的，它占地 7500 亩，拥有完善的图书馆系统，有 3 个主图书馆，18 个分科业图书馆，11 个隶属图书馆，图书馆共有超过 1000 万册的图书；它还有自然历史博物馆、艺术博物馆，等等。厦门大学拥有三个校区，占地超过 9000 亩。我们的图书馆馆藏书总量达 762 万册。

可以实事求是地说，在办学硬件上我们也同样追赶得很快。单从表面、外壳上看，厦门大学的楼好像不比它差。很多外国的校长到了翔安、漳州，都感到赞叹，甚至是惊叹我们有这么好的楼。我们也要承认，到了大楼里面就远远不如人家。壳子还可以，里面不行。人家的实验楼是热气腾腾，我们有很多的实验楼还是空空荡荡、冷冷冰冰的。

比较之后我有这么几点感想：

首先，我们进步很大，但是差距仍然不小，或者说还有很大的差距。世界排名 20 跟世界排名 400，我想这个数字可以反映出我们的差距。伯克利一年在 *Nature*、*Science* 上发了 110 多篇文章，厦门大学连子刊在内现在一年还只能发几篇，这就是我们之间的差距，因为这反映出一所大学的原始创新能力。

第二，伯克利拥有强大的师资阵容，可以说大师云集。单单美国的两院院士就有 232 位，真是了不起。

第三，学生的成长有名师指导，有多元文化的熏陶，有极佳的环境与条件。刚刚来参加这个报告会的时候，我和李宁院长还在聊伯克利大学。因为他在伯克利工作了很长时间，所以他很有感慨，说那里的整个外部环境太好了,周边多少个一流大学,包括斯坦福、加州理工、南加州、UCLA等等都在那里,学生的成长有一个极佳的环境和条件。说到这里我就在想,原来大家一直说厦门大学是孤立的,困在东南一隅,而这样的旧观念现在应该要打破了。随着国家的发展,随着新技术、新条件的发展,厦大不应该再是这样的历史。现在上至上海、杭州到多长时间?下到广州、香港要多长时间?往东到台湾要多长时间?就一个多小时。关键还是看我们有没有这样一个意识去开放、多联系、多交流。厦门大学有得天独厚的条件,我们一定要把它用好,特别是台湾的大学。我们要跟他们多交往、多合作,这样就能改善福建只有厦大这样一所好大学的不利状态。

第四,伯克利有很强的创新能力、很高的科研水平,他们每年申请的专利数量是很大的。因为他们的工程学非常好,在世界是排在前几位的,所以它有很多的发明专利,而且这些专利都有很强的实际应用、开发价值。

第五,拥有良好的办学条件和外部环境。伯克利的国际生占到了13%多,这是很高的,当然美国最高的大学达到了20%以上。加州是一个多元文化汇聚的地方,对学生的成才很有帮助。

二、我们的目标:厦大的"两个一百年"
跟中国的"两个一百年"

厦门大学第十次党代会提出了"两个一百年"的奋斗目标:2021年建校一百年时,全面建成世界知名高水平研究型大学;2049年中华人民共和国成立一百年时,力争跻身世界一流大学的行列。"追求卓越,成就一流,为中华民族的伟大复兴做出自己的一份杰出贡献",这是校主陈嘉庚先生创办厦门大学的愿望。在他组织制定的《厦门大学组织大纲》,厦门大学办学宗旨归结为"养成专门人才,研究高深学问,阐扬世界文化",确实是非常大气。他提出要"坚持养成各种高等专门人才,使其所受之教育,能与世界之大学相颉颃"。1921年,他又提出厦门大学就是要成为一所世界一流的大学,能够和世界之大学同台竞争、平等合作、共同发展。因此他定下了校训"自强不息,止于至善"。在建校之初,他就购地数千亩,聘请美国建筑师设计校园、校舍,中西合璧的嘉庚风格,从建校第一幢楼就体现出最优秀大学应有的品质。

陈嘉庚当年建这所学校,他的眼光、他的胸怀、他的愿望就是要把这所大学建成一所世界一流的大学!建校之初,师生员工只有100多人,他就买了5000多亩地。现在有据可查的地契当时就是5000多亩,可惜后来被蚕食了很多。原来西至薛家村,东到胡里山炮台,北从五老山,南到海边,这块地全是厦大的。我们当年读书的时候,游泳池好极了,水是天蓝的、干净的海水。涨潮时把海水引进来,退潮让水退出去,我们每天都在那里游泳。所以可以看得出来陈嘉庚是当年希望厦大是怎样的一所大学。

党的十八大报告提出"两个一百年"奋斗目标:在中国共产党成立一百年时全面建成小康社会,在中华人民共和国成立一百年时建成富强民主文明和谐的社会主义现代化国家。厦门大学一定要在这样一个伟大的历史机遇面前,抓住机遇,建设成为一所世界一流大学,为实现中华民族伟大复兴的"中国梦"做出自己一份应有的、更大的贡献!

三、我们的措施:大师、大楼、大爱

任何一所一流的大学都离不开三个最基本的要素:大楼、大师、大爱。大楼是一流大学的物质基础,大师是核心,大爱是灵魂。

第一,翔安校区一期工程的顺利完成,宣告厦门大学大规模基本建设的历史已经结束,我们今后不会再搞大规模的基本建设了,内涵发展、质量提升是厦大发展的主基调。但是我们仍然要不断改善我们的教学、科研条件,改善学习、工作、生活的环境与条件。

思明校区力争把生活用地置换为教学科研用地。由于历史的原因,思明校区里有很多变成了生活用地,现在还有2000多户的教职员工住在学校里,而且楼房很破旧,都没有电梯,面积也很小,很多教师已经不住在这些房子里了,有的把房子出租,有的甚至把房子私自出卖。按照这样的趋势,五至十年后很可能不知道住在厦大校园里的是什么人了。这几年每年的春节都有人给我打电话告状,说他楼上的住户一直放鞭炮放到大年初一的早上,岛内不能放鞭炮,而校园里还在放,结果一查发现那个人和厦大没有关系,他是从三明来到厦门做生意的,就住在校园里。前两个月还有人和我告状说邻居的狗叫了两三天,经有关部门调查,说是那家人外出把狗关在家里了,只放了些吃的东西,后来发现那家人也不是厦大的,而是外租的。诸如此类的事情太多了,如果我们现在不清查,今后校园就不再是厦大校园了。

实现西边社的搬迁,大力完善工科的教学、科研条件。西边社的搬迁房已经建好了,这是块"硬骨头",我们要在厦门市思明区的支持下想方设法地把这块"硬骨头"啃下来。

力争尽快动工厦门大学附属心脑血管医院的建设。我们将在厦大医院现址上建设厦大附属心脑血管医院。

我们要力争建设一个一流的商学院大楼;要改造演武运动场,建设校内停车场。演武运动场的规划已经基本做出来了,我们借改造运动场这个机会,争取在地底下建两层的停车场。这两层停车场建起来可以停两千多辆车。

漳州校区要尽快完成校园的结构性调整,办好产业技术研究院。厦大有很多好的成果,这些成果怎么变成现实的生产力?我们专门在做这方面的工作。

进一步完善教学、科研设施,促进嘉庚学院下一个十年从教学型大学向教学科研并重型大学转变。嘉庚学院从2003年到现在,短短十年把一所学校变成了国内最优秀的独立学院。他们有一个更加宏伟的规划,下一个十年要从教学型大学向教学科研并重型大学转变、提升,为福建、为厦门,乃至为我们的国家作出更大的贡献。

我们还需要进一步地完善教学科研设施,要完善教师学生学习、生活设施,建设一座高质量、高水平的综合学生活动馆。

加快特种先进材料、精细化工、海洋观测等平台和基地的建设,加快厦门大学国家大学科技园南太武园区的建设;促进厦漳隧道尽快动工建设。这也是和我们的校区密切相关的。厦漳隧道的建设国家已经正式批准了,现在正在做前期的规划设计。因为这么大的一个投资需要协调厦门、漳州两地政府,已经定下来要建设了,这是一件很好的事情。如果这个隧道建成,那漳州校区最让我们操心的交通问题就迎刃而解了。

翔安校区要尽快完善各项配套设施;图书馆大楼在4月6日前要全面竣工并投入使用;在今年的校庆要隆重庆祝翔安校区一期工程胜利完成。我们的图书馆很漂亮。很多毕业班的同学希望在他们离开学校之前在图书馆里看看书、坐一坐,这对他们来说是终生难忘的记忆。

尽快启动国际学术交流中心、教工活动中心、分子影像学及转化医学大楼、植物生态园及附属教学科研设施、继续教育学院大楼等设施建设;按计划、保质保量完成海洋科考船的建设;尽快启动国家汉办孔子学院院长学院的建设;确保今年翔安洋唐小区400套教工住宅能交付使用;完成厦门大学国家大学科技园翔安园区的前期各项筹建工作;开始航空航天学院大楼的规划设计筹备工作。中国肯定要成为一个航空航天的强国。厦门大学是中国最早设有航空系的大学之一,厦大在这方面理所当然要有自己更大的贡献。我上个月在北京专门去拜会了中航集团的董事长林左鸣,他说他一定会和省里、市里说中航与厦大共建航空航天学院这件事,希望省、市都要给予支持。我们怎么能够得到支持呢?要靠我们自己先把工作做好,然后争取别人的支持。

马来西亚分校要力争尽快动工建设,力争2015年9月投入使用。校区占地900亩,很漂亮,在一片山坡上。它处在吉隆坡的最佳位置,在吉隆坡国际机场与马来西亚的国家行政中心之间,离机场9公里多,离国家行政中心也是9公里多。我和纳吉布总理开玩笑说我们很快就要成为邻居了,从您的首相官邸阳台上可以看到我们的校区,今后在我们的校区,站在校长官邸上可以互相打招呼。他听了很高兴,也说校区的位置非常好。陈嘉庚90年前从马来西亚到中国创办了厦门大学,90年后厦门大学到马来西亚建设分校,这是一种历史的回馈。

马来西亚分校的建成,将是厦门大学朝着世界一流大学迈进的重要一步。在座很多老师肯定是特别地关心这个校区的建设会不会影响到厦门大学已有的建设和发展?在这里我应该要告诉各位,一点都不能影响。要有影响也只能是好的影响、正面的影响。马来西亚校区建设的每一分钱都是专门、独立的,都不能从厦大现有的经费盘子里拨出去。因为我们现有的钱已经不够,决不能把我们现有的钱拨去建马来西亚校区。马来西亚校区的钱要靠我们专门去争取、去努力。马来西亚校区整个建筑面积是30万平方米,总的建设资金约20亿元人民币。这总的投入大概分为三大块:第一我们希望能够争取到社会捐赠8亿元,第二希望8亿元的捐赠能够得到国家配套6亿元,第三希望得到政府专项资金6亿元。这个校区建设分两期:第一期大概要建设15万—20万平方米,需要资金约12亿元人民币。这12亿元我们希望社会捐赠5亿元、国家配套3亿元、政府专项4亿元。很高兴,才短短不到一年时间,我们已经争取到了社会捐赠将近3亿元,所以我们很有信心能拿到第一期5亿元的社会捐赠。外交部和财政部要到厦大来评估,因为我们接受了外交部和财政部的中国东盟海洋学院的建设项目,这个项目也是厦门大学马来西亚校区的海洋学院,邬大光副校长亲自在抓这个事情,我们也有信心第一期能够争取到4亿元的政府专项资金。马来西亚校区建成之后,要有1万个学生在那里学习。这1万个学生的一部分在马来西亚招生,一部分要招收中国的学生,另一部分要招收中国、马来西亚以外的,主要是东南亚国家、印度,包括中亚等国家的学生,这个校区将是一个真正的国际化校区。希望在座的各位都来关心、支持这个校区的建设。

第二，内涵发展的核心就是师资队伍的建设和管理水平、服务水平的提高；引进和培养并重，打造世界一流学术团队，也就是大师。我们有大楼，有了物质基础，关键在于有没有一流的人来施教。

全校的师资队伍保持 3000 人左右的专任教师，这些教师都有博士学位或本专业的终极学位，都具备良好的国际交流与合作的能力。十年来，整个师资队伍的结构、质量都有了很大的提升。全校还要经过几十年的努力重点建设 40 个左右的一流学术团队，每个学术团队大体上有 5—8 位在本领域世界排名前 100 位的学术带头人。这样的教授厦大有没有？有，但是数量还不多。比如说，韩家淮教授在免疫学领域绝对是世界排位前 100 位的科学家；田中群教授，在电化学领域肯定也在世界前 100 位；焦念志教授，他所做的海洋生化领域肯定世界前 100 位；再如洪永淼教授，在数量经济学领域是世界排在前 100 位的。今后这 40 个左右的学术团队，每个团队除了 5—8 位这种水准的学术骨干外，还要有 30—50 位在本领域国内排名前 100 位的学术骨干，具体说，他们都要有"杰青"的水平。此外，要有 100—150 位优秀的博士生和博士后。这样的话，一个团队加在一起有 200 人左右。全校要用几十年时间来打造 40 个左右这样的一流团队，所以请人事部门、科研部门、规划部门等现在就开始研究、谋划、设计。

这 40 个学术团队至少都要有一个以上国家级的平台和基地做支撑，跟国际同行有密切的实质性交流与合作。比如说夏宁邵的团队就接近这个水平了。夏宁邵教授在他的学术领域内的世界排名我相信能够在前 100 位，从国外专家与他的交往、对他的认可和尊重中我们可以感受到大家对他和他的团队很认可。现在他的团队有一个国家工程技术中心、一个国家重点实验室、两个国家级的平台，全校这样的平台目前只有 7 个。所以希望这 40 个学术团队至少都要有一个以上国家级的平台和基地做支撑。

这 40 个学术团队有很强的原始创新能力，每个团队每年至少在本领域最顶尖的刊物发表10篇以上的学术论文。从伯克利的经验来看，假如一所大学一年能够在 Nature、Science 上发表100篇以上的文章，表明这所学校拥有世界一流的原始创新能力，可以说这所学校就是世界一流大学。这40个团队中，如果每个团队每年都能够在本领域最好的杂志上发表10篇以上的论文，其中有那么两三篇或四五篇是在 Nature 和 Science 这样的杂志上发表的，那厦大就有一百多篇了。

这40个学术团队有很强的可持续发展能力，能够始终保持自己在国际学术前沿的地位，每个团队每年争取到的科研经费，理、工、医类为主的为1亿元人民币以上，人文社科类为主的为2000万元人民币以上。我有意不把团队分为具体的理工医类，因为我相信今后很多团队都是交叉的，但毕竟还是有居于核心地位的学科。这个目标有没有可能实现？完全有可能实现！化学、生命、海洋这三个学院一年的科研经费都超过1亿元了。我如果没有记错，海洋学院去年的科研经费是1.2亿多元，化学化工学院是1.4亿多元。团队要有很强的可持续发展能力，能够争取到经费说明你能够可持续发展。

这40个学术团队有很强的人才吸引和培养能力，能够吸引到最优秀的人才加盟自己的团队，能够吸引到最优秀的学生进行培养，能够源源不断地为社会输送最优秀的毕业生。要培养一流的师资队伍，我们要实行引、培并重的路子。我们已经在做的是在5—10年时间里，跟世界上十所一流的大学签订协议，厦门大学拿出100万元给每所大学，10所就是1000万元，在5—10年的时间里请他们为我们培养500个左右的博士。他们今后回来就是厦门大学今后几十年师资队伍的重要新生力量。从现在我们就开始选拔最优秀、最有潜质，而且对厦门大学最有感情的本科生，把他们选出来培养。明确告诉他们，送他们到这些最好的大学读博士，读完后欢迎你们回到厦大来任教。如果有个别不回来怎么办？没关系，你只要记住厦大就可以。我想我们如果这么做，若干年后一定会有收获。现在要迈出第一步不容易。希望在座的各院的院长、书记一定要重视这项工作。我们是在做一项长远的事情。大家想想,厦大今后能够相对集中地有500个从世界上十所最好的大学里毕业回来的博士,他们形成了一个群体,和这十所大学保持密切的联系,这种扩散的效益现在是很难预测到的。我们要把这个事情做好,当然还要不断地引进最优秀的人才。最近有好几个学院院长都请我去吃饭,我很高兴,因为这种吃饭都是他们在做最近要引进的优秀人才的工作。所以我们要"引""培"结合,对于自己年轻的教师也要不断地培养,给他们创造各种机会来不断提高自己。

第三,传承和弘扬厦门大学的优秀传统,"充吾爱于无疆",让厦大校歌传颂的大爱精神充满厦大校园的每一个角落,成为厦大师生员工普遍的认同与共识。陈嘉庚确实很伟大,我们前面谈到从征地、建楼房开始,他的目标就是要把厦大建成一所世界一流的大学。从他设计、认可校歌开始可以看出他就是要把这所学校的人才培养成世界性人才、一流人才。爱国、革命、自强、科学是厦大人追随的四种精神;开放、包容、自信、大气是厦大人应有的特质。

形成一种学术上互相欣赏、工作上互相支持、学习上互相帮助、生活上互相关心的和谐氛围。学术上的互相欣赏也是开放、包容、自信、大气的一个具体的体现,不要搞"一山不容二虎"这样的事情,我们现在有些教授确实不够大气,包容心、自信心都不够,学术上不是相互欣赏。工作上一定要互相支持,而不是互相拆台、互相使绊子。同学学习上要互相帮助,当然这个"互相帮助"不是考试的时候偷看。厦大抓考试的严格程度也是全国有名的,一抓到不管怎么样,公告先出去,处分是非常严格的,现在是给予一个留校察看的机会,有了这一个"留校察看"后,想考公务员都是不可能的。但是即使这样严厉也还是不行,因此我们的学风要建设好,希望各院一定要严管。

热爱生活、热爱生命、热爱自然,让学生德智体美全面发展;学校在不断完善教学科研设施的同时,要加大体育和美育设施的投入和建设。说来惭愧,厦大的体育设施这么多年一直是不达标的。当然这和厦大的底子太薄是有关系的。厦门长期处在海防前线,很长时期没有建设,我们的教学科研设施是很破旧、很落后的,这十几年下了很大的力气来改善教学科研设施。体育设施有没有改善?有改善,但是远远不够。我们要让学生德智体美全面发展,在下一环就要加大对体育、美育设施的投入和建设。我确实很希望我们的学生能够全面发展。现在很多学生兴趣爱好很广泛,有的学小提琴、钢琴,有的吹小号,有的学打击乐,等等,到了厦大能不能让他们的兴趣不要断了?比如学生艺术团,包括合唱团、交响乐团、军乐团等等都很好。确确实实我们学校的艺术、美育的氛围还要加强。

形成"义工"文化,自觉自愿地帮助他人,特别是帮助有困难的人、到困难的地方去帮助人,要成为我们的一种习惯。义工,就是义务地做工,不求回报的。我今天有意不用"志愿者"三个字,为什么呢?我觉得现在的"志愿者"有很多变味的东西。当了志愿者后保研可以加分,拿奖学金可以加分,等等,这叫什么志愿者?有人说,不这样就没人去。我说没人去就没人去,如果厦门大学真的到了这个地步不去也罢,但是我相信不会的。有一个家长给我打电话,他的孩子到西部去支教没被选上,死活要我想办法给加一个名额。我说这真是怪了,去支教还要加名额、还要挤破头抢着去的,我说厦大学生真的这么好吗?我很高兴,马上答应下来说可以,后来才知道原来这是保研的一个条件,这样不行。厦门大学要形成自己的"义工"文化,自觉自愿地帮助别人。

认识、理解并尊重多元文化,自觉地养成"世界公民"的意识,随着学校的发展,不断增加留学生的数量,提高留学生的质量。要成为一所一流的大学,首先是培养学生要有"世界公民"的意识,要有为整个世界、为整个人类作贡献的意识。要做到这一条,首先要认识、理解并尊重多元文化。我觉得厦门大学确确实实很开放、包容,厦大一开始就是一所最开放的大学,但是在这方面有没有不足?有不足。我们还要创造各种的条件,自觉地让厦大的文化更加多元,让同学更自觉地养成"世界公民"意识。厦大的留学生有1700多人,这里面有800多位是来自台港澳,真正的外国留学生只有900多人,这个数量很低。我们要成为一所世界一流的大学,有没有更多的世界一流的外国留学生到学校来学习,这也是一个指标。在这方面我们要不断地提高我们的教育教学质量,提高各个学院国际化的水平,能有更多更好的留学生到这里来学习。

90多年前,嘉庚先生怀抱教育救国之理想,怀抱为吾国放一异彩之宏愿,创办了厦门大学。90多年来,厦门大学创造了一个又一个的辉煌,为国家和民族的进步作出了应有的贡献。

面对实现中国梦的伟大历史机遇,我们每一个厦大人都应该把创建世界一流大学的厦大梦和实现中华民族伟大复兴的中国梦紧密地结合起来,牢记"自强不息、止于至善"的校训,弘扬厦门大学特有的四种精神,解放思想、改革创新,坚定自信、奋勇争先,为全面建成世界知名高水平研究型大学、跻身世界一流大学行列而努力奋斗!

世界一流大学应有的文化生态

党的十八大以来，习近平总书记高度重视文化自信。2014年2月24日在中央政治局集体学习时，习近平提出要"增强文化自信和价值观自信"①。2016年5月17日，习近平在哲学社会科学工作座谈会上指出，"我们说要坚定中国特色社会主义道路自信、理论自信、制度自信，说到底是要坚定文化自信。文化自信是更基本、更深沉、更持久的力量。"②在庆祝中国共产党成立95周年大会上，习近平指出"文化自信，是更基础、更广泛、更深厚的自信"③。

习近平总书记为何如此重视文化的作用？这是因为没有对文化理想的信仰与坚守，没有对文明价值的继承和发展，没有对文化创新的弘扬和繁荣，中华民族伟大复兴的中国梦就难以实现。国家如此，大学亦如斯。厦门大学提出"两个一百年"发展战略，剑指世界一流大学，就内在地包含着建立并形成厦门大学应具有的一流大学文化生态。

一、文化的定义和文化生态

何为文化？按照人类学家泰勒的看法，文化概念约有500多种，其中最常被引用或者说最权威的定义是"人类所创造的物质财富与精神

---

① 习近平：《培育和弘扬社会主义核心价值观》，《习近平谈治国理政》，外文出版社2014年版，第164页。
② 习近平：《加快构建中国特色哲学社会科学》，《习近平谈治国理政》（第二卷），外文出版社2017年版，第339页。
③ 习近平：《不忘初心，继续前进》，同上书，第36页。

财富的总和"。然而,该定义仍存在值得商榷之处。因为按照这个定义,可抽象为文化就是财富。再抽象一点,则可以把文化和财富等同起来。文化是财富,但倒过来,未必财富都是文化。文化必定是人类活动的结果,必定是主体和客体之间的一种联系,仅将文化归纳为物质财富和精神财富的总和,不足以精确地表达其内涵。所以我自己对此作了一些研究与思考,我认为,文化是人类对自身存在与发展环境及条件的认知与反映。它经过积累、沉淀或物化之后,又成为人类生存与发展环境及条件的组成部分。

这意味着,不同的地域、不同的国度、不同的民族都有着不同的文化形态,凝聚成不同的文化生态。中国如此,世界亦然。例如,非洲的文化很独特,其中之一就是它的服饰文化所展现出来的色彩鲜艳、多姿多彩、热情奔放的文化形态。很显然,这与他们的生存环境有关系。非洲是地球上自然环境保存最完好的地方,呈现物种、生态多样化,野生动物众多。在这样条件和环境下生活,非洲人穿的衣服鲜艳一点有助于自我保护。穿着大红色显得比狮子老虎更威猛一些,使狮子老虎惧怕人类;穿着大绿色,在非洲茂密的森林中具有一定隐蔽自身的作用;色彩斑斓的服饰,跟动物的皮毛颜色很相似,会使得野兽以为人类是自己的同类,有亲近感,从而不会轻易攻击人类。这其实正是人们对自身生存环境和条件的认知和反映。又如我国北方人比较豪爽、粗犷,而南方人比较内敛、细致,这也是跟南北方人的生存条件与生存环境密切相关。例如江浙两省土地面积只有21万平方公里,但两省的人口超过1.3亿。土地面积只占国土面积的2%,而人口占全国总人口的10%。在那么小的一个地方要居住那么多人,自然就需要细致、细腻;而北方很多地方的人口不如江浙多,但耕地面积是江浙的几倍甚至几十倍,而且都是一望无际的平原,生活在这里的人们自然豪爽粗犷些。所以,不同国度、不同区域存在的文化差异,便是人们对自身生存环境和条件的不同认知和反映,进而形成了相应的文化生态。

二、世界一流大学的文化生态

文化生态有多种：多元、单一，开放、封闭，精致、粗俗，文明、野蛮，包容、排外，先进、落后，等等。文化的形态是多种多样的，人类应该追求其中的优秀部分。多元、包容、文明、精致、先进的文化，这是世界一流大学应该具备的和值得追求的文化生态。

第一，世界一流大学应该具备多元的文化生态。一流大学的教职员工和学生来自不同的国别和地区，所处的环境和条件不一样，存在着文化差异。因此，在一流的大学里，一定是具备着多元的文化生态，而且是开放的文化生态。例如，厦门大学在招生上一直追求生源多元化。当前，厦门大学在福建省的本科生招生比例已经从最初的70%—80%降低到25%。学校的目标是不超过25%。为什么要定下这样的目标？因为学校的本科学生宿舍是四人间，学校希望在学生宿舍里最多只有一个人是福建生源，其他三个都是来自福建以外。入学的学生从最简单、最日常的活动开始，就能够接触来自不同地方的人，这样容易养成尊重他人、尊重多元文化的意识。厦门大学有3000多名外国留学生，在校园里学生的肤色不一样、信仰不一样，却都很好地相互友爱、和谐相处。厦门大学经常举办不同国别的文化节，创造了一个让多元文化相互尊重、相互了解、相互认识的环境。其实，世界上有很多冲突均因文化差异而产生的，不论是个人之间、群体之间、还是国家之间，冲突的深厚根源往往来自文化。所以如何让学生正确认识、了解、尊重多元文化，是一流大学的重要任务。

第二，世界一流大学应该具备包容的文化生态。多元的文化必然是包容的文化，但是包容更讲究个人的修养，意味着在个体之间注意相互尊重、相互欣赏，不求同、愿存异。一流的大学往往都是综合性大学，由多学科组成。单从学科上看，彼此之间有没有包容的心是不行的。有的时候听到个别教授评论其他学科，认为那些学科根本不是科学；个别理科教师认为文科不是科学,揶揄说文科教师的学问不知道怎么做出来的;倒过来,也有个别文科的教师觉得理科那叫什么科学,只是瓶瓶罐罐倒来倒去,等等。上述现象如果是一些善意的玩笑尚可,但如果是真有这样"相轻"的感觉,哪怕只有一点点,哪怕只是存在潜意识里,对一流大学的建设都很不利。反之,如果彼此能够相互尊重、欣赏,尽管不懂,也尊重对方的研究,则有利于一流大学的建设。对于一流大学的发展,是不是具备包容的文化生态,能不能做到不求同、愿存异,彼此欣赏、相互尊重是非常重要的。

　　第三,世界一流大学应该具备文明的文化生态。文明的文化生态表现为政治上追求民主,学术上崇尚真理,行为上遵守法律和规章。法律、法规是多数人的意愿。国家要依法治国,学校要依法治校。一旦法律法规颁布了,每个人都要遵守,个人的习惯就要做到不影响或妨害他人。例如,关于学生宿舍夜晚要不要统一熄灯的问题,是高校存在的一个常有争议的老问题。如果学生都能有一种公共意识,都能把不影响他人、不妨害他人作为自己的守则,则没有必要强制熄灯。在硬件条件由于客观所限暂时无法得到改善时,但是文明素质却可以通过教育加以提升,广大师生如果能做到个人行为顾及到他人,许多问题便可迎刃而解。

　　第四,世界一流大学需要精致的文化生态。精致的文化生态,在行为上体现为认真、一丝不苟,在精神上表现为具有职业道德、职业精神。谋到了一份工作,哪怕自认为不够理想,既然在其位就理当谋其政,努力做好。日本的羽田机场,有个被誉为"国宝级"的清洁工。一个普通的清洁工,却能把自己的工作做到了极致,得到了所有人的尊重。这个清洁工出生在中国,父亲是日本人,母亲是中国人。她在中国生活了很多年,后来到了日本。日本记者问她为什么做事这么认真?她回答说,一个重要的原因就是不想让日本人看不起中国人,不要让日本人认为中国人做事情都是马马虎虎不认真的。可见,任何人,不管在什么岗位上,只要认真工作都能做得出色,都能够得到社会的认可,得到他人的尊重。任何组织,只要有精致的文化生态,都会有长足的发展。一流大学同样需要有这样的文化生态。

第五,世界一流大学应追求先进的文化生态。先进的文化表现为勇于并善于创新,表现为永远都在追求先进。先进的文化会宽容失败,不怕失败。在全国科技创新大会上,华为总裁任正非发言说,在创新的道路上永远没有失败者,只要是在创新的路上走的都是胜利者。华为就是秉持这样的理念来鼓励创新、支持创新。先进的文化生态,特别在科学的道路上、科学的追求上,在创新的道路上、创新的追求上一定要不唯上,不唯书,只唯实。大学的学者要能够包容失败,不害怕失败;大学的教授要敢于求索,敢于创新,不怕失败,勇攀高峰;大学的管理人员遇到问题要敢负责,有担当,这样才能建成世界一流大学。

三、厦门大学文化生态的实践探索

文运同国运相牵,文脉同国脉相连。文化生态的建设,文化自信的树立,不仅与国运民魂紧密相连,同时也和大学的前途息息相关。在一所大学里,促使决策者作出决策的原因或者动力主要有三个:首先是来自法律法规及各类规章制度、上级主管部门的指令要求等;其次是来自自身运行的必然要求,或者说主体生存的一种使然;第三个是来自管理者的文化认知,是一种文化的使然或者追求。通常,只要把前面的两种做好了,就能够生存和发展。第三种决策做或是不做,通常取决于决策者对文化的感悟与认知。但是,第三种决策常常会对一个组织或一所大学产生至关重要的影响,甚至成为这个组织或这所大学能否卓越、能否一流的关键。近年来,厦门大学以文化道路、文化能力以及文化精神三个关键性维度为基本着力点,积极培育文化自信,创建良好的文化生态。

(一)坚定自己的文化道路

厦门大学为学生提供了免费的米饭,这没有上级主管部门强制的要求,没有法律法规上的要求,也并非学校运行或生存所必须的。为什么要提供免费的米饭?这就是一种以学生为中心的工作导向,坚持把社会效益放在首位,带有自身文化特色的道路选择。厦门大学要给学生提供免费的米饭,最主要的目的就是要保护贫困学生的自尊心,免费米饭可以让所有的贫困生不再为那一点点的钱去伤害自尊。学校给学生怎样的帮助最好,能不能给同学发补助金,能不能给贫困生一个月三五百块困难补助?答案是"可以"!现在中国绝大多数的学校都是这么做的。然而,学生要获得困难补助金并没那么容易,程序上需要证明自己经济贫苦,经历学校各种审核和询问,这样有的学生就干脆不提交申请,因为他认为这是很伤自尊的事。在帮助同学的同时,又不伤害他们的自尊,这才是最值得做的事情。这件事情能够把它做成,关键在于不能有浪费。在实行免费米饭的制度之后,厦门大学的学生工作做得很好,在食堂里面组织了学生自己的督导组,提倡吃多少打多少,不要剩饭。第一年实施下来,整个学校免费米饭上仅花费了 800 多万元,比预算的 1200 万元节省了 33.4%。原来一个食堂一天要处理剩饭剩菜好几桶,实行了免费米饭以后,剩饭剩菜明显减少。原来学生认为打饭用的是自己的钱,吃不了扔了无所谓,现在是学校免费提供的,学生反而很珍惜。

(二) 培养和提升创新的文化能力

"不唯上、不唯书、只唯实"是厦门大学又一种追求的一种文化生态,集中体现了文化创造主体创造新文化能力的自信。高尔夫练习场的建设就是根据厦门大学实际而决定的一件事,这也是一种基于文化上的认知所作的决策。厦门大学和其他学校的校区情况不一样,校区内山地很多。当年,在厦门大学漳州校区的后山上有片地要绿化,买树木等需要一笔费用。当时学校领导班子在讨论时就有个设想,能不能增加些投入,建设个高尔夫练习场。学校相关部门做了调查研究,咨询有关专家,根据厦门大学漳州校区那块地的实际情况修建一个高尔夫练习场，只要投资200多万元就够了，比专门种树搞绿化增加的投入并不多，于是便修建了厦门大学第一个高尔夫练习场。高尔夫运动是很健康、大众化的一个运动，很受同学们的喜爱。现在厦大选修体育课中最热门的课程之一就是高尔夫练习课。而且从经济上看，比起修建游泳馆、羽毛球馆等，高尔夫练习场的修建也非常划算。

强大的创造能力是推动文化创新的重要力量。厦门大学的每个学院都建咖啡厅，从文化认知角度出发，是为了促进沟通交流。交流的形式多种多样，尤其是在信息发达的时代，现代信息技术为人与人之间的交流提供了许多便捷的途径。然而，最好的交流形式，还是面对面的交谈，特别是在信息技术创造了许多虚拟空间的情况下，要更加注重让师生有面对面交流的机会。基于这样的认识，厦门大学意识到应该要创造更多的机会、更好的条件让广大师生面对面交流，好而且可行的方式就是建设咖啡厅。"咖啡"这个词来自希腊语，原意是力量与热情。而喝咖啡最大的益处就是使人们的思维更敏捷、更愿意交谈。大学是最适合咖啡文化的地方之一，在大学里面要产生思想，要有思想的碰撞，咖啡就像催化剂，能够促进教师与同学碰撞出更多的智慧的火花。厦门大学的校园里现在有二十多个咖啡厅，各有特色，多由学生自己管理或自我服务，很受师生的喜爱。

（三）传承与弘扬优秀文化精神

对游客免费开放参观校园，这也是一个基于文化认识所做的决策。大学是教化之地，开放校园，能够让更多人感悟到大学之美、感悟到教育之美。游人愿意进校园是对校园文化的一种认可，是对大学文化的一种喜爱，甚至是对大学文化的一种尊重。教育是大学的使命，游客参观校园同样能够起到受教育的效果。美好的校园环境，让家长带着孩子切身感悟，鼓励孩子用功学习；校园内的公共厕所都能提供免费的卫生纸，急人所急，让游客们感受之后，他们回去后可能就会积极改善生活环境；免费开放，分文不取，让游客更加爱护校园环境，变得更加文明,等等。当然,校园开放应该既能够做到对外开放,又要尽可能不影响教学、科研和生活,这是管理者需要进一步思考和解决的问题。

作为厦大精神的时代性转化和升华,建设厦门大学马来西亚分校也是一种文化的认知与决策,更是一种文化的使命。马来西亚纳吉布总理上台以后,就计划把马来西亚建成东南亚的教育中心之一。2009年6月,纳吉布总理访问中国时便向温家宝总理提出,希望能有一所中国的大学到马来西亚去建分校,当时温家宝总理就答应了。接下来,两国的教育部就开始磋商。2011年底,中国的教育部、马来西亚的高教部正式向厦门大学征求意见,邀请厦门大学到马来西亚创办分校。在教职工代表大会上,赴马来西亚办学的规划得到了教职工代表的一致通过。为什么厦大的师生员工如此认同学校作出的在马来西亚建立分校的决策?关键就是文化的因素。因为大家都知道,厦门大学是由爱国华侨领袖陈嘉庚先生捐资兴办的。校主陈嘉庚早年赴南洋谋生,他在马来亚成长,事业有成后回到家乡兴办了厦门大学。可以说,建设厦门大学马来西亚分校既是厦门大学感恩情怀的必然回应,也是厦门大学爱国情怀的自然流淌,更是在"一带一路"大背景下中国文化创造性转化和创新性发展的积极探索。

所以,厦门大学要建成世界一流大学的决定性因素之一是厦门大学能不能拥有一个多元、包容、文明、精致、先进的文化生态。当形成这样的文化生态之日,也就是学校实现自己"两个一百年"战略目标、跻身世界一流大学之时。

研究型大学更应重视本科教育[*]

建设高水平的研究型大学是我国高等教育的发展目标,培养一批具有国际竞争力的人才就成为每一所研究型大学责无旁贷的任务。研究型大学如何进行本科教育随之成为高等教育教学改革的一个重大课题。世界研究型大学发展的成功经验启示我们,研究型大学人才培养离不开本科教育,本科教育是构成研究型大学的重要组成部分,研究型大学的成功之道首先是必须抓好本科教育。

本科教育是研究型大学的基石

纵观世界研究型大学的发展轨迹,不难发现,几乎所有研究型大学都是靠本科教育扬名于世。例如,牛津、剑桥在成立之初形成的导师制,19世纪30年代哈佛大学的选课制和学分制,芝加哥大学的"百科全书式教学计划"等,都直接指向本科教育,并直接催生了这些大学成为世界一流大学。即使是在高等教育的层次分化、上移之后,本科教育依然是整个高等教育的基石。因为在整个高等教育系统中,本科生始终具有量上的优势。

其次,研究生质量的高低直接取决于本科生的培养质量。因此,在西方的大学理念中,最初就已经形成了"只有本科教育才是大学教育"的观念。直到今天,这一观念依然具有很大的市场。正是在这一观念下,国外的许多大学并不把教授指导研究生纳入工作量范畴,而把带研究生看成是教授行有余力的事情——有经费、有精力,就可以由自己选

---

[*] 原载《中国教育报》2005年4月1日。

择带或不带,带多或带少。这样的制度设计是防止冲击本科教学。

在我国,人们不自觉地形成一种思维模式,似乎研究型大学就是研究生教育,又把研究生数量和硕士、博士学科点数量的多少作为衡量研究型大学的一项重要指标。这一思维模式直接造成了研究型大学工作重心的上移,造成了研究生教育与本科教育之间的矛盾,加剧了本科教学资源的紧张,实际上是一种不可取的发展观和大学理念。人才培养是一个持续不断的过程,从国外研究型大学研究生教育与本科教育关系来看,研究型大学并不排斥本科教育,而是研究生教育与本科教育有机地融合在一起。厦门大学在长期的办学实践中,从自身的区域特点出发,注重规模、结构、质量和效益的协调发展,统筹考虑学校各个层次的发展规模。在新的时代背景下,学校及时更新教育观念,克服单纯的数量发展观,而坚持"不求最大,但求最好"的科学发展观,在适度发展本科教育的基础上,大力发展研究生教育,坚持严格意义上的继续教育,坚决从低层次的办学领域退出来,从而把学校的精力从对教育"量"的关注真正转入到对教育"质"的关注。

坚持正确的教育质量观,确立多元的精英教育质量标准

传统研究型大学是以培养学科型精英人才的大学。但是,随着近年来学校办学规模不断扩大,这种以学科型为主的精英教育不断受到挑战,如何保护大众化背景下精英教育的质量,是提高研究型大学教育质量的关键。按照美国学者马丁·特罗高等教育发展三阶段理论,在精英高等教育阶段,一般设有共同和相对较高的学术标准,而在大众高等教育阶段,学术标准趋向多样化,在不同的机构和系统中其标准的严密性和特点均各不相同。

显然,马丁·特罗关于高等教育大众化阶段教育质量标准多元化的预见,对研究型大学保持精英教育质量标准具有重要的启发意义。这种意义在于研究型大学应在坚持精英教育办学层次的基础上,突破单一的学科型为主的精英教育模式,而从学科发展和社会实际需求出

发，设置多元化的精英教育质量标准。所以，无论在本科教育与研究生教育层次上，均应打破单一狭隘的数量比例，而从本科教育与研究生教育的内在的相互衔接来考虑本科教育与研究生教育改革，以研究生教育提升本科教学水平，以本科教育确保夯实研究生教育的基础。在人才培养体系构建上，本科教育应改变以培养学科型为主的思路，树立学科研究型、实际应用型以及复合型等多元化的人才类型理念，研究生教育也应改变单纯的培养学科理论研究型人才的模式，突出实际应用型，大力发展专业学位，从而构建本科教育与研究生教育相互衔接的多元化的人才培养体系。

坚持以学生为本的教育观，构建灵活弹性的人才培养机制

就思想渊源而言，以学生为本的教育观源于西方古典的自由教育，其思想核心就是充分尊重学生的个性、兴趣、爱好、能力、特长的差异，因材施教，为世界课程改革提供了一个成功典范，并为各国高等教育广泛吸收和借鉴。当今，凡是世界著名的研究型大学，无不在学生的自由学习上下功夫，为学生自由学习创造充分的空间。

作为有着八十多年历史的大学，厦大同样有着尊重学生个性发展的传统。在近几年的办学实践中，学校以推进素质教育为指导思想，树立以学生为本的教育观，尊重学生个性，积极引导，在人才培养模式以及人才培养方式上进行了有效的改革。1998年厦门大学尝试按大类招生的人才培养实践；2003年全面推行大类招生、分类培养。本科课程体系以大类平台设计为主干，除少数专业外，均按大类招生，大类制订教学计划，允许学生在学习学科类通修课程的基础上选修不同方向的课程组。同时在学制上推行弹性学制，允许毕业生提前或推迟毕业。与此同时，为鼓励优秀学生进一步提高学习兴趣，学校近期又启动了三学期制、主辅修制以及双学位制，这些方面的改革为学生的自主学习创造了一个充分的空间，也为学生个性合理充分发展提供了一个广阔的舞台。

坚持以教师为主导的师生观，推进教学运行机制改革

在教育教学过程中，教师处于主导地位，如何充分发挥教师在教育教学过程中的积极性、主动性和创造性，构建良好的师生关系，是推进教学改革、提高教育教学质量的关键。梅贻琦先生曾对师生关系作了精彩的比喻："学校犹水也，师生犹鱼也，其行动犹游泳，大鱼前导，小鱼尾随，是从游也，从游即久，其濡染观摩之效，自不求而致，不为而成。"

综观世界研究型大学，无不在发挥教师的指导作用方面不遗余力，就是推行以学年制为主的普林斯顿大学，仍然以其细致关怀的导师制而著称于世。所以，在当前的教育教学改革中，如何充分调动教师对学生学习的引导作用，鼓励老师热爱教学，尽职尽责，真心实意地引导本科生尽早进入科研训练，成为研究型大学本科教育质量的关键之关键。这不仅需要从师德上大力提倡教授、副教授为本科生上基础课，而且必须从机制上建立必要的竞争机制和约束机制。

围绕着这一中心问题，厦门大学把教授、副教授为本科学生上课作为一项基本制度，连续两年不讲授本科课程的，不再聘任其担任教授、副教授职务。学校进一步打破平均主义，以构建本科教学运行机制为契机，鼓励"一人多课"和"多人一课"，鼓励教师尽量压缩课时，增加课程门数，提高课堂教学效果，而以课程门数而不以课时数作为衡量教师工作量考核的依据，为教师自我创造研究争取更多的时间，促进教师正确处理科研与教学的关系，正确处理课内教学与课外指导的关系，引导教师更加关注科技发展和社会发展动态，重视教学改革实践，自觉把自身科研的优势转化成为教学的优势，吸引本科生主动参与科学研究和创业活动。

显而易见，研究型大学处于现代大学体系中的"金字塔"塔尖的地位。在经历了近几年扩招和就业政策的市场化改革的阵痛和困惑后，应当树立以培养社会精英、培养和造就高素质创造性人才为己任的理念。

坚持以学生为本和个性化的培养原则[*]

如何构建创新型人才的培养体系,是当前教育教学改革的一个重大课题。世界研究型大学发展的成功经验启示我们,坚持以学生为本和个性化的原则,是培养创新型人才行之有效的途径。

就思想渊源而言,以学生为本的教育观源于古希腊的自由教育,其核心是充分尊重学生在个性、兴趣、爱好、能力、特长等方面的差异,因人施教。从历史上看,凡是世界著名的研究型大学,无不在学生的自由学习上下功夫。19世纪中叶,哈佛大学成功地把学习自由的思想转化为可操作的选课制度,从制度层面为学生个性的自由发展提供了强有力的保障。在选修制的倡导者看来,学校提供自由选择的机会可以进一步培养学生的责任感,他们步入社会后会将这种责任感发展成为对社会的责任感,这才是高等教育的真正目的所在。

当前,我国高等教育正处于从规模扩张转向提高质量的关键时期。随着高校办学规模的扩大,学生群体出现多样化的趋势,学生学习兴趣、学习能力、学习需求的差异性日显突出。如何适应不同学生群体的需要,不仅是保证教育质量的关键,也是培养创新型人才的重要突破口。但是,在以往的教学改革中,偏重以学科为中心,对学生日益增长的多样化、个性化的学习需求考虑不足,这使得我们的教育缺少特色和个性,造成所谓的"千校一面""千人一面"。国外有学者认为,在精英高等教育阶段,各高校具有共同和相对较高的学术标准,而在大众化高等教育阶段,学术标准则趋向多样化。这一观点对我国研究型大学培养

---

[*] 原载《求是》2006年第24期(12月16日)。

创新型人才具有重要的启发意义。我们的研究型大学在坚持精英教育办学层次的基础上,突破单一的人才培养模式,从学科发展、社会需求和学生个性发展出发,构建多样化的人才培养体系;突破传统单一的学术型人才培养目标,形成研究型、应用型、复合型等多元化的人才培养类型;突破以学科为中心的模式,根据学生的能力、个性、兴趣和爱好,设计多样化的教学内容与课程体系;突破过去那种较为僵化、刚性的教学管理形式,设计弹性化的教学运作机制。

坚持以学生为本的教育理念、推进学生素质的全面发展在厦门大学素有传统。早在抗战期间,学校就在基础课中推行以文入理、以理入文、文理渗透,选修课数量之多,教学质量之高,当时在全国也是少有的。近年来,厦门大学以建设世界知名的高水平、研究型大学为目标,在创新型人才培养方面坚持以学生为本和个性化的培养原则,积极探索和实践新的人才培养模式,取得了可喜的成效。一是实行大类招生,分类培养。学生进校后一、二年级不分专业,共同学习公共基础课和专业基础课,三、四年级根据社会需求、学生兴趣、特长和个人倾向确定专业方向。二是实行双学位制(主辅修制)及转专业制度。允许学生在主修专业之外,辅修一个本科专业;允许学生根据自己的兴趣和爱好,通过考核实现转专业的目标。三是推行"三学期制"。在第三学期,可根据不同学生的学习能力和个性差异,组织较为个性化的教学活动,包括允许学生进一步修读提高性课程。四是公共课实行分级分类教学,为学生的自主性学习释放空间。公共外语、公共计算机等课程采用分级教学,"思想政治理论课"实行长短课程制。五是减少必修课,增加选修课。学校在较大幅度压缩课时的前提下,开出了文史政法艺术类、理工类和经济管理类等七大类的通识教育课程供学生选修,要求所有学生跨类选修课程3门以上,计12个学分。六是重视教师对学生的指导作用。学校明确规定55周岁以下的教授、副教授必须为本科生上课,并在全校范围内实行3+1本科生导师制,前三年以专业学习指导为主,第四年以论文写作指导为主。

人才培养、内涵式发展与世界知名高水平研究型大学建设

党的十八大报告强调,要努力办好人民满意的教育、推动高等教育内涵式发展,进一步明确了高等教育改革发展的方向。走内涵式发展道路,就是要牢固确立人才培养的中心地位,牢牢把握培养人才这一根本任务,不断深化教育教学改革,提高办学质量和水平,加快推进世界知名高水平研究型大学建设步伐。

一、坚持正确方向,着力培养合格建设者和可靠接班人

建设中国特色社会主义,实现社会主义现代化和中华民族伟大复兴,关键在于我们的大学能否源源不断地培养德智体美全面发展的社会主义建设者和接班人。高水平大学作为建设创新型国家的主力军,在全面建设小康社会中承担着重要历史使命,必须以培养高素质创新型人才为己任。

育人为本、德育为先。高素质创新型人才的首要标准就是要有坚定的政治方向、强烈的爱国意识、社会责任感和使命感。大学是青年学生人生观、世界观、价值观形成的重要阶段,要通过推动中国特色社会主义理论体系进教材、进课堂、进头脑,加强学生的社会主义核心价值体系教育;通过组织学生参加社会实践和开展志愿服务,增加对国情社情民情的切身感受,密切与人民群众的联系。要通过教育和培养,使每一位学生都能够具有强烈的责任意识和脚踏实地的作风,实实在在勤奋拼搏,并能够带动周围的人共同为实现理想而努力奋斗;使每一位学

生都能够具有崇高理想和远大抱负,把自己的命运与国家的命运紧密地联系在一起,把自己的聪明才智和毕生精力贡献给祖国富强和民族复兴的伟大事业。

二、坚持深化改革,着力构建多样化的人才培养模式

人才培养模式蕴含着学校的办学理念、培养目标和培养规格,是关于学校"培养什么样的人、如何培养人"这一根本性问题的具体回答。当前,"高校人才培养的目标定位趋同、模式单一、教学方法陈旧、学生个性发展被忽视"等问题仍然存在。同时,由于一些体制性的障碍尚未破除,校内资源无法充分统筹、校外资源也得不到充分共享,严重制约了拔尖创新人才的培养,严重影响了人才培养质量的提升。

走内涵发展道路,要求我们创新人才培养模式,尊重学生的兴趣、爱好以及能力趋向,为学生个性自由发展创造空间。作为综合性研究型大学,要充分发挥多学科优势,按照"厚基础、宽口径"的要求,打破学科专业界限和行政壁垒,设计多样化的教学内容与课程体系,为学生提供丰富、充足、开放、共享的教育教学资源,促进学生全面发展。走内涵发展道路,要牢固树立学生的主体地位,大力倡导启发式、探究式、讨论式、参与式教学,努力为拔尖学生成长成才、脱颖而出创造良好条件,引导学生创新发展。走内涵发展道路,还要突破僵化刚性的教学管理模式,实施弹性化的教学运作机制,给学生自主选择空间,促进学生个性化发展。给学生提供充分的自由选择机会,可以培养和加强学生的责任意识;学生步入社会以后,这种责任意识将会发展成为对国家、对社会的责任感,这也正是培养高素质创新人才的目的所在。

三、坚持教师主导,着力引导教师潜心育人

"大学,乃大师之谓也。"教师的悉心引导对于培养学生的创新能

力、创新精神来说是一个基础性工作。促进内涵式的发展,就是要充分发挥教师的主导作用,鼓励老师静下心来教书,潜下心来育人。

发挥教师的主导作用,要在制度上加以坚持,特别是要把教学作为教师考核的首要内容、把教授为本科生上课作为基本制度。要加强师德师风建设,切实提高教师思想政治素质、职业理想与职业道德水平,不断增强教师以学术素养、道德追求和人格魅力教育、感染学生的能力。要改革人事聘任考核制度,创造一切条件让我们的教师爱教乐教,全身心投入教学与科研工作,让"一切为了学生"和"为了学生的一切"成为教师员工的共识。要全面推行导师制,帮助学生树立正确的世界观、价值观和人生观,帮助学生确立正确的专业思想,帮助指导学生安排学习计划,在此基础上,引导学生尽早进入科研训练。

四、坚持开放培养,着力提升人才培养的国际竞争力

当前,高等教育处在重要的转型期,国际化是重要的转型标志之一,我们要适应国际化发展与时代变化的需求,坚持国际化战略,实施开放培养,提升人才培养国际化水平和国际竞争力。

实施开放培养,要积极与国外高水平大学共建国际合作教学科研平台和基地,联合推进高水平研究,广泛开展教师互派、学生互换、学分互认和学位互授联授等合作项目。要广泛吸收和借鉴世界一流大学先进的办学理念和发展经验,探索多种方式,利用国外优质教育资源,合作设立教育教学、实训、研究机构或项目,促进学校改革发展,努力提升学校的国际影响力和竞争力。要积极做好汉语国际推广工作,提高孔子学院的办学水平,同时以孔子学院为桥梁和纽带,积极拓展与孔子学院所在外方高校的交流合作,促进文明对话。要加强国际化教学改革,选取有条件学科,引入国外先进教学体系、教学内容和方法,实行双语或全英文教学,提高学生国际理解能力和国际竞争能力。

五、坚持协同培养，促进教学、科研和服务有机融合

人才培养和科学研究都是现代大学的重要职能，科学研究是培养高素质人才的重要途径，要加强科研与教学的融合，建立"寓教于研、以研促教"的创新人才培养模式。

研究型大学要将科研资源转换为教学资源，将科研优势转化为教学优势，将科研活动与学生科研训练有机结合，鼓励科研平台向学生开放并吸引学生主动参与，在鼓励教师走协同创新之路的同时，不断提高学生创新精神与创新能力。要关注国家和地方发展战略性新兴产业的需求，高起点规划、高水平建设、高效率推进海洋、新能源、新材料、生物医学与医药、信息与通讯等新兴交叉学科建设，让学生接受最前沿的学科教育。要强调"理论与实践并重，知识与运用结合"，充分利用战略合作的机遇，形成高校与企业、行业、科研院所开放式的人才联合培养机制。

坚持走内涵式发展道路是提高高等教育质量的必由之路，也是建设高水平大学的必然选择。厦门大学将深入学习贯彻十八大报告精神，认真贯彻落实国家中长期规划纲要，改革创新、奋勇争先，加快建设世界知名高水平研究型大学步伐，为全面建设小康社会和实现中华民族伟大复兴作出更大贡献。

（2012 年 11 月 16 日）

深化人才培养模式改革
全面提高本科教育质量

一、"十一五"以来本科教学工作取得的成绩

一是校党委高度重视本科教学，把人才培养作为学校最重要的工作。学校认识到，人才培养是学校的根本任务，教学工作是学校的首要职责。因此，学校把本科教学工作纳入党委常委会和校长办公会的重要议事日程，及时研究和解决本科教学工作中的重大问题。学校专门成立了本科教学质量与教学改革工程领导小组，专门负责推动本科教学改革、全面提高本科教学质量，并研究制定了《厦门大学关于本科教学质量与教学改革工程实施的意见》。每年都召开本科教学工作会议，每年坚持开展一次全校性的本科教学评估，不断总结经验、分析存在问题、理清工作思路、深化教学改革。

二是不断增加本科教学的经费投入，改善本科教学条件。学校硬性规定，每年学生学费的25%（约3000万元）作为各院系的经常性本科教学经费。学校还把本科教学与"211工程""985工程"建设结合，把校内外科研基地或平台的建设与本科教学实习实验基地建设结合起来，极大地改善了学生的实习实验条件。2006年以来，学校投入日常教学经费、教改经费、本科生导师专项经费等各类本科教学经费2.37亿元。投入专项经费约7000万元建设漳州校区本科生工程实践训练中心，投入1500万元用于改善实验条件，10个实验中心入选福建省实验教学示范中心，5个实验中心（化学、生物、海洋与环境、电子、经济管

理)入选国家级实验教学示范中心。加大投入建设一批校外实习基地，与武夷山风景区管委会签订综合实习基地、与中航集团合作建立综合性大型实习基地。

　　三是围绕创新型人才培养这一目标，不断进行本科教学改革的探索。学校以培养创新人才为目标，推出一系列人才培养模式改革新措施。2003年，学校启动转专业制度。2005年，恢复三学期制，推行重修制度、弹性学制。2006年，推行双学位教育（主辅修制）、本科生导师制度。2008年，打通必修课和选修课界限，推行跨学科选课。2009年，学校实施新的教学计划，推行全面选课制度。新教学计划突出了个性培养、资源共享、平台课程以及加强实践教学环节，主要改革举措包括：推行平台课程建设（每个专业建设20门左右）；推行全面选课，允许学生自主编排课表；课程资源共享，专业课与校选课打通选课；加强实践教学，充实短学期教学安排。

　　在这个过程中，学校为学生提供了更多、更丰富的课程选择。2009—2010学年比2005—2006学年新开课程303门，选修课开课门数占课程总量的比重由原来的39%增加到58%。每个长学期学生平均选课量达19万人次，人均可选10门课程。课程资源共享，全校有885门次专业课面向全校开放选课。每学期，专业课与校选课打通选课达到2万多人次。短学期开课门次从642门次增加到838门次。短学期课程量从4.9万人次增加到6.6万人次，学生人均选课从3.3门增加到4.4门。短学期实践课从46门增加到81门。实践课程接纳学生从4407人次增加到5834人次。

　　学校着力加强探索性学习、研究性学习，加强学生的自主性学习。2007年，学校启动"厦门大学大学生创新性实验计划"，立项300多项，参与学生达1500多人。加强实践实习教学环节，形成了以独立设课的实验教学为主体、以专业教学实习和社会实践为补充的实践教学体系。每个专业实践性教学从平均17个学分增加到19个学分。积极推动学生参与各类学业竞赛，每年投入约45万元用于资助各类学业竞赛。依托化学、生物、海洋、物理四个优势学科,开展立体化实验教学体系及教学运行机制试点改革。

四是不断优化本科专业结构,生源质量稳步提升。学校为了适应经济社会发展的需求,结合学校学科发展布局,不断调整和优化本科专业结构,工科和医科等应用学科专业得到迅速发展。学校本科专业数从1999年的50个增加到2010年的83个。人文社科、理工医科专业数占全校专业总数的比例从1999年的64%和36%调整到2009年的57%和43%。本科生源质量稳步提高,文科生源省份出档线超出本一线平均值从2005年的30分提高到2010年的49.3分;理科生源省份出档线超出本一线平均值从2005年的46分提高到2010年的68.9分。

五是不断加强教师队伍建设,注重对青年教师的培养。学校坚持名师垂教的传统,规定教授必须承担本科生教育教学工作,指导本科生学习。评选树师德师风先进典型,如教学名师奖、优秀教师、师德之星等,鼓励教师积极投身本科教学第一线。在本科生中全面推行导师制,每年专门拨出300万元的专项经费推动此项工作的开展。完善激励竞争机制,在重要岗位设置中,对获得国家和省级教学成果奖、承担国家和省级精品课程建设及在本科教学中作出突出贡献的教师给予优先考虑。加强青年教师培养,已连续五届举办青年教师教学技能竞赛,一批又一批有潜力的教学能手脱颖而出。采取有力措施,加大引进和培养力度,扩大教师出国研修的规模,努力提高教师队伍的国际化水平。

六是不断加强教学管理,改进本科教学质量评估办法。不断改进和完善本科教学质量评估办法。在2005年通过教育部组织的评估基础上,每年坚持开展全校本科教学质量评估,及时解决本科教学过程中存在的突出问题,迄今已完成四轮校内本科教学评估。我校的本科教学常态化评估制度得到了教育部和兄弟高校的好评。完善教学质量及监控体系,规范教学质量标准,严格教学过程管理。建立健全了教学委员会制度、教学督导组制度、党政干部领导听课制度、学生教学测评制度、期中教学检查制度等一系列制度,多渠道了解教师的教学情况,监控教学质量。

七是思想重视、措施得力,本科人才培养质量逐年提高。通过多年的改革和建设,学校本科人才培养取得了一系列的成绩。现有31门国家精品课程(位居全国高校第24名),6位国家教学名师奖获得者(位居全国高校第13名),8个国家级教学团队(位居全国高校第17名),17个国家级特色专业(位居全国高校第21名),5个国家级实验教学示范中心(位居全国高校第17名),2个项目国家人才培养模式创新实验区,190项国家大学生创新性实验计划项目,2门示范双语教学课程。学校成为"国家基础学科拔尖学生培养试验计划"("珠峰计划")的17所高校之一。在第四、五、六届国家级高等教育教学成果评审中,学校累计获得一等奖6项、二等奖14项,位居全国前列。学校首批入选教育部"国家大学生创新性实验计划"的50所高校行列。厦大本科毕业生具有很强的社会竞争力,毕业生就业率一直稳居国内高校前列。

二、当前本科教学工作存在的主要问题

第一,对本科教学工作的重要性思想认识还不够到位。很多教师和干部仍把本科教学当作"软任务",教授、副教授对本科教学投入明显不足。新教学计划开设课程门数比旧计划增加了303门,但从任课教师数看,不仅没有增加,甚至还有减少。教授、副教授的比例占全校专任教师数的65.1%,但教授、副教授承担的本科课程门次数仅占全校总课程门次数的43%。新教学计划任课教师数少于旧教学计划任课教师数,教授、副教授承担课程量不到45%,新教学计划中不同职称承担课程量比例不合理。

第二,本科教学经费投入仍不足。近年来,虽然加大了投入力度,但总的来说,经费投入、教学实验室、图书资料、学生课外科技活动经费、体育运动设施等方面还显得不足。由于体育运动场地和设施不足,

体育教学不得不采取轮换开课的办法。建筑、材料、信息、医学等一些工科、医科院系受场地限制,专业实验室、基础实验室至今仍不完善。

第三,本科教学改革力度不够。

一是课程供给存在结构性不平衡问题,存在学科壁垒,优质资源共享不足。每个学期19万次的开课量基本能满足学生选课需求,但是存在着结构性的供需不平衡。不同学院、不同类型课程的供给与需求不平衡。2009—2010学年全校本科课程总课时量为243816学时(不包括双学位课程),按全校专任教师2200人计,人均承担本科课时数为111学时。承担公共课教学的学院人均课时数明显高于其他学院。全校性选修课开课不平衡,各单位承担课程不平衡。

二是学生自主性学习、探索性学习、互动式学习、人才培养国际化等均显不足。在当前,学生的创新能力和创新精神培养是一个十分薄弱的环节。实践教学比重还太小,学生参与教师科研活动并不普遍,缺乏激励教师带动本科生进入科研的有效机制。教务处对2010届毕业生进行问卷调查,仅13%的学生(按5000人计算仅650人)有机会参与教师的科研。

三是教学方法方式较为单一,师生互动交流少。重视教师讲授,忽视学生参与;重视课堂教学,忽视课外实践;重视课程结果考试、忽视过程学习的"满堂灌"的教学方式方法仍然大量存在。部分院系相当部分课程教学班级规模偏大,师生难有互动,成为制约个性化人才培养的瓶颈。随着年轻教师的增多,教学能力不足也是一个突出问题。目前,全校35岁以下的青年教师有706人,占全校专任教师数的32%。

四是人才培养国际化进展较慢,引进世界先进教学内容与课程体系等方面缺少动力。我校人才培养国际化确实取得了一定的进展。全校约有200门课程试行双语教学。2005年,全校接收和派出的交流生数为204人,2010年增至638人;2005年,全校派出的交流生数仅119人,2010年增为344人。另一方面,尽管派出交流生呈增长趋势,但总体规模不大。特别是与国外、境外知名大学相比,我校人才培养国际化无论从规模或程度方面都还有很大差距,一些院系引进世界先进的教学内容与课程体系等方面缺少动力。

第四,尚未建立一套科学、合理的教学质量评估体系与标准。目前学校一些工作出发点还是以教师为中心、以管理部门为中心,还没有把学生作为教育教学的主体,还没有充分尊重学生对教学的评价与诉求,还没有真正从学生成长需要来改进我们的工作。

第五,教师队伍建设任务艰巨。学校现有专任教师2200多名,生师比达到16.3:1,明显偏高,而且实际任课教师数还在不断下降。目前我校实际任课教师人数比2005—2006学年还要少。2005—2006学年第一、二学期,全校任课教师数分别为1583人和1516人;2009—2010学年第一、二学期,本科课程任课老师数分别为1343人和1268人。另外,还存在实验教学师资不足、水平偏低的问题,特别是一些理工科学院实验教学队伍人员偏少,整体水平偏低,且队伍的稳定性较差。

第六,教学管理环节仍薄弱。学校有关部门和管理人员主动为教师、为学生服务的意识仍不强,一些教师严格遵守教学纪律的观念淡薄。教学管理服务队伍稳定性差,人员变动频繁,不利于教学管理,甚至有可能造成重大工作失误。

三、今后本科教学工作的主要思路

第一,进一步提高认识,牢牢树立本科人才培养是立校之本的思想。本科是学校教育的基础中的基础,提高本科教学质量是一个永恒的主题。一所大学只有重视本科教育,其研究生教育质量才能提高,一所大学只有真正重视人才培养,大学的科研才能获得长远的发展。重视本科教育,积极推动本科人才培养模式改革,是建设世界一流大学的必由之路,是大学办学的一个基本规律。学校要始终把本科教学作为学校最为重要的一项工作,各个院系要把本科教学作为本院系最为重要的工作。院长、院党委书记要把主要精力投入到抓好本科教学工作之中,包括探索本科教改,提高教学质量,加强教学管理,等等。

第二,以《纲要》为指导,深化教学改革,全面提高学生的综合素质,努力培养创新型人才。一是要树立精英教育的理念,注重领袖型人才的培养。在高等教育大众化时期,还应当有高水准的精英教育,厦门大学应当勇于承担起这个重任。社会精英应该具有崇高而又远大的理想和抱负,把社会利益放在个人利益之上,把长远利益摆在短期利益之上,为了国家、社会的发展贡献自己的一切。大学精英教育的核心是要培养学生的社会责任意识,教育学生懂得把自己的命运与国家命运紧密地联系在一起,担当应有的社会责任。二是要推行素质教育,重视学生的全面发展。注重研究和把握科学发展规律和人才成长规律,找准人才培养的目标定位,在实施专业教育时,更加重视素质教育。要打破学科专业壁垒,淡化必修与选修、主修与辅修、本科课程与研究生课程的界限,充分发挥综合性大学多学科的优势,给学生提供丰富、充足、开放、共享的教育教学资源,给学生自主选择的空间,促进学生全面发展。三是要树立学生的主体地位意识,推进个性化培养。要牢固树立学生的主体地位,使学生从被动学习者变为主动学习者。要坚持以学生为本,为学生提供适合个性发展的教育。要坚持因材施教、分类培养的原则,着力构建一个有利于学生自主学习、自主设计、自主成才,有利于学生知识、能力和素质协调发展,有利于拔尖创新人才脱颖而出的人才培养新体系、新机制。尽最大可能让教师与学生能融为一体,形成亦师亦友的关系,教师与学生的联系越紧密,则越能适应个性化的学习需求。四是要推进人才培养国际化,拓展学生国际视野。培养的创新型人才应具备国际视野与国际经验,必须瞄准世界科技的前沿领域。在人才培养目标上,要有强烈的国际定位意识,注重培养学生国际理解、国际竞争与国际合作的意识;在继承中国优秀传统文化的同时,注重多元文化的吸收,让我们的学生具有宽阔的眼界,在未来能善于国际合作,积极主动地参与国际竞争。要注重人才培养的开放性,加快推进人才培养国际化进程,培育学生的国际视野和尊重多元文化的博大胸怀,不断提升我校人才培养在国际上的地位和影响。

第三,正确认识与处理教学和科研的关系,做到相互促进、教研相长、教学相长。要积极推动科研优势转化为教学优势,学科优势转化为人才培养的优势。鼓励教师把科研成果转化为教材建设成果,把科研内容转化为教学内容、把科研方法渗透教学方法。要突破以教师讲授为主导的教学方法,大力倡导启发式、讨论式、参与式教学,激发学生的好奇心,培养学生的兴趣爱好,建立有利于学生自主开展探索性、研究性学习、自主实验与创新活动的新机制。

第四,继续加大本科教学投入,加强教学条件和环境建设,为学生成长成才创造良好的条件。加大本科教学经费投入,调整经费支出结构。加强与专业相配套的师资条件、教学条件和图书资料建设,特别是加强教学实验室和实习基地的建设。适应学校校区布局调整需要,建立一批现代化公共基础教学设施。避免重复建设、利用率低、资源浪费的现象,最大限度实现公共教学资源共享。进一步改善公共体育教学设施,为学生健康成长提供更优越的硬件环境。进一步改造网络服务环境,提供优质网络服务平台,也为学生的自主学习提供更加丰富的网络资源。

第五,全面加强师资队伍建设,全面提高教师的教学水平和质量。提高教师队伍的水平与质量,争取在三年内把生师比调整到 14：1 以内。改革聘任考核制度,坚持教授上讲台制度,彻底改变教授为本科生授课比例过低的现状。今后,原则上教授每学年必须为本科生至少开设一门课程,对 55 岁以上的教授、副教授不再就科研任务提出硬性要求,但是对本科教学任务要有规定。提升教师队伍的国际化水平,使我们的教师具备与国际同行开展学术交流合作的能力,具备引进、吸收、消化国外先进教育理念、优秀教材、教学方法的能力。建设一批由教学水平高、学术造诣深的教授领衔,由各类教学和实验人员组成的本科教育教学团队。

第六,加强教学管理,严格教学纪律。一是要进一步完善本科教学评估制度,建立"自我检查—相互观摩—典型示范—及时整改"的常态化评估长效机制。二是要完善教师教学工作规范,明确教师工作要求,严格教学过程管理。继续改进和完善学生评教办法,建立以学生评价为主,社会充分参与的教学质量评估制度。三是要进一步严格教学纪律。我们要制定《厦门大学教学事故认定与处分暂行办法》,把教学事故作为学校最大的事故,对责任人要予以严肃地查处。四是要进一步加强师德师风建设,对于师德师风方面存在严重问题的,严格实行聘任考核一票否决制。

(2010 年 12 月 17 日)

精英人才培养的实践与探索

一、树立培养精英人才的理念与意识

（一）高水平大学要树立培养精英人才的理念

精英是这样一个群体，他们有着远大的理想，愿意为社会的进步、为国家的进步、为民族的进步贡献自己的一切。这个群体不仅有理想，同时还具有多方面的才能和素质。他们都具有某个领域、某个方面的才干，能够用自己的言行影响周边的人，而且能把周边的人都团结在自己的周围，为其崇高的理想和目标去奋斗。

在高等教育大众化阶段，要特别注意精英教育问题。在大众化教育阶段，教育要紧紧把握市场脉搏，把握市场导向，但又不能完全跟着市场走。精英教育既要根植于市场，又要高于市场。不同类型的大学，应当有不同的目标。高水平大学的人才培养不能把目光盯在就业上，而要立志培养大批领袖型精英人才。

（二）厦门大学把培养精英人才作为最重要的使命追求

厦大有着重视精英人才培养的传统。创校之初，陈嘉庚先生就提出"养成专门人才、研究高深学术、阐扬世界文化"的三大办学任务，重金延揽名师，创造良好育人环境，培养了大批优秀人才。

20世纪30年代因日本侵华，厦大内迁闽西长汀办学，在极端艰难困苦的情况下，仍然坚持把质量放在首位，从抗战、建国需要及自身优势出发，加快培养工科和应用型人才，使得厦门大学的人才培养取得显著成绩,在全国大学生学业竞赛中两次蝉联第一。改革开放以来,厦大把培养德智体美全面发展的社会主义事业的建设者和接班人作为根本任务。厦大毕业生成为最受社会欢迎的优秀群体之一。

二、人才培养模式改革的实践与探索

(一)强化人才培养的中心地位

以学生为中心。在厦大,"学生最大",一切资源向学生倾斜,一切工作重心围绕学生展开,一切教育目标遵从于学生全面发展。高度重视本科教育教学工作,将本科教学工作作为"一把手"工程,纳入党委常委会和校长办公会重要议事日程;每年召开中层干部务虚会,把人才培养作为重要议题。

优先保障本科教学经费投入。2005 年起,每年学费收入 30% 用于本科日常教学,2015 年提高到 60%,2016 年起将全额返还用于本科教学。坚持教授为本科生上课制度。改革教师评价办法,对于理工医科 45 岁以上、人文社科 50 岁以上的教师,原则上不再考核其科研任务,引导他们将主要精力放在本科人才培养上。着力构建全员育人工作体系,牢牢把握课堂教学主阵地;强化管理服务育人、全员育人。

(二)建立以学为中心的培养体系

我们认为,本科生培养重在综合素质的提高,加强通识教育,倡导自主性、研究性、探索性、实践性学习,发现、挖掘、培养潜能和潜力,彰显学生个性、培养学生的兴趣和好奇心,鼓励学生做最好的事情。推行素质教育,重视学生全面发展;坚持以人为本,促进学生个性成长;推进教研相长,提升学生创新能力;推动培养国际化,增强人才竞争力。

——完善"大类招生、大类培养"模式。2013 年,除医学、艺术、外语等特殊专业外,其他专业均按专业大类进行培养。一、二年级不分专业,侧重于基本知识、基本理论、基本技能、基本方法和基本思维的学习和训练;三、四年级专业分流,设置灵活多样的课程模块,学生根据个人兴趣、能力和未来职业发展趋向自主选择合适的模块修习,强调个性发展。

——强调通识教育与专业教育并重。2013年,学校成立通识教育中心,为我国最早的通识教育中心之一。中心以回归教育的本质和起点,培养学生健全的心智、健康的人格、开放的思维与博爱的胸怀为宗旨,打造系列核心通识课程。课程围绕着交叉领域知识体系,求"通"存异,以元典导读、认知方法、专业知识、思想启迪为内容,促进学科交叉与融合。

——推进小班化教学。2013年以来按照"逐步开展,分类推进"的原则,综合考虑师资、教学条件、学科特点、课程类别、学习对象等因素,稳步推进小班化教学。2014—2015学年,全校60人及以下的班级占70%,30人及以下的占31.3%,15人及以下的占10.8%;理工医科专业课小班率20.92%,人文社科专业课小班率62.64%。

——实施基础学科拔尖学生培养试验计划。完善基础学科拔尖人才培养机制,加强学生科研创新训练,营造前沿学术氛围,实施个性化、精细化、国际化特色培养。2015年,生物学科组建以诺贝尔奖获得者博伊特勒命名的博伊特勒书院,入选学生将修读一学期高强度的全英文专业课程,随后选派至美国得州大学西南医学中心或细胞信号网络协同创新中心进行6—12个月的科研实训,考核优秀的学生将依照志愿推荐至西南医学中心和协同创新中心成员高校继续深造。

——探索产学联合和校企合作培养模式。实施卓越法律人才教育培养计划、实施卓越工程师教育培养计划,以学生实践能力和创新意识培养为重点,加强与中航工业等有关部门、行业、企业的深度合作,建立高校与行业企业联合培养人才的新机制。

——推进实践育人改革。创新创业教育贯穿实践教学全过程。修订人才培养方案，强化实践教学环节，以突出培养学生创新精神和创新能力为重点，以创新人才培养机制为突破。打造科创竞赛平台，健全科创竞赛激励机制。

——推进国际化培养。鼓励支持本科生到国（境）外参加学习交流，目前已有超过20%的在校本科生具有国（境）外学习交流经历。探索"本地留学"的国际化培养新模式。在经济学、国际会计、财务管理、材料、法学、国际新闻、数学、海洋科学、环境科学等专业实施国际化专业综合改革试点计划。试点专业借鉴国际高水平研究型大学先进经验，形成与国际对接的课程体系和教学内容，积极引进国际优质课程资源，组织留学回国的高水平教师或境外高水平教师开设全英文课程，构建国际化学术交流平台，打造高水平的国际交流项目，尝试建立"本地留学"新模式。学校现有中外联合培养项目44个，其中有1/3的联合培养项目惠及本科生。

（三）建立内部质量保障体系

学校历来重视质量保障体系建设。逐渐形成以学校自我评估为主体，以学生发展为根本，以常态数据监测为手段，渗透本科教学全过程的质量保障理念，从本科人才培养的培养目标、培养模式、培养过程、培养结果四个维度建立本科教学内部质量保障体系。坚持每年开展本科教学评估。

作为东亚唯一入选UNESCO高等教育内部质量保障优秀原则和创新实践项目（IQA）的高校，厦大已经成为推动发展中国家高等教育内部质量保障体系建立的有力借鉴。

（四）培育促进学生全面发展的校园文化

传承和弘扬厦门大学的优秀传统，"充吾爱于无疆"，让校歌传颂的大爱精神充满校园的每一个角落，弘扬"四种精神"，构筑大爱教育文化环境。

培养学生热爱生活、热爱生命、热爱自然,德智体美全面发展;学校在不断完善教学科研设施的同时,加大体育和美育设施的投入和建设。坚持定期开展"校长有约"学生早餐会。形成一种学习上互相帮助、生活上互相关心的和谐氛围。

三、打造一流本科教育的思考与体会

打造一流本科教育要拓展国际视野,全球化深入发展,中国在世界舞台上的地位更加重要,如何培养学生的国际视野、跨文化交流能力、参与国际竞争能力,是我们人才培养的重大挑战。

打造一流本科教育要体现家国情怀,实施创新驱动发展战略、全面建成小康社会、实现中华民族伟大复兴,对人才培养提出了新的要求,如何培养能够引领和推动社会向更高层次转型发展的精英型人才,是高水平大学必须考虑的现实问题。

打造一流本科教育要彰显学校特色,每一所学校都有独特的历史和文化传统,都有优势和特色学科,都有自己的人才培养目标定位,如何在本科教育中凸显大学特色,增强学生和校友对大学的文化认同,需要我们将学校文化融入育人的每一个环节、每一个细节。

打造一流本科教育要激发学生潜能,创新型人才是一个国家、一个社会发展最重要、最宝贵的资源。中国要持续发展,关键在于我们能否培养出更多的创新型人才。创新型人才要具备三个最重要的要素,首先是专业的素养,第二个是要有原创的精神,第三要有求真的渴望,或者说要有强烈的好奇心和不满足感。专业的素养、原创的精神、求真的渴望,更主要的是要靠后天的教育和培养。所以,我们要把促进人的全面发展作为办学的最高目标,要把激发学生潜能作为教育的重要追求。

(2016年5月7日)

一流大学一流本科教育的思考与探索实践

一、本科教育的地位和作用

(一) 一流本科教育是世界一流大学的重要特征

一流大学必然是一流人才的摇篮,以培养一流人才为己任,能否培养出经国济世的卓越人才已成为衡量一流大学社会声誉和学术地位的重要尺度,也是一流大学内涵发展的必然结果。纵观世界一流大学,没有一所大学不是以本科教育为基础的。一流大学的建设、一流人才的培养都要从本科教育抓起。没有一流的本科教育,就不能培育出一流水平的硕士和博士,也就不能构建一流大学。历史上著名大学的声誉,往往是其培养的人才所决定的,本科教育的重要地位毋庸置疑。美国顶尖大学高度重视本科教育,越是顶尖的大学越重视本科教育,这是他们的看家本钱。担任康奈尔大学校长 18 年之久的弗兰克·罗兹(Frank H. Rhodes)明确指出,本科教育是检验大学成效最好的试金石,康奈尔大学的核心使命就是本科教学。威斯康星大学麦迪逊分校威廉·克罗农(William Cronon)教授更是认为,著名的研究型大学首先应该是著名的本科教育大学,MIT 就是这样一所著名的本科教育大学,它将本科教育、研究生教育与科学研究奇妙融合,造就了卓越的研究型大学。

(二) 一流本科教育是建设高等教育强国的现实需求

近现代世界进步史和高等教育发展史揭示了这样一个事实:大学

的兴衰决定了国家和民族的兴衰,高等教育落后的国度即便因资源丰足而富有,但绝不是真正意义上的强国。自中世纪至今,大学尤其是一流大学的兴起无不引领着其所在国家的崛起和民族的繁荣。因此,在提高国家文化实力和国际话语权的进程和努力中,高等教育尤其是以实施高等教育为己任的大学,不仅不是旁观者,而且有着义不容辞的责任。当前我国高等教育正处于全力提升内涵的"大提高"阶段,2015年11月5日,国务院印发《统筹推进世界一流大学和一流学科建设总体方案》,明确提出我国要在本世纪中叶基本建成高等教育强国。这是《国家中长期教育改革和发展规划纲要(2010—2020年)》实施五年后,中央政府对我国高等教育发展目标的再次明确,也是我国高等教育发展的一个重大战略决策。大学密集生产知识和培养高层次人才的属性及使命,使其成为国家科技进步的脊梁和创新型人才培养的高地,大学强则国强。高等教育话语权的提升亦必须有赖于高等教育实力的提升,而高等教育实力的提升有赖于高等教育水平和质量的超越与突破,因此,一流本科教育,是高等教育强国之国策和加速高等教育现代化的现实需要和必然选择。

(三) 一流本科教育是建设世界一流大学的内在需求

本科教育是中国的大学成为世界一流最难的一步。当前国家正在统筹推进"双一流"建设,推动一批高水平大学和学科进入世界一流行列或前列,成为知识发现和科技创新的重要力量、先进思想和优秀文化的重要源泉、培养各类高素质优秀人才的重要基地,在支撑国家创新驱动发展战略、服务经济社会发展、弘扬中华优秀传统文化、培育和践行社会主义核心价值观、促进高等教育内涵发展等方面发挥重大作用。在此基础上,很多国内一流大学也纷纷提出了"双一流"建设目标,大力发展建设一流本科教育,将其纳入"双一流"建设方案,不断提升教学水平和创新能力。因此,建设一流本科教育也是国家建设世界一流大学的内在需要。

二、一流本科教育的基本特征

（一）精英教育的人才培养理念

一流的本科教育要坚持精英教育的人才培养理念。人才培养理念决定着高校人才培养模式，指导着高校的人才培养实践。无论社会对人才的需求有多少层次、多少种类，一流大学始终坚信精英人才是宏大人才队伍中的核心人才、骨干人才，是社会政治、经济、文化等领域的领军人物。培养社会政治、经济、文化精英是一流大学始终如一的人才培养理念。在精英教育的人才培养理念指导下，经过长期的人才培养实践积累，一流大学形成了各自独特的人才培养品牌和教学特色，为全世界高等教育的人才培养和教学实践提供了经验和借鉴。

（二）高质量的生源

一流大学有广阔的生源范围，重视吸纳世界一流的学生为我所育，其本科生均来自全国乃至全世界的优秀高中生。面对来自世界各地的众多考生，一流大学都有严格的招生制度对考生进行遴选，以保证其优秀的生源质量。学校在选择合格新生时，不是仅仅以入学考试的成绩作为标准，而是从多方面来衡量，注重综合素质。哈佛大学要求考生不仅课业成绩出类拔萃，而且还要符合哈佛培养目标所要求的其他特定条件，以实现其培养"领袖人物"的目标。耶鲁大学把领导才能、潜力及个人品质作为录取新生的重要标准。极其严格的入学标准和极低的新生录取率体现了一流大学注重英才成就、优中选优的精英教育特征，也使他们无一例外地拥有无与伦比的优质生源。

（三）一流的师资队伍

中国有句俗话"名师出高徒"，教师的水平对本科教学质量起着至关重要的作用。高等学校培养人才，师资队伍的素质是关健。教授特别是名教授是高等学校的精英，他们为本科生讲授基础课是培养人才质量的保证。美国著名的大学都很重视本科教学，采用多种措施鼓励知名教师下课堂，为低年级学生介绍学科前沿动态和发展方向，使更多的学生了解各学科的基本内容与研究方法。一些院校将教师的教学工作与终身教职的聘任挂钩，规定不从事教学工作就得不到终身聘任；还有的院校设立了"优秀教学奖"，奖励教授从事教学工作。有的美国顶尖大学甚至规定，如果教授不上课，收入就会锐减，甚至没有薪水。在芝加哥这种极为重视本科教学的大学，他们认为教授的天职就是教学。因此，在美国许多本科生课程，甚至是入门课，都由一些非常著名的学者或科学家讲授。

（四）通识教育的课程体系

课程是整个高等教育的核心，人才培养是通过课程来实现的，课程改革一直是一流大学最重要的研究课题。当今时代知识高度分化与综合，科学研究不断向跨学科方面发展，许多重大社会、经济和政治问题都需要从多学科的角度，运用多种知识、理论和方法才能解决。一个知识面不宽的专业型人才很难成为21世纪的领军人物。因此，实施通识教育成为绝大多数一流大学的选择，这是由一流大学的精英教育理念和拔尖人才培养目标所决定的。哈佛大学的核心课程是美国大学本科教育课程的典型代表，被美国高等教育界称为"学术界的革命"，其内容涵盖文学艺术、历史、伦理道德、科学、外国文化和社会分析6大领域，每年共设80—100门课程，平均每年在每一个领域开设8—10门课程。耶鲁大学通过实施通选课来进行通识教育，要求一二年级的学生从各个系选课，以保障学生接触各种思想和观点。加州大学洛杉矶分校要求所有的新生在第一年均要学习由艺术与人文、社会与文化和科学三个基础领域知识构成的10门、最少48学分的通识教育课程。牛津大学则将两种科目结合在一个课程中形成复合课程。这种复合课程占目前所设课程的1/3以上。

（五）研究型的本科教学模式

早在两百年前威廉·洪堡的教育理念中，就有了通过研究进行教学的思想。在当代，一流大学的有识之士认为，一所伟大的一流大学，其重要性及成就不仅体现在杰出的师资、藏书丰富的图书馆、设备先进的实验室以及能够反映最新学术成就的课程，也体现在为学生提供与教师一起参加研究的机会。当今世界一流大学，几乎都在积极创造条件，鼓励学生参加科研；几乎每个教师、每门课程都积极给学生提供科学探索的机会。学生科学研究被认为是学生学习的一种巅峰体验。许多研究型大学在为新生开设研讨课的基础上，继续开展合作学习和探究式学习，使整个培养计划成为一个持续的过程。美国一流大学本科生科研经过近四十年的发展，形成了一套相对规范和完善的本科生科研制度。1969 年，麻省理工学院（MIT）就提出了第一个促进本科教育的"本科生研究机会计划"（UROP），之后加州理工大学提出"夏季大学生研究计划"（SURF），纽约州立大学也开展了"大学生研究和创造活动"。在美国，参加研究创新活动现已成为各一流大学本科教育的一个重要组成部分。以麻省理工学院为例，其本科生基本上都参加科研活动，学生在 SCI 上发表论文已比较普遍。

（六）国际化的本科教育

国际化是世界一流大学的基本特征之一。世界一流大学的本科教育，十分注重培养学生具有国际视野和国际经验。他们从一开始就瞄准世界科技前沿。在人才培养目标上，就有培养学生强烈的国际定位意识，注重培养学生国际理解、国际竞争与国际合作的意识，让学生在未来善于国际合作，积极主动参与国际竞争。因此，世界一流大学都有着一个共同理念，即加快人才培养的国际化进程。国际化是牛津大学与生俱来的特征之一。牛津大学通过各种方式来实现国际化，拥有世界范围内的顶尖师资、世界各地的优质生源、跨国的国际性科研项目、国际性的资助体系。可以说，牛津大学的各项事业都是国际性的,他们通过开拓海外学生市场、推动课程国际化、建立区域性或全球性的国际合作等策略,不断地走在一流大学国际化进程的前列。

三、厦门大学一流本科教育的探索实践

近年来,厦门大学围绕世界一流大学建设目标,也在积极进行一流本科教育的探索与实践,把打造一流本科教育作为建设世界一流大学的首要任务和必由之路,坚持立德树人,以改革人才选拔和培养机制为重点,吸纳优质生源,构建符合教育教学规律和人才成长规律的现代大学人才培养体系和相应的教学管理制度,充分挖掘学生潜能,彰显学生个性,促进学生全面发展。

(一)坚持"精英教育"理念,加强本科教学改革顶层设计

学校把人才培养作为首要职责和最重要的工作,将推动本科人才培养模式改革作为建设世界一流大学的必由之路,加强顶层设计,科学谋划本科教学改革新思路。2010年,专门召开本科教学工作大会,在全校开展关于"深化人才培养模式综合改革、全面提高本科教育质量"的大讨论,提出了"培养创新型人才"的总目标。《厦门大学"十二五"规划和2021年远景规划》对总目标作了进一步阐述:"大力实施'质量优先'战略,牢固树立人才培养在学校工作中的中心地位,以提高质量为主线,以促进学生德智体美全面发展为重点,不断更新教育观念,深化教育教学改革,坚持内涵发展,着力培养创新型和领袖型人才。"2015年,《厦门大学综合改革方案》中明确将"人才培养机制改革"作为学校未来六项重点改革任务之一。围绕改革任务,全校上下深入思考,凝聚共识,逐步形成了教学改革的新思路,明确了教学改革新任务,并从招生考试制度改革、本科生培养模式改革、研究生培养模式改革、课程与教学方法改革、建立教学资源共享机制、完善国际化人才培养体系、完

善教育教学协同工作机制等方面进行改革,打造一流本科教育,构建符合教育教学规律和人才成长规律的一流人才培养体系和相应的教学管理制度。未来"十三五"发展中,我校将通过实施卓越教育战略,坚持以立德树人为根本,不断更新教育教学理念,改革人才培养模式,提升人才培养质量,着力培养德智体美全面发展的精英人才。

(二)坚持大师大爱理念,高水平教师坚守本科教学一线

坚持教授为本科生上课制度,鼓励高水平教师长期投身本科教学。2011年,学校修订《厦门大学教师职务聘任条例》,把教授承担本科教学任务作为教授聘任考核的基本条件,规定"所有受聘教师每学年均须独立承担或完成48课时的本科生课程的教学任务(个别教师若因实际情况受限,可申请适当调整,但不低于32课时),未能符合本款规定者不得受聘教师职务";还规定,年龄在50周岁以上具有丰富教学经验的教授,若其主要精力投入在教育教学和组织、指导学科建设的工作中(其中承担的教学工作量不少于每周9课时),对科研任务可不作硬性要求;年龄在50周岁以上具有丰富教学经验的副教授,若其主要精力投入在教育教学工作中(其中承担的教学工作量不少于每周9课时),对科研任务可不作硬性要求。近三年来,教授、副教授承担的本科生课程门次占总门次比例从49.65%提升到58.54%。本科学院在岗教授、副教授为本科生上课的比例为86%以上。院士、国家级教学名师、杰青等高水平教师长期坚守本科教学一线。

名师执掌新生专业引导,指导学生科研训练。2011年,学校提出要上好"新生第一堂课",要求本科一年级的主要专业基础课由知识基础深厚、教学经验丰富的教授或副教授承担。2013年,结合"大类培养"模式改革,在原有"新生学科入门指导课"的基础上,重新优化教学内容与课程体系,增设了"新生研讨课",由本学科知名教授主讲,同时配以小班研讨,加强课堂互动学习,激发新生学习兴趣。学校还要求教师积极指导学生科研训练,鼓励教师科研项目吸纳本科生参与,要求教

师在平时教学中注重将科研成果及学科前沿知识融入教材、教案和课程中,通过指导学生科研立项、学生参与教师科研项目、指导学生论文、开设学术讲座等途径,培养学生科研意识,促进学生知识体系深化。2014年,田中群院士、韩家淮院士等高级职称教师指导本科生大创项目607项,占大创项目总数的67%,同比增长139%。

(三)深化本科生培养模式改革,促进学生全面发展

不断深化"三学期制"改革。我校是最早实行"三学期制"的高校,2004年,为探索人才培养新模式,学校重启"三学期制",先后三次修订本科人才培养方案,逐步确定了长学期18周、短学期5周的"二长一短"学期制度,设立以实践教学为主,激发学生自主学习的短学期:一是组织集中实习、社会调查等实践活动;二是开设体现学科特色的短小、精新、交叉等前沿课程;三是邀请国内外知名专家和企业精英开设前沿讲座;四是组织国内外交流学习;五是开设双学位教育或重修课程;六是举办暑期学校或夏令营活动;七是组织各种跨学科竞赛和课外科技创新活动。

完善"大类招生、大类培养"模式。2013年,除医学、艺术、外语等特殊专业外,其他专业均按专业大类进行培养。一、二年级不分专业,侧重于基本知识、基本理论、基本技能、基本方法和基本思维的学习和训练,着力提升学生基本素质,进一步夯实未来发展的基础;三、四年级专业分流,设置灵活多样的课程模块,学生根据个人兴趣、能力和未来职业发展趋向自主选择合适的模块修习,强调个性发展。以人文学院为例,全院以"大人文科学实验班"招生,整合4个系、9个一级学科的教学资源,打通文史哲,梳理20门"大人文"核心课程,设置7个专业方向课程模块。

大力推进通识教育改革,促进通识与专业协同发展。2013年,学校成立通识教育中心,为我国最早的通识教育中心之一。中心以回归教育的本质和起点,培养学生健全的心智、健康的人格、开放的思维与

博爱的胸怀为宗旨,打造系列核心通识课程。课程围绕着交叉领域知识体系,求"通"存异,以元典导读、认知方法、专业知识、思想启迪为内容,促进学科交叉与融合。

加强师生互动,推进小班化教学。2013年,学校提出"理工医科专业课一个班人数不得多于30人、人文社科专业课不得多于40人"的小班化教学要求。两年来,按照"逐步开展,分类推进"的原则,学校综合考虑师资、教学条件、学科特点、课程类别、学习对象等因素,稳步推进小班化教学,2014—2015学年,全校60人及以下的班级占70%,30人及以下的占31.3%,15人及以下的10.8%;理工医科专业课小班率20.92%,人文社科专业课小班率62.64%。争取到2021年本科生30人以下小班化课程达到70%。

积极探索"人才培养、学科建设、科学研究"协同育人的拔尖创新人才培养模式。在化学、生物、数学、海洋、物理、人文、经济、医学等八个专业实施基础学科拔尖学生培养试验计划,建立动态学生选拔管理机制、全程育人导师制、名师授课制、柔性教学运行机制,推进科研创新训练,营造前沿学术氛围,实施个性化、精细化、国际化的特色培养。2015年,生物学科组建以诺贝尔奖获得者博伊特勒命名的博伊特勒书院,入选学生将修读一学期高强度的全英文专业课程,随后选派至美国得州大学西南医学中心或细胞信号网络协同创新中心进行6—12个月的科研实训,考核优秀的学生将依照志愿推荐至西南医学中心和协同创新中心成员高校继续深造。

积极探索"产学联合、校企合作"复合型人才培养新模式。学校在法学专业实施卓越法律人才教育培养计划,在机械设计制造及其自动化、材料科学工程、电子信息科学与技术、自动化、计算机科学与技术、软件工程、化学工程与工艺、飞行器动力工程、建筑学等九个专业实施卓越工程师教育培养计划。试点专业以学生实践能力和创新意识培养为重点,加强与有关部门、行业、企业的深度合作,建立高校与行业企业联合培养人才的新机制。

积极探索"本地留学"的国际化人才培养新模式。在经济学、国际会计、财务管理、法学、国际新闻、数学、材料、海洋科学、环境科学等专业实施国际化专业综合改革试点计划。试点专业借鉴国际高水平研究型大学先进经验,形成与国际对接的课程体系和教学内容,积极引进国际优质课程资源,组织留学回国的高水平教师或境外高水平教师开设全英文课程,构建国际化学术交流平台,打造高水平的国际交流项目,尝试建立"本地留学"新模式。截至2015年8月,与境外高校签订合作协议289项,合作院校总数达223所,其中世界排名前200名的高校39所。有中外联合培养项目44个(双学位项目28个,联合培养项目11个,国外学历项目5个),其中有1/3的联合培养项目惠及本科生。

(四)改善办学条件,提供一流本科教育教学资源

多方筹措各类资金,切实保障教学投入。学校坚持教学投入优先、教学建设先行的原则,建立保障教学经费投入的长效机制。一是日常教学经费优先保障,纳入年度经费预算,逐步提高学生学费收入返还学院的比例。2005年开始,学校将每年学费收入的30%用于本科教学,2015年将比例提高到60%,2016年将实现学校本科生学费收入全额返还学院用于本科教学工作。二是专项经费优先安排,如2012—2014年,学校在"985工程"专项和中央修购专项中累计分别安排2576万元和12960万元支持本科教学。三是积极争取竞争性项目经费。2012—2014年,争取国家和省级"本科教学工程""基础学科拔尖学生培养试验计划""人才培养基地"等经费8544.5万元投入本科教学。四是拓展教学经费来源,广泛争取校友和社会各界的捐赠投入本科教学,如毕马威华振会计师事务所每年设立的厦门大学"毕马威杯"管理案例分析全国十强邀请赛等。2012—2014年,累计投入本科教学经费36438.74万元,本科教学日常运行经费从3449万元提高到5756.75万元,占经常性预算内教育事业费与学费收入之和的比例从8.5%提高到14.8%。

拓展学校办学空间,改善办学条件。近年来,为缓解教学科研空间

不足和布局不合理等问题,学校按照"加快转变、跨越发展"的原则,大力推进校区战略调整,完善各校区的功能定位和学科布局,其中思明校区以发展文理学科为主,漳州校区以建设部分学院科技创新平台和发展嘉庚学院为主,翔安校区以发展应用学科为主,形成了"一校三区"的空间布局,办学空间显著扩大,校舍面积不断增加,新增各类办学用房近10万平方米,物理机电航空大楼、材料学院大楼、经济学院新楼、艺术学院二期、曾厝垵学生公寓新楼和运动场等一批新项目投入使用,有效缓解了思明校区教学科研用房紧张的局面。2012年以来,翔安校区完成建筑面积近80万平方米,有10个学院、7个国家级平台、近1万名师生入驻。截至目前,全校占地面积590.8万平方米,生均162.8平方米;校舍建筑面积223.2万平方米,其中教学行政用房87.8万平方米,生均24.2平方米。

完善教学设施建设,有效满足教学需求。近年来,学校把完善教学设施建设作为提高教学质量的重要保障,按照"资源共享、教学急需、总体规划、分步实施"原则,安排中央修购专项经费,建设了20个实验教学中心和公共教学支撑平台,为本科教学持续发展和提高办学水平创造良好条件,提供有力支撑。学校现建设有6个国家级实验教学示范中心、2个国家级虚拟仿真实验教学中心,4个国家重点实验室,19个省级实验教学示范中心;1个国家工程技术研究中心,1个国家工程实验室,3个国家地方联合工程实验室;3个教育部工程研究中心,7个福建省工程技术研究中心;4个国家重点实验室,5个教育部重点实验室,15个福建省重点实验室,19个省级实验教学示范中心。截至2015年6月30日,教学科研仪器设备总值20.39亿元,生均41835元,近三年每年新增教学科研仪器设备值占当年总值的比例均超过12%。

丰富信息资源,更好服务本科教学。学校着力建设高水平图书馆,提高图书馆现代化水平和服务质量。实行集中式的一校多馆、总分馆管理体制,现有图书馆总馆、经济与管理分馆、法学分馆、工程分馆、艺术与建筑分馆、翔安校区图书馆、储存图书馆等。思明校区图书馆面积约 3 万平方米,阅览座位 3000 个;翔安校区图书馆面积 7.3 万平方米,阅览座位 3000 个。截至 2014 年 12 月,图书总藏量 873 万册,其中纸本馆藏 430.5 万册(比上年新增 15.8 万册),电子馆藏 443.2 万册(比上年新增约 65 万册)。另购有在线电子期刊 6 万种,其中中文期刊2.8万种,外文期刊 3.2 万种,在线数据库达 129 个。在此基础上,不断提高文献资源的开放度,消除了读者借阅书刊的身份限制,实现了校内文献资源对本科生的开放共享,满足本科教学需求;实行全天候服务,提高本科生利用图书馆的效率。

(五)坚持自我评估,构建内部教学质量保障体系

学校历来重视质量保障体系建设,从 2006 年开始,建立常态化的"年检"制度。在历经近十年实践探索中,借助教育研究的学科优势,按照边探索、边实践、边完善的思路,逐渐探索出具有厦门大学特色、贯通培养目标、培养模式、过程监控、培养结果等人才培养全过程的内部质量保障系统——以自我评估为主体,以学生发展为根本,以常态数据监控为手段,以信息反馈和质量持续提升为目标。

强化教学质量标准建设,规范教学运行过程管理。学校根据人才培养目标,遵循上述规律和原则,从课堂教学、实验教学、课程考核、毕业设计等各个环节对人才培养质量标准进行修订和完善,促进教学过程质量的提升。在课程教学管理、实验教学管理环节、实习教学管理环节、毕业论文(设计)管理环节、课程考核与成绩管理环节出台了系列的规范和办法。

建立教学质量监控流程,完善教学质量运行机制。学校经过不断探索实践,形成了以年度自我评估为"抓手",以常态数据监测为支撑,以日常教学监控(包括教学督导、听课、教学信息反馈、教学检查)、课程教学评价、学生学习反馈以及毕业生跟踪调查等手段,涵盖人才培养全过程的"自我检查→自我诊断→自我反馈→自我整改"的质量保障监控流程。

加强质量保障制度建设,健全教学质量监控组织。学校建立了以"四维联动"为特征的教学质量保障组织架构。由分管校领导牵头,教务处、教师发展中心、研究生院、学生处、团委、院系等多机构合作,教学督导组、教师、学生、用人单位等多主体参与,教学管理、学生事务管理、行政管理、学术管理等多系统整合,学术委员会、教学委员会、院系工作组多层次评估,共同协力确保学校本科教学质量。

坚持年度校内自我评估,常态监测教学质量。2006年起,学校参照教育部的做法,把教学评估作为衡量教学质量的"尺子",建立了较为完善的"自我检查、互相观摩、典型示范、及时整改"的自我评估机制,评估内容涉及了新教师、新专业、教学计划、课堂教学、实践教学、考试、毕业论文(设计)、学生学习状态、教学改革、教学经费等各个方面,形成对教育质量的全方位、常态化监测。学校每年选取若干影响教学质量的关键指标,采用学院自查和学校专家组检查的方式开展自我评估。针对评估后暴露出的问题,采取"个别问题针对性解决,综合性问题通盘解决,复杂性问题探索解决"的思路,第二年年初,学校以评估反馈会或教学工作布置会的形式将评估结果反馈至各学院及相关单位,并督促整改。

2014年,我校因完善、成熟的内部质量保障体系建设,成为东亚唯一一所入选联合国"高等教育内部质量保障的优秀原则和创新实践"项目(IQA)的大学。这对推动我校教育质量不断提升,积淀厦大卓越质量文化将有着重要而深远的影响。

(2016年5月7日)

提升科技创新能力，
加快建设高水平研究型大学*

今年1月9—11日，全国科学技术大会在北京隆重召开。这次大会是全面贯彻落实科学发展观，部署实施《国家中长期科学和技术发展规划纲要（2006—2020年）》（以下简称《科技规划纲要》），加强自主创新、建设创新型国家的动员大会，必将使中国科学技术的发展迎来新的春天，并成为中国科技发展史上的里程碑。

本世纪头20年，是我国经济社会发展的重要战略机遇期，也是我国科技事业发展的重要战略机遇期。面对汹涌澎湃的世界新科技革命浪潮，党中央、国务院审时度势，作出了建设创新型国家的重大战略决策——到2020年，"自主创新能力显著增强，科技促进经济社会发展和保障国家安全的能力显著增强，为全面建设小康社会提供强有力的支撑；基础科学和前沿技术研究综合实力显著增强，取得一批在世界具有重大影响的科学技术成果，进入创新型国家行列，为在本世纪中叶成为世界科技强国奠定基础。"（《科技规划纲要·发展目标》）为了动员全党全社会积极行动起来，认真贯彻实施规划纲要，党中央、国务院专门作出《关于实施科技规划纲要，增强自主创新能力的决定》。

全国科学技术大会和《科技规划纲要》描绘了我国科学技术自主创新的美好蓝图，为我国科学技术工作者指明了发展方向。我们要从新世纪新阶段我国经济社会发展的战略全局出发，深刻认识加快我国科技事业发展的重大意义，切实贯彻落实《科技规划纲要》和中央决定，分

---

* 2006年5月16日在全校科研工作会议上的报告。

析形势,统一思想,总结经验,明确任务,全面提升科技创新能力,加快建设高水平研究型大学。

一、科技创新是中国发展的唯一选择

中华人民共和国成立以来,工业化取得了非凡的成就,但时至今日,不仅存在效率低和国际竞争能力不足的现实问题,而且面临资源短缺、环境恶化、生态破坏、人口压力、国家安全等长远、重大问题。

(一)建设创新型国家所面临的挑战

第一,资源压力。我国资源总拥有量非常有限,已探明的煤炭、石油、天然气储量分别占世界的11%、2%、1.2%,铁矿石、铜和铝土矿储量分别为世界平均水平的1/6、1/6和1/9,45种矿产资源人均占有量不到世界平均水平的一半。目前,我国人均淡水资源占有量仅为世界平均水平的1/4,人均耕地占有量不足世界平均水平的40%。因此,我国拥有的资源并不丰富,而人均拥有的资源量就更少。随着我国人口数量的进一步增加,人均资源占有量还将进一步减少。

我国经济高速增长面临的资源约束日益突出。目前,我国正处在工业化和城镇化的高速发展时期,这是一个资源总需求量和总消耗量迅速扩大的阶段。改革开放以来,经过多年的经济持续高速增长,我国资源供求矛盾变得越来越突出。近年来,"油荒""电荒"甚至"煤荒"等能源短缺信号频频闪现,许多重要资源已由净出口国变为净进口国。作为具有经济血液之称的石油资源,在1993年前我国还是一个净出口国,而到2003年总石油净进口量将突破1亿吨。作为农业大国,2004年我国农产品贸易逆差也高达55亿美元。

我国资源浪费导致的资源压力不断加剧。我国资源一方面有效供给十分有限,另一方面利用效率却十分低下,生产、建设、流通、消费领域的资源浪费现象相当严重。我国单位GDP的能源、原材料和水资源消耗大大高于世界平均水平。近五十多年来,我国 GDP 增长了十多倍,矿产资源消耗量却增长了四十多倍;我国平均每增加 1 亿元 GDP 就需要高达 5 亿元的投资,单位资源产出水平仅相当于美国的 10%,日本的 5%;矿产资源的总回收率大约为 30%,比发达国家低 20%;城市供水的漏损率在 20% 以上,单位建筑能耗相当于气候相近发达国家的两三倍。资源的严重浪费使我国本来并不宽余的资源变得越来越紧张。

第二,环境压力。发达国家上百年工业化过程中分阶段出现的环境问题,在我国快速发展的二十多年里集中出现,并呈现出结构型、复合型、压缩型的特点。而未来 15 年我国人口将继续增加,经济总量将再翻两番,资源、能源消耗持续增长,环境保护面临的压力越来越大。

近年来,污染问题严重影响社会稳定,因环境问题引发的群体性事件以年均 29% 的速度递增。2005 年,全国发生环境污染纠纷 5.1 万起。松花江水污染事件发生以来,全国发生各类突发环境事件 76 起,平均每两天就发生一起。如果环境保护继续被动适应经济增长,这种状况将难以遏制,甚至有愈演愈烈之势。

去年发生的环境事故中,97.1% 属于污染事故,其中水污染事故占 50.6%。全国有近 3 亿农村人口饮用不合格的水,保障农村饮水安全的任务相当繁重。同时,城市饮用水源也潜伏着危险,一些饮用水源水质状况调查结果表明,有相当一部分水源地检出挥发性和半挥发性有机污染物以及有机氯、有机磷农药。

在"十五"计划确定的 20 项环保指标中,按计划完成的 12 项,未完成但有所改善的 6 项,二氧化硫排放量和化学需氧量两项指标反弹。根据初步统计结果,2005 年,全国二氧化硫排放量比 2000 年增加了 27%,化学需氧量仅比 2000 年减少了 2%,均未完成削减 10% 的控制目标。

粗放型经济增长方式没有得到根本转变,环境污染治理历史欠账较多。自 2002 年末开始,高能耗、高物耗的火电、钢铁、建材、有色等行业出现过热发展的态势,年均增长率都在15%以上,但污染治理进程相对缓慢。到2005年年底,淮河、海河、辽河、太湖、巢湖和滇池治理项目的完成率分别只有70%、56%、43%、86%、53%和54%;"两控区"计划的256个项目中,只有54%的项目建成并投入运行。同时,一些老企业设备陈旧,管理不善,污染防治设施存在问题;污染种类日趋复杂,如放射源的丢失与失控、危险废物的随意堆存、危险化学品管护不严、运输不当等等,都有可能引发环境事故。解决环境治理欠账和防范污染事故的任务非常艰巨。

第三,人口压力。众所周知,中国是世界上人口最多的国家,这一基本国情直接影响了中国现代化进程。根据2006年2月28日国家统计局公布的最新数字,到2005年末,全国总人口为130756万人,相当于1949年总人口(54167万人)的2.4倍。根据世界银行《2006年世界发展报告》最新统计,2004年中国人口占世界人口总量(63.45亿人)的20.4%。

2003年3月,国务院总理温家宝谈到中国的就业问题时说,中国的劳动力有7.4亿,而欧美所有发达国家的劳动力只有4.3亿。中国每年新增劳动力1000万,中国的下岗和失业人口大约1400万。进城的农民工一般保持在1.2亿。2003年温家宝总理在美国哈佛大学讲演谈了人口的"乘除法":人多,不发达,这是中国的两大国情。中国有13亿人口,不管多么小的问题,只要乘以13亿,那就成为很大很大的问题;不管多么可观的财力、物力,只要除以13亿,那就成为很低很低的人均水平。

人口多是中国的基本国情,这一国情形成了中国特有的人口与发展的三大矛盾和三大问题:第一是十几亿人的吃饭问题;第二是七八亿人的就业问题;第三是几亿人的养老问题。人口问题是中国跨世纪的难题。

从1980年以来,解决吃饭问题一直是中国政府的首要任务。到1996年,这个问题已基本解决,尽管它还是一项繁重任务。

进入 1990 年代中期，中国最为突出的人口与发展的矛盾演变为就业问题，我国实际劳动力供给量愈来愈大，形成若干个相互叠加、相互冲突的迅速增大的就业压力高峰，而我国创造就业的能力和实际就业需求量明显下降，加剧了就业供求矛盾。

未来中国潜在的最大挑战则是养老问题。中国属于世界上人口结构老化速度最快的国家，在比工业化国家收入水平低得多的情况下进入老年社会，挑战性在人类发展史上是前所未有的。控制人口数量和防止人口结构老化实在是一个两难的问题。

第四，国家安全的压力。传统安全观主要是依靠军事手段维护陆地领土的完整，它主要关注的对象是主权安全、领土安全、政治安全、军事安全。随着时代的进步，国家安全空间的范围已拓展到太空。太空既是军事上的"制高点"，又是国家安全的"高边疆"。

1990 年代以来，国际国内发生了一系列重大事件，也深刻地改变着人们的传统安全观。1991 年 12 月 25 日晚，克里姆林宫上空飘扬的红色国旗黯然落下，两个超级大国之一的苏联，尽管拥有世界上第二强大的军事力量，从此却不复存在了；1997—1998 年间，东南亚诸国爆发金融危机，给有关国家经济带来了几乎是"毁灭性"打击，直接、间接经济损失估计在 1 万亿美元以上，并导致许多国家社会动乱、政局不稳；2001 年 9 月 11 日，美国受到历史上最严重的恐怖袭击，直接、间接经济损失在 1 万亿美元左右；2003 年上半年，在中国部分地区爆发的"非典"疫情，给中国旅游业造成损失合计 1400 亿元，加上间接对经济影响总额达 2400 亿元人民币。这些事件都没有通过战争手段，但造成的损失却超过了一场局部战争。随着信息化社会和经济全球化的到来，战争模式不仅有硝烟弥漫、血肉横飞的有形战争，而且有无形的经济战、科技战、信息战等；随着恐怖主义、跨国犯罪、环境恶化、毒品等非传统安全问题的日趋突出，人们不仅从国家生存，而且从国家的稳定、发展方面，从经济、文化、意识形态、生态环境等各方面提出了一系列新的国家安全观。

根据当前国际国内形势和新国家安全观，从空间范围看，包括维护国家领土、领海、海空以至太空的安全;从构成要素看,包括维护国家政治、军事、社会、文化、科技、信息、人才、资源、环境、国民等多方面的安全。因此,发展以经济、科技为基础的综合国力已成为世界各国增强国家安全实力的共识。

在新的历史时期,我国既面临传统安全问题,又面临一系列新的国家安全问题:

第一,政治安全问题。政治安全是一个国家赖以存在和发展的前提和基础,它主要包括政治稳定、主权独立、国家统一、民族团结等内容。我国政治安全面临的突出威胁:一是来自国际霸权主义、强权政治和新干涉主义,二是"台独""藏独""东突"等民族分裂势力。

第二,社会制度和意识形态安全问题。社会制度和意识形态是一个国家和民族独立存在与发展的灵魂和支柱。它主要包括社会主义政治、经济、文化制度安全和民族信仰、民族精神、民族文化等内容。我国社会制度和意识形态安全面临的突出威胁:一是西方"西化""分化"与"和平演变"的企图,二是经济全球化和社会信息化浪潮的冲击,三是市场经济的消极面影响。

第三,军事安全问题。军事安全是国家主权与安全的坚强柱石。军事安全的主要内容包括维护领土完整、捍卫祖国统一、防范军事威胁、军控和防止核扩散等。我国军事安全的威胁主要来自:一是美国及其盟友的"遏制"和"新围堵",特别是美国主导的"战区导弹防御系统";二是台独分裂势力的发展;三是与周边国家的领土、领海的边界争端问题;四是中国周围较大范围内笼罩着核武器和军备竞赛的阴影;五是世界新军事革命的严峻挑战。

第四,经济安全问题。经济是国家政治、社会稳定的基础,也是国家综合国力的基础。经济安全主要包括金融安全、资源安全特别是能源安全、市场安全、就业安全、产业结构安全、运输线安全、海外投资安全等。我国经济安全面临的主要威胁:一是不合理的国际经济旧秩序,二是国际经济情报战、走私、国际金融犯罪等,三是经济全球化和加入

WTO带来的挑战,四是我国经济体制转轨的震荡、产业结构不合理等。

第五,科技安全问题。科技安全主要包括科学技术本身的持续发展及在经济、军事、政治、太空、海洋等领域的运用安全。我国科技安全的威胁:一是西方国家的核心科技的垄断和封锁,二是高科技人才的大量流失以及高科技成果被窃取,三是我国科学技术创新与转化机制不健全。

第六,信息安全问题。信息安全已成为国家军事安全、政治安全、金融安全以至整个经济安全的基石。从两次海湾战争和科索沃战争来看,国家的信息系统往往最先受到攻击。我国信息安全的主要隐患在于:一是西方凭信息核心技术与系统的垄断权对我信息资源的窃取与侵害,二是计算机病毒和网络犯罪的威胁。

第七,环境安全问题。我国环境安全的主要威胁是人均资源的短缺、资源质量的下降、人口的激增、土地的荒漠化、水资源的枯竭、森林的毁损、气候异常等。

(二) 应对的出路

综上所述,我国正处于社会主义初级阶段,经济社会发展水平不高,人均资源相对不足,原来那种重速度轻效益、重数量轻质量、重结果轻代价、重生产轻环保的传统工业化道路已没有出路,必须致力于走科技含量高、经济效益好、资源消耗低、环境污染少、人力资源优势得到充分发挥的新型工业化道路。从我国发展的战略全局看,走新型工业化道路,调整经济结构,转变经济增长方式,缓解资源和环境的瓶颈制约,加快产业优化升级,促进人口健康和保障公共安全,维护国家安全和战略利益,我们比以往任何时候都更加迫切地需要坚实的科学基础和有力的技术支撑。

无论从国际形势,还是从国内发展来看,科技创新能力已经成为国家竞争力的核心,提高科技自主创新能力,对于我们全面建设小康社会、加快推进社会主义现代化和应对新一轮科技革命和产业革命的挑战,具有十分重大的意义。正是面对这一严峻形势,党中央、国务院审时度势,高瞻远瞩,及时做出了不断提高科技自主创新能力的重大战略决策。因此可以说,大力提高科技自主创新能力是全部科技工作的灵魂,是新时期科技工作的纲领,是落实科学发展观、推进结构调整和经济增长方式转变的必由之路。

走中国特色自主创新道路,核心就是要坚持"自主创新、重点跨越、支撑发展、引领未来"的指导方针。自主创新,就是从增强国家创新能力出发,加强原始创新、集成创新和引进消化吸收再创新。重点跨越,就是坚持有所为有所不为,选择具有一定基础和优势、关系国计民生和国家安全的关键领域,集中力量,重点突破,实现跨越式发展。支撑发展,就是从现实的紧迫需求出发,着力突破重大关键技术和共性技术,支撑经济社会持续协调发展。引领未来,就是着眼长远,超前部署前沿技术和基础研究,创造新的市场需求,培育新兴产业,引领未来经济、社会发展。这一方针,是我国半个多世纪科技事业发展实践经验的概括总结,是面向未来、实现中华民族伟大复兴的重要抉择,必须贯穿于我国科技事业发展的全过程。

二、企业是创新的主体,高校是创新的基础

改革开放以来,我们大力引进了国外先进技术和经营管理经验,这有力地缩短了我国与国外先进水平的差距。但在全球化形势下,国际竞争日益激烈,在涉及一些核心技术方面,一些发达国家和跨国公司出于自身利益的考虑,不可能转让他们最先进的东西。我们只有构建自主创新的技术基础,拥有更多自主知识产权的技术和知名品牌,才能在国际竞争中取得主动权。为此,中共中央关于制定第十一个五年规划的建议、全国科学技术大会、《科技规划纲要》和《关于实施科技规划纲要,增强自主创新能力的决定》中均明确要求,把增强自主创新能力作为科学技术发展的战略基点,加强国家创新体系建设,重点加强技术创新体系、知识创新体系、国防科技创新体系、区域创新体系和科技中介服务体系

建设。其中,第一个体系就是要建设以企业为主体、市场为导向、产学研相结合的技术创新体系,让企业真正成为研究开发投入的主体、技术创新活动的主体和创新成果应用的主体,全面提升企业的自主创新能力。

(一) 企业是市场主体,经济发展的主体

从事科技研究开发的单位,通常包括科研机构、高等院校和企业。常见的行之有效的研发采取了产、学、研相结合的形式。这里"产"即企业起着关键作用。

自主创新要以企业为主体,是指企业在自主创新中应成为投资主体、研发主体和应用主体。在自主创新和研究开发中,企业要起到主体地位的作用,这是由企业本身的性质和它在社会经济中的地位所决定的。

企业的最大特点是贴近市场,了解市场的需要,尤其是能前瞻性地掌握市场发展所产生的潜在需求,使其研究开发的目标更具针对性,更能体现以市场为导向。另一方面,随着市场竞争日趋激烈,企业只有把握住新技术的制高点,才能在竞争中处于领先地位。这也是企业自身生存发展的现实需要,同时使企业能主动使研发成果转化为生产力,从中有效地收回创新成本。

国际上几乎所有名牌企业都有自己的领先技术和拳头产品。这正说明它们能把研究开发中取得的技术优势转化为产品优势,再进一步转化为竞争优势,从而在市场竞争中赢得主导权。要做到这一点,就需要在研究开发方面自觉地进行高投入。企业研发经费占其销售额的比重往往用来衡量企业研发的力度。一般认为,企业的研发费用占其销售额2%,企业才能基本生存,当达到5%以上时,才具有竞争力。事实上,这一比值反映了企业的技术储备和发展后劲。据统计,我国大中型企业的研发经费占其销售额比重仅为0.5%,而发达国家则一般为3%。

研究开发是需要大量资金的高投入。开始阶段需要有政府的推动,但从长远来说,长期依赖政府很难取得预期效果,政府也难以长期负担。只有当企业从研发中体察到对企业发展的关键作用而形成自觉行为,企业主动成为研发的投资主体,自主创新才能进入成熟的轨道,进入良性循环。而在此基础上,一个国家的全部研究开发投入中企业所占比重也才能明显提高,例如美国的企业研发投入在美国全部研发费用中占72%—73%,德国占66%—67%。可见,企业既是创新的受益者,也理所当然是创新的承担者。

(二) 科技作为一种产品,主要应由企业来提供

第一,从R&D经费分析。

研究与试验发展活动,即R&D活动,是指为增加知识的总量,其中也包括增加有关人类、文化及社会方面的知识,以及运用这些知识去创造新的应用,所进行的系统的、创造性的工作。增加R&D的投资,已成为许多国家提升产业结构、转变经济增长方式、实施知识产权发展战略、增强国家综合实力的重要手段。R&D总经费是测度国家R&D规模、评价国家R&D整体实力的重要指标。

国际上通常把研发(R&D)投入占GDP比重达到2%,作为衡量一个地区科技发展水平达到临界点、进入突变期的标准。根据一般规律,研发经费占GDP不到1%的国家,是缺乏创新能力的;在1%—2%之间,才会有所作为;大于2%,则这个国家的创新能力可能比较强。2004年我国科技创新能力在49个主要国家(占世界GDP的92%)中位居第24位,处于中等水平。

随着改革的不断深入和市场竞争的加剧,近年来我国R&D活动的结构已经发生改变,企业正成为我国R&D活动的投资主体,而政府科技投入明显向基础研究、战略性高技术研究和公益性研究领域集中。由政府投入、企业自筹、国外投资等构成的我国R&D投入的多元化格局,在2000年已经初步形成。2003年我国R&D经费中,政府资金占26.6%,比2000年下降了6.8个百分点;企业资金占R&D经费的比重进一步上升,达到65.7%,比2000年上升了8.1个百分点,企业R&D活动的主体地位更加明确。

第二，从企业研究开发的高投入所取得的拥有自主知识产权的专利分析。

国际上一些知名的大企业都拥有大量发明专利，如IBM公司2000年有2886件发明专利，2001年增至3411件，2002年为3289件。2000年，我国国企职务发明专利为1061件，2002年为1461件，还只占到IBM一家企业的44%。

除专利外，我国每年科技成果约有3万项，但只有20%的成果能转化为生产力，而能形成产业规模的则更只有5%。所以重要的不仅在于成果和专利的数量，更要看这些成果向生产力转化的能力，以提高一国经济的科技含量。

高新技术的研究开发以企业为主体，还更有利于企业的推广应用，并促使这些成果的商品化、产业化。例如像微电脑、机器人等这类高科技产品由于在汽车工业找到了广泛的用武之地，就既提高了汽车的技术含量，也更好地推动了高新技术的产业化发展。换句话说，高新技术不能视作"空降兵"，它需要依靠强大的老支柱产业作为其重要用户，作为其支撑，才能有更坚实的发展基础，更广阔的发展空间。

第三，从创新型国家的共同特征分析。

目前，世界上公认的创新型国家有20个左右，包括美国、日本、芬兰、韩国等。这些发达国家的研究开发投入占其GDP的比重一般都在2%以上，科技进步对经济的贡献率多在70%以上，对外技术依存度大多保持在30%以下。而我国目前的对外技术依存度高达50%，设备投资60%以上依靠进口，科技进步贡献率只有39%左右。由于不掌握核心技术，我们不得不将每部国产手机售价的20%、计算机售价的30%、数控机床售价的20%—40%拿出来向国外专利持有者支付专利费。

据统计，国内拥有自主知识产权核心技术的企业仅占万分之三，在中国核准的发明专利申请中，来自国外的申请占82%，且技术含量较高；来自国内的专利申请占18%，且技术含量较低。"82∶18"凸显了目前中国自主知识产权所面临的困境。相关资料表明，目前全国大中型企业中71%没有技术开发机构,三分之二没有技术开发活动。特别是航空设备、精密仪器、医疗设备、工程机械等具有战略意义的高技术含量产品80%以上尚依赖进口;即便一些国企引进了技术,但是消化吸收和二次创新能力明显不足。

(三)高校是企业的后盾,是创新的基础

企业要成为创新的主体,但仅仅依靠企业自身是不够的,原因在于:在企业当中毕竟技术层面在最下端,而中上游的发展如果没有一个很强的支撑,就会使得这个创新成为无源之水,无本之木。高校要找准自己的定位,在技术创新方面不作主体,但要作为重要的源头和基础,为技术创新提供很好的基础研究和应用研究的支撑。

高校是国家创新体系的重要基础,这主要是因为他们能够很好地整合知识的创造、加工、传播和应用各个环节。高校学科齐全,拥有精英人才、先进的科学研究基础设施和大量的科技信息,具备较强的知识创造能力、创新人才培养能力和科学研究自主创新的潜力。

首先,高校是培养创新性研究型人才的首要基地。2004年全国共有普通高等学校1731所,全国共有培养研究生单位769个,其中高等学校454个,科研机构315个。全国各类高等教育总规模达到2100万人,其中在学研究生81.99万人(博士生16.56万人,硕士生65.43万人)。2005年在学研究生超过100万人。

其次,高校拥有高质量的研究队伍。2004年普通高等学校专任教师85.84万人,比上年增加13.37万人。目前,高校有中国科学院院士、中国工程院院士706人,约占我国两院院士总数的50%,2005年新增中科院院士中近55%来自高校。

第三,高校拥有创新性研究的环境与条件。目前,全国高校设有各类R&D机构5000多个。全国共有国家实验室6个,其中依托高校建设的3个,与中国科学院联合建设的1个;全国共有国家重点实验室

182个,其中依托高校建设的有113个;教育部重点实验室已建设149个,正在立项建设的48个,省部共建47个。

全国国家工程研究中心106个,依托高校建设的36个;国家工程技术研究中心全国136个,依托高校建设的39个;教育部工程研究中心46个;高校中建设的行业部门、地方的各类工程研究中心260多个;国家大学科技园50个。

在哲学社会科学领域,共有教育部文科重点研究基地(100个)和国家"985工程"建设哲学社科基地80多个(涵盖所有教育部基地)。

第四,近几年来,高校承担的科研任务逐年增加,承担国家重大科研任务的能力进一步提高。2004年高校获得国家自然科学基金项目资助占总数的78%,获重点项目资助占总数的65%,国家杰出青年基金占资助总数的63%,重大研究计划项目占资助总数的67%,2004年度高校承担"973计划"占全国总数的42%。

2004年大学共申请专利12997项,获专利授权5381项及一大批具有自主知识产权的创新技术成果。2003年高校在国内发表论文18.1万篇,占总数的66%;三大检索系统(美国SCI、EI、ISTP)收录论文数,高校占总数的68.5%。

"十五"期间,在国家颁发的科技三大奖项中,高等院校的获奖数超过半数;全国高校获"国家自然科学奖"75项,占获奖总数的55.07%,获"国家技术发明奖"64项,占获奖总数的64.4%,获"国家科技进步奖"433项,占获奖总数的53.57%。

三、走创新强校之路,把厦门大学建设成为高水平研究型大学

(一)创新是强校之本

创新是高校的强校之本,因为只有知识创新,高校才能立知识高峰,增强服务社会的能力和提高人才培养的质量。世界一流大学都是

知识创新能力最强的大学。不断提高自主创新能力,努力创造具有国际领先水平的原创性科研成果,培养和造就具有创新能力的高素质精英人才,是我国高水平大学创建世界一流大学或世界知名大学的必经之路。

高校如何顺应世界高等教育和科技发展的潮流,发挥人才培养与科学研究相辅相成、基础研究与应用研究紧密联系、学科交叉与融合的优势,不断强化知识传播和创新的功能,努力成为科技创新的不竭源泉,正是时代赋予我们的历史使命。大学要成为科技创新的不竭源泉,一方面,要将教学实践与科研实践相结合,直接参与和推进科技创新;另一方面,要通过培养高素质创新型人才,为技术创新提供源源不断的人才支持和智力储备。科研水平的高低,决定了人才培养质量的高低。如果没有前沿的创新研究,也就很难培养出高素质创新型人才。因此,大学要提高人才培养质量,不仅要深化教学改革,而且要注重改善科研活动的品质,大力开展前沿的创新研究,特别是基础研究。基础研究只有瞄准国家需求,才能早日发挥源头创新的作用和效益;而应用研究只有指向最前沿、最高端,才能体现源头创新的品位和价值。

(二) 存在的主要问题

"十五"以来,尽管我校科研工作取得了一些成绩,但与建设高水平研究型大学及国家创新体系的目标和要求相比,我们的问题和不足还是非常明显的。

首先,我校科研经费仍然偏少,与兄弟高校相比差距较大。2005年我校科研经费1.63亿元,低于76所重点高校平均水平(1.87亿元),排第30位;在14所综合性大学(校均3.19亿元)中排第10位(仅高于南开、海大、兰大、人大);师均科研经费7.67万元,低于76所重点高校平均水平(10.27万元),排第40位;在14所综合性大学中排第8位(高于武大、南开、山大、人大、吉大、兰大)。

第二,科技平台不多、不大、不强。我校在国家实验室、国家工程研究中心、国防重点实验室建设方面尚未取得突破。究其原因，一方面有我们自身实力的问题，另一方面也反映出我们在校内整合的过程中，各科研单位之间存在着严重的壁垒，在资源和人员分配等许多方面很难协调，这种状况不打破，将严重限制我们在重大科研基地方面的组织工作。

　　第三，队伍的力量和潜能尚未充分发挥出来，"小富即安"的思想和现象仍然存在。近几年来，经过校内各项制度的改革，不断加大科研投入力度，教师的待遇和科研条件都有了明显的改善和提高，但科研队伍的积极性和才能并没有得到充分发挥。科研力量分散，科技人员单兵作战多，团体协同攻关较少，一些教师和科研人员"小富即安"，不愿意去争取大项目、大课题；对各类项目的争取，存在主动出击不够的状况；在科技成果转化和科技产业化方面，科技人员从事成果转化与产业化的积极性不高，存在重基础轻应用，重纵向轻横向，重论文轻开发，重鉴定轻推广的现象。

　　第四，主持、承担国家重大科技计划、重点项目较少，在争取国家重大项目方面的竞争力弱，在研究力量的组织、联合方面缺乏协调。至今我校还缺乏作为首席科学家承担的"973计划"项目，仅"973项目"也只承担子项目；项目经费在千万元以上的寥寥无几。此外，国际科研合作项目少，各学院（系、所）国际学术交流活动和发展水平参差不齐。这种状况既不利于产出具有重大影响的成果，也制约了研究基地的建设、学校整体创新能力的增强和国际化程度的提升。

　　第五，承担国防科技项目的能力薄弱。近年来我校在军工科研领域有所突破，但整体力量仍然薄弱，表明我校对国家国防、安全事业的贡献小。造成这种情况的原因是多方面的，包括我校军工科研开展较晚、规模较小、国防科技项目申报信息来源有限，等等。今天，我在这里特别强调，希望能够以这次会议为契机，加快推动国防科研和武器装备生产保密资质审核与认证、质保体系建设和许可证审核工作，力争在2006年通过"三证"审核认证。同时，希望有关学院高度重视，进一步加强与国防科工委、总装备部等部门的联系，主动出击，在做好基础工作的前提下，争取在未来几年内，使我校承担国防科技项目的能力取得跨越式发展。

第六，高水平、高显示度、有重大影响的科技成果偏少、国家级奖项更少。虽然在省部级奖励方面取得了一定进步，但"九五"至"十五"的十年间在国家科技三大奖中仅获一项国家科技进步二等奖。虽然在国际高水平学术刊物（《科学》《自然》等）上发表论文取得较大进展，但还远远不够。

第七，管理体制尚未理顺，竞争激励机制不完善。如"985工程"创新平台、基地与学院的关系，与原有科研机构的关系问题；基层学术组织结构的改革问题；项目的组织模式问题；绩效与评价、激励机制问题，等等，都需要在充分研讨的基础上加以解决。

（三）进一步发展的思路

未来15年，是我国建设创新型国家、实现全面建设小康社会目标、加快推进社会主义现代化进程的重要时期，建设创新型国家的伟大实践为高等学校的发展提供了最好的条件、最大的机遇、最强的动力。深刻领会和认真贯彻落实全国科学技术大会精神，紧紧围绕提高自主创新能力，要重点抓好以下几项工作：

一是要增强创新意识。全校上下都必须首先解决思想观念问题，提高对世界新科技革命带来的机遇和挑战的认识，提高对创新这一"本"和"源"的认识，进一步把思想统一到党中央、国务院的重大战略部署上来，增强加快科技进步和创新发展的责任感和紧迫感。

21世纪科学与技术的发展趋势是互相融合，呈现出"科学技术化，技术科学化"的明显特点，科学与技术、基础研究与应用开发之间的关系越来越紧密。首先，要坚持发挥基础研究的优势，把基础研究作为自主创新的源头，努力提高原始性创新与知识创新能力；其次，要围绕国家创新体系建设需要，把个人自由探索与国家目标导向研究相结合，积极推动基础研究成果向应用性转化,提高学校的技术创新能力。

　　二是要推进制度创新,进一步构建有利于创新人才培养和高层次人才集聚的制度环境。要从改革基层学术组织结构入手,打破原有学科组织结构和科研组织模式,建立有利于学科交叉、融合和汇聚的科研体制,形成有利于增强自主创新能力和提高创新人才培养质量的基层学术组织结构,促进创新团队建设。要改革研究生培养机制,实行科研主导的导师负责制,建立与研究工作紧密挂钩的研究生资助制度,提高研究生的创新能力和培养质量。要进一步加大高校人事制度的改革力度,大力推行教师岗位分类管理和公开招聘制度,深入推进教师聘任制改革,积极完善教师评价机制,强化海内外同行专家在学术评价中的重要作用;进一步强化竞争激励机制。深化分配制度改革,逐步建立以岗位绩效工资制为主的高校薪酬制度,加大对优秀拔尖人才的分配倾斜力度;努力建立适应社会主义市场经济体制要求、符合高等教育规律和教师职业特点的现代大学人事制度,形成人才辈出、人尽其才的良好制度环境。

　　三是要不遗余力地培养和造就高层次人才。发展孕育人才,人才支撑发展。要坚持人才队伍建设与科技创新和经济发展,与文化繁荣和社会进步相结合,促使人才投身现代化建设的火热实践。要引导人才经风雨,见世面,在大风大浪中锻炼,在艰苦奋斗的磨砺中成长为栋梁之材。要进一步构建促进优秀人才可持续发展的培养和支持体系,大力实施高层次创造性人才计划,努力吸引和培养一批具有世界一流水平的学术大师和学科带头人,一大批具有创新能力和发展潜力的中青年学术带头人和学术骨干,重点支持一批高水平的创新团队和学术群体,带动人才队伍整体素质的提高。要以高层次人才和紧缺人才为重点,大力吸引海外优秀留学人才来校工作或以多种形式为学校服务。要充分利用海内外优质教育资源,采取多种方式大规模培训中青年骨干教师,特别是要加大出国留学工作力度,选派更多的优秀研究生和中青年骨干教师到海外一流学科专业,师从一流导师学习深造,促进他们掌握国际学术前沿动态，不断提高自主创新能力。要支持教师参加国际重大科学研究计划和高水平国际学术会议，竞争国际权威学术组织领导职务，担任国际重要学术期刊编委，加快提升优秀人才在国际学术领域的影响力和竞争力。

四是要加强平台、基地建设。结合国家创新体系（大学）建设，在重点建设"985工程"二期创新平台、基地的基础上，分类指导、分层次建设，逐步形成知识创新、技术创新与成果转化、公共服务三类平台为主体的创新平台体系。着力建设以原始性科学研究、战略高技术研究、重大理论突破为主要目标的创新研发平台。建设以行业共性技术、产品开发、技术转移和高层次决策咨询服务为主要目标的技术创新与成果转化基地。建设以公共服务和科研资源共享为主要目标的公共服务基地。同时，要加强组织和协调，积极承担国家和地方的重大科研任务，力争取得一批具有重大学术价值和社会影响的标志性成果。

五是要坚持把科技成果转化与产业化放在与教学、科研同等重要的地位，实现我校科技成果转化与产业化的跨越式发展。搭建科技成果转化与产业化的大平台。加快厦门大学国家大学科技园建设，完善大学科技园孵化功能及其支撑和服务体系，使之成为学校科技成果转化与产业化的重要渠道。紧密结合优势学科，明确发展方向，加快科研成果向社会转移。借鉴国内外成功经验，结合我校特色和地方经济的发展需要，创立和发展既有学科优势、又有厦大特色的高新技术企业，实现学科建设与科技产业化的相互促进，共同发展。坚持积极发展、规范管理的原则，理顺科技成果转化与产业化管理体制。

六是要实施国际化战略，大力提升学校的国际化水平。全面而客观地认识、承认并接受国际通行的学术标准，遵守国际通行的学术规范，提高教师的国际交流能力与合作水平。积极推进国际合作与交流向全方位、多领域、高层次发展，着力提升各学科的国际竞争能力，提高学校的国际化程度。要以院系（所）为主体，教师为主角，将国际学术交流的重心下移，用多种措施促使院系（所）瞄准国际一流、聚焦学术前沿,真正成为国际交流与合作的主体,要求各院系(所)都有自己的合作伙伴。

　　七是要加强创新文化建设,努力构建有利于创新人才健康成长和充分发挥作用的文化氛围。创新体现着先进生产力的发展方向,创新文化是一种先进文化,是一种发展文化。高等学校是传播先进文化和知识创新的重要基地,要大力培育和弘扬创新精神,把提高科学素质、树立科学精神、培养科学道德作为创新文化建设的重要内容。继承和发扬革故鼎新、敢为人先的精神,提倡理性怀疑和批判。努力营造追求真理、献身科学、鼓励创新、宽容失败的文化氛围。要进一步加强学术道德建设,倡导潜心研究,严谨治学,坚决克服和摒弃学术浮躁。要积极探索完善学术自律与学术监督相结合、学术自由与学术责任相结合的有效机制,努力营造民主、宽松、开放、和谐的良好学术环境。

解放思想、提高认识，
开创科研工作新局面[*]

一、关于研究型大学的科学研究

（一）创新来自于科研，没有科研就没有创新

现代大学有三项最基本的职能，分别是人才培养、科学研究和社会服务。在一所创新型、研究型大学中，科学研究是连接其他两项职能的纽带。大学要发挥好人才培养和服务社会的职能，离不开科学研究职能的充分发挥。创新来自科研，科学研究的过程本身就是一个创新的过程，没有科学研究就没有创新。

（二）高质量的人才培养，关键在于能否把科研融入教学

将科研融入教学是培养高质量人才的关键。19世纪初，德国威廉·洪堡创建柏林大学时提出的"教学与科研相统一"原则，深刻影响着世界大学的发展。而今，研究型大学、一流大学，之所以能够成为一流，能够被称为研究型大学，其中很重要的一点就在于通过教学与科研的结合，培养出高质量、创新型的人才。要培养创新型人才，教师传授给学生的知识，必须具有创新的内容；要有创新的内容，就需要教师进行科学研究。在现代社会，科研产生的新的知识和技术，转移到学生的

---

[*] 在2007年度全校科研工作大会上的报告。

头脑,这是最重要的知识转让和传播形式。所以,在一流的大学,人才培养的关键是看能不能把科研融入教学。

(三)高校为地方经济建设和社会发展服务,研究和解决各类难题是最有价值的服务

经济社会发展的强烈需求,是高等教育发展的巨大动力。作为一所高水平大学,在发展过程中要主动融入社会主义现代化建设中去,就要在积极服务地方经济发展、构建区域创新体系的过程中发挥重要的作用,把探索科学的前沿问题与为地方经济建设、社会发展服务结合起来,扮演好技术创新生力军、服务地方人才支撑和政府机构的知识库等各种角色,真正做到"顶天立地"。立足社会发展和国家需求,研究和解决建设发展中遇到的各类难题,是最有价值的服务。

(四)学校核心竞争力强弱,关键在于科研能力的强弱

一所高校核心竞争力的强弱,最终体现在其科学研究能力的强弱上。科研能力是高校核心竞争力的重心所在,是考量一所高校核心竞争力的关键指标。总而言之,一所研究型大学、创新型大学,假如没有一流的科学研究,就不能称之为一流;假如没有一流的科学研究,也就没有一流的人才培养,也就没有一流的社会服务。这三者之间互相作用,互相促进,密不可分。

二、我校科研现状的简要分析

(一)科研经费大幅增长,承担项目层次提高

2006年度我校科研经费首次突破2亿元大关,达到了2.17亿元。承担项目的层次有了大幅提高,各类重大、重点项目也有明显增加。科研经费有了大幅度增长,呈现多点开花的局面,彻底改变了原来一枝独

秀的状况。

在很长的时间里，我校的科研基本上依靠化学、经济学等传统优势学科支撑，其他学科的科研力量薄弱，与外界交往很少。经过多年的努力，我校已彻底改变了这个状况。在2006年的科研经费分布中，排在第一位的是生命科学学院，第二位是海洋与环境学院，第三位是化学化工学院。新老学科展现活力，体现出强劲的发展势头。长期以来，我校的化学学科为学校的整体发展作出了巨大贡献，可以说，它是我校许多学科的孵化器，许多学科都是得益于化学学科的成长而发展起来的。在人文社科方面，现在人文学院、管理学院、经济学院还有其他的各个学院，都有了好的科研状况，有了新面貌。

科研经费的来源日趋多样。军工、医学等长期空白的领域已经被突破，3个附属医院的加盟进一步增强了我校医学科学研究的实力。我校现在科研经费科研项目来自于多个领域，多个长期空白的领域，如国防领域、军工领域取得了突破。学科交叉、联合攻关出现了比较好的发展势头。我校的联合攻关、学科交叉，已经不局限在单一的一级学科进行，而是出现了多个一级学科联合攻关、协同作战的状况，甚至出现了文理交叉、理工交叉、共同攻关的喜人局面。

（二）科研平台与基地建设成效显著，科研实力明显增强

2006年，我校新增一个教育部工程技术中心（电化学工程技术中心）；七个福建省科研平台获准建设，涵盖能源、材料、半导体、药物工程等领域；建立了一个厦门市工程技术中心（光电信息材料与器件）。厦门是全国最早获批准的"国家半导体照明工程产业化基地"，光电产业是厦门市重点培育的新兴产业。厦门大学了解和把握厦门市发展的实际需求，率先为城市发展的主要领域提供强有力的技术支持。

哲学社会科学方面，在福建省政府的支持下，我校复办了厦门大学国学研究院。国学研究院复办短短几个月，已经做了很多很好的工作，已初步重拾厦门大学国学研究院昔日的辉煌。厦门国际法高等研究院

已经开始运作,2006年夏天举办了高规格的第一期暑期班,主讲的教授都是来自世界各国的国际法专家,学员来自亚太、欧洲等多个国家。2007年7月,研究院要举办第二期暑期班,在质量和规模上都将上一个新的台阶。我校五个国家人文社科基地的建设效果显著,教育部社科司对这五个基地建设情况进行了检查,结果非常满意,并主动提出要帮助厦门大学争取建设新的人文社科基地。这也是我校人文社科基地发展的新契机。

(三)科研团队建设取得进展,团队力量展现实力

厦门大学采用了"创新团队＋科研平台＋科研项目——科研成果"的科研组织运作模式,得到广泛认可,并取得卓越成效。现在全校各个学院都重视创新团队建设,凝聚学院的科研力量,推动本学科和交叉学科的发展创新。在学校初步形成了国家、部省、学校三个层面的三级团队,全面提升学校科研实力。我校已在化学和海洋环境领域建有两个国家级的创新团队,目前正在争取生命科学领域建设第三个国家级创新团队。

一批中青年学术带头人开始切实发挥带头人的作用。学校高度重视培养中青年学术带头人,各学科的中青年学术带头人的创造活力和创新能力逐渐展现。我校改革了原来不利于学科带头人真正发挥作用的体制、机制,注重团队建设,在部分学院实行PI制,这些都有利于中青年学术带头人发挥积极主动性,真正成为带头人。

伴随着创新团队的建设,我们的科研体制发生了深层次的变革。大学的科研体制改革需要充分地研究、科学地规划、稳定地推进。科学研究者的自由探索,是大学最重要的基础。大学必须营造让科学研究者自由探索的文化和环境,否则就容易失去活力。因此,大学的科研体制改革特别困难,必须要建立在科学家自主认识、自主接受的基础上,使改革的目标内化为科学研究者的自主意识,不能采取任何强制性的改革措施。我校开展的科研体制改革是在科学家自主认识、接受的基础上

开展的,在最大程度上激发了科学研究者的积极性和自觉性,对团队建设和科研活动开展产生了积极的影响,是让人感到欣慰和高兴的事。

(四) 科研成果的水平明显提高,呈现基础与应用并重的局面

2006年是我校科研佳绩频传的一年,获得了多种奖励。2006年全国自然科学奖有29项,其中只有15项是在高校里完成的,我校获得了两项国家自然科学二等奖,是相当不容易的。2006年,我校七项科技成果获得省部级奖励,其中一项成果获得福建省科技进步一等奖;五项科研成果获厦门市奖励;一项科研成果获高等学校科学技术奖。在全国高校第四届人文社科优秀成果奖评选中,我校19项人文社会科学成果获奖,获奖总数仅次于北京大学、武汉大学和人民大学,居第四位。其中,一、二等奖七项,仅次于北京大学、北京师范大学,居第三位。

2006年,我校教师发表了一批高影响因子的论文,出版了一批高水平的专著。这些论文和专著在国内外有很大影响。尤其是在新兴的学科和学校原来的弱势学科中,如信息科学,出现了高水平、高质量的成果。

2006年我校有69项专利获得授权,其中发明专利60项。这一数据说明我校在应用研究方面取得了长足的发展进步。同时,我校有一批科技成果得以转化推广,取得了良好的经济效益和社会效益,比如生命科学学院的优质水稻培育等,生物制药、生物医学材料、信息产品、信息技术等领域也有很好的成果转化推广。

三、当年科研工作的主要不足

(一) 科研的总量仍然偏小,学科发展仍然不平衡

我校科研总量仍然偏小,2006年科研经费为2.17亿元,与其他重点高校相比,仍然偏少。南京大学在规模和结构上都跟厦门大学相似,

它与厦门大学一样,是我国教育部所属重点大学中为数不多没有并校的大学,大学的专任教师数量与厦门大学相仿,都是两千多人。但是,2006年南京大学的科研经费达到了3.5亿元。和南京大学等兄弟高校相比,我校在争取更多的科研经费方面,差距较大,仍需努力。

我校学科的发展仍然呈现不平衡,在科研经费的分布上体现得很明显。2006年,我校理工科的科研经费79%集中在生命科学、海洋与环境、化学化工三个学院;人文社科的科研经费则是57%集中在人文、管理、经济三个学院。其中,有我校的传统优势学科,如化学化工、经济学科;也有我校的新兴学科,如生命科学、管理学科。科研经费的多少与学科的发展特点和现状有密切的关系,但各学科仍应该加强争取科研经费的力度,积极开拓新的科研经费来源。

(二)争取重大课题的能力仍然薄弱,跨学科攻关能力不足

"973计划"是国家重点基础研究发展计划,目标在于加强国家原始性创新,在更深的层面和更广泛的领域解决国家经济与社会发展中的重大科学问题,提高我国自主创新能力和解决重大问题的能力,为国家未来发展提供科学支撑。主持"973项目"是高校科研能力的重要体现和充分肯定,同时也能有力促进高校科研发展。我校承担部分"973项目"的子项目,但迄今为止仍然未能主持"973"重大科研项目,没有"973"首席科学家。从全国范围内看,高校"973"首席科学家以清华大学最多,15人;北京大学紧随其后,14人;并列第三的是复旦大学、华中科技大学、中国农业大学,各有7人。专业涵盖信息、能源、材料、生命、环境等与国家和社会前沿和重大需求密切相关的学科领域。这些学校类型不同,有综合性院校,也有专业性院校,相同的是各高校都找准了自身的优势和强项,并成功获准主持"973项目",得到了国家的重点支持。我校在这方面还期待突破。

横向课题也缺乏重大的工程项目。经统计,我校经费在百万元以上的项目,有39项,千万元以上的项目只有一项。这组数据说明我校

在横向课题的重大工程项目争取方面,还有欠缺,亟待改善。2006年,在与全国部分高校理工科的横向课题经费的比较中可以看出,我校与山东大学、武汉大学等综合性大学相比,仍然有很大的差距。分析原因,很重要的一点在于它们都有自己的拳头产品,能够与社会发展需求相适应,并且获得大力的支持。这些高校都有若干个千万元以上,甚至数千万元、上亿元的科研项目,为各自学校的发展,起到了重要的推动作用。

跨学科组织科研攻关的能力还不足,最主要的原因在于缺乏战略科学家,也就是能够组织协调,并且产生重大战略科技思想的科学家。这样的科学家能够把多方面的力量集中起来,围绕国家重大的战略需求去设计和规范科研项目。

对于跨学科组织科研攻关,很多教师还没有正确的认识,甚至有的教师有抵触情绪。教师的思想认识还有待提高,部分教师在从事学术研究和科研活动时,还讲究"出身"是否纯正问题,对从事跨学科研究的工作,认为是走江湖,是搞歪门邪道。没有正确的思想认识,将危害到跨学科研究的广泛开展。

(三)科研平台基础薄弱,科研条件尚待改善

科研平台的作用还未真正发挥,缺乏有效的体制机制保障,大型仪器设备共享程度很低。这几年有了改善,但仍然存在不足。我校一方面资源不足,另一方面又存在资源浪费。资源浪费最重要的表现就是大型仪器设备共享度相当低。这些大型仪器设备花费巨资购买,但是否真正发挥了作用,为科研活动提供了帮助和支持?这个问题非常值得讨论。解决问题的关键在于群策群力,建立行之有效的仪器设备管理体制,发挥大型仪器设备的最大共享程度。

科学家之间缺乏沟通与交流。为改善这一情况,近年来,学校开展了一系列的工作,其中一个小而重要的措施就是成立了教工俱乐部。在俱乐部里,很多教师可以畅谈工作,交流思想,互相启发,受益很大。

在欧洲，许多革命性的思想和事情，都是在咖啡馆里产生的。以剑桥大学为例，下午茶和喝咖啡是剑桥大学长期流传下来的一个传统。下午茶是由校方出资，安排教授们一块吃点心、喝茶、聊天的一种休闲形式；而喝咖啡则是师生之间或学生之间一种十分随意的交流方式。表面看来，这种带有浪漫色彩且随意悠闲的形式只不过是紧张工作之余的一次短暂休息，但这种轻松愉快的聚会却往往是思想碰撞，产生火花的摇篮，许多重大的科学发现其最初的创意便萌芽于下午茶。亚历克·布罗尼斯校长曾戏言："瞧，喝下午茶我们就喝出了60多位诺贝尔奖获得者。"厦门大学也要致力于建立这样的氛围，希望有条件的学院能够注意创造这样的氛围，在交流中激发教师更多的科研灵感，创造更多的科研成果。

我校科研条件还跟不上科研发展的需要。我校缺乏一流的人才，科研用房非常紧张，优秀研究生的生源不足，尤其是一些重要学科，研究生生源不足，实验技术队伍非常薄弱。学生在实验室和研讨班，当他们对教授指定的科研问题或者他们自己提出的科研问题寻找答案时，他们就成为科研工作者，并与教授在共同寻求新知识的过程中携起手来，共同探索新知。由此可见，研究生也是重要的科研队伍。如何建立、如何管理、如何要求这支队伍，我校仍处于积极探索阶段。

（四）创新意识不足，对科学研究的客观发展规律研究不够

我们要树立创新和敢为天下先的意识。基于自身特殊的传统和地理位置，我校历来以稳健著称，形成了不事张扬、注意谦让的品质，拥有非常好的美德。但是在这个文化的另外一面，也有它的不足，表现在我们创新意识不强，敢为天下先的意识不强。

教师的科研与教学工作是一个复杂的过程，要客观了解和掌握教师的工作绩效情况，需要一套科学完整的评价体系。如何评价我们的科研、教学和社会服务，如何评价这些工作的成效，都需要科学的评价体系作为衡量的标准。科学评价体系的建立不仅能帮助学校、学院充

分了解教师的工作,也有助于教师正确认识和把握自己的工作。

科研大平台的建设和学科交叉研究的进一步发展,要求教师具有强烈的团队意识和协同攻关的能力。我们的团队意识,协同攻关的意识还不足。经过努力,这几年有了很大改变。我校的创新团队开始形成,一些中青年学术带头人,已经真正开始发挥带头人的作用。

对科学研究的客观发展规律研究得不够。各种事物都有自身的发展规律,科学研究也不例外。理解和把握事物发展的内部和外部发展规律,有利于工作的顺利开展。科学研究有其特殊的规律,从事科学研究的教师应该按照规律来开展工作,提高认识水平。

四、对下一步科研工作的若干意见

(一)解放思想,提高认识,摆正科研在研究型大学的作用和地位

学校要营造一种环境和氛围,强调科研的重要性,让科学家把科研作为生命的一个部分、人生的一个乐趣,而不仅仅是谋生的一个手段。在功利主义的主导下,是不可能做出创新性的一流成果的。

高校里的科学家应该具备教学与科研相融的才干,能够在与学生的接触中,激发自己的灵感。我校许多教师既能很好地从事教学工作,又有很强的科研能力,他们喜欢与学生接触,并善于从中激发和捕捉灵感。在大学里面,就应该聚集一批这样的人。进入高校工作的每一位同志,都要对自己的才干和能力有准确的认识和评价,要喜欢学生,敢于和学生接触,在积极的互动交流中,捕捉科研的灵感,做到教学与科研相长。

知识分子要把解决国家和社会(地方)的困难作为自己义不容辞的责任,大学则应该创造一个能够让科学家自由探索的氛围。科学家的自由探索与为国家、为社会服务并不矛盾:自由探索应该围绕着国家和社会多方面的重大需求有机地结合起来,围绕这样的需求来开展感兴趣的研究和探索。钱学森先生是受世人尊敬的科学家,他秉持自由探

索精神,将自己的兴趣、才干与国家、社会的需求紧密地结合在一起,在服务国家、自由探索的过程中,创造了杰出的科学成就。知识分子只有把解决国家和社会的困难作为自己义不容辞的责任,方能在最高层次上,实现自我的价值。

(二)深入研究科研的客观规律,创造有利于创新的体制、机制和文化

科学研究的规律是研究活动开展的基础,是否了解并掌握科学研究的规律是能不能搞好科学研究的一个重要前提。学校要创造有利于创新的体制、机制和文化。建立科学的评价体系,要提倡适当的激励。激励是一把双刃剑:适当的激励能够让我们对自己的工作产生更强的动力,更充足的信心;但是,激励过度,也可能会出现一些负面影响,比如导致研究问题过于急功近利,从而助长不良学风。约束也一样,应该是适当的:刚性太强的约束,同样会产生负面效果,产生思想禁锢,导致一流科研成果的难产;没有约束,则可能会使教师失去科学研究的鞭策力量。所以,建立科学的评价体系、适当的激励和约束机制,是需要深入研究的问题。

在之前开展的各学院调研工作中,我们了解到,许多学科的教师集中认为要根据不同学科的特点,规范不同学科的发展,评价不同学科的成绩,要求不同学科的工作,形成科学有效的评价机制。这就需要建立相应的学术组织。在与一些同志、一些学科带头人的探讨中,大家一个比较一致的看法是应该在学校中建立学部制度。根据不同学科的特点,建立不同的学部。建立了学部制度,按学部来设立学术委员会,其最重要的职能,就是做学科发展规划、评价体系和目标要求。这样会更好地发挥学术组织的作用,包括学术指导和学术规划的作用。

要根据科学研究的客观规律,创造各尽所能、人尽其才的环境。在这方面,我校改革的一大思路是帮助青年教师能有更多的时间和精力投在科研上,而对中老年教师则希望能在教学上多做一些工作。这样的转变将促使我们40岁以下的教师能把主要精力放在科研上,50岁

以上的教师能把主要的精力放在教学上。学校正在修订的《教师职务聘任条例》中，充分体现了这方面的精神。学校设立了以教学为主的岗位，根据各学科的特点，对不同领域的教师提出不同要求。一些领域的教师只要认真地做好教学工作就可以了，并不做科研方面的硬性规定。比如体育教学部，最主要的工作就是能够培养起学生的终身锻炼的兴趣和技能，达到了这个目标，教师就可以称得上是一位优秀的教师。在条例中还特别规定：55岁以上的教授、副教授不做科研方面的硬性要求。我校只有130多位教授、副教授年龄在55岁以上。他们中间有的视科研为自己的使命，拥有强烈的科研自觉性和积极性，不需要额外作出硬性规定；有的到如今已是著作等身，拥有众多的科研成就，已为科研发展作出了自己应做的贡献；有的确实已经没有科研的兴趣，愿意将更多的时间和精力投入到教学工作中，将自己的经验和知识传授给学生，学校也应该允许他们这样做。不同领域、不同年龄的教师应该有不同的规范标准，这是符合学科发展和个人发展规律的。

有专门研究诺贝尔奖的学者，对诺贝尔奖获得者出成果的年龄进行了统计，结果发现最集中的年龄段是在35周岁左右。就拿我们熟悉的华人诺贝尔奖获得者来说，李政道、杨振宁，他们出成果时的年龄还不到30岁。在人文社科领域也是一样，马克思、恩格斯写出《共产党宣言》时的年龄分别是30岁和28岁。这个年龄阶段是思想最活跃的时候，多给青年教师一些时间，让他们更多地从事科学研究，是很重要的。我校39个科研经费百万元以上的教师中，80%以上年龄都在50岁以下，相当一部分教师年龄只有30多岁。对于年轻教师，不应该只是将教学任务压在他们身上，而要培养他们，帮助他们成长起来，主持更大的科研项目。

（三）加强队伍建设，全面提升教师的科研素质

我校师资队伍结构还需要完善，现有一流人才数量偏少，引进工作亟待加强。要从根本上优化师资队伍结构，使我校师资队伍结构符合学科发展、科技进步、社会期望的需求，就需要适当引进适合学校发展

需求的高层次人才。当然,这一政策也会产生引进人才与原有教师之间的矛盾。由于学校资源的有限性,引进人才的增加将会在多个方面产生竞争,对现有教师产生影响。面对这个问题,最重要的是每位教师要有这样的意识:厦门大学引进的一流人才,不是多了,而是远远不够。每个在厦大的人,都要有这样的胸怀:只要你一到厦大,就要用宽阔的胸怀欢迎后来、新来的人。只有学校整体结构的优化,才能争取更多的资源,个人才有更大的发展空间。

要加快国际化进程,进一步提高教师对外交流合作能力。国际化是我校提升办学整体水平的重要举措。学校坚持下大力气加大对我校教师对外交流合作能力的培养力度。现在,我校在这方面呈现出良好的态势,教师们在这方面的能力大大提高,与世界各国专家学者的交流机会也大大增加。我校很多管理部门、职能部门的同志,对外交流合作能力也大大加强。这都有利于学校国际化的进程。

加强创新团队建设,增强抓大项目,开展联合攻关的能力。团队建设非常重要,它整合了我校各专业领域最优秀的人才,要争取大项目、开展联合攻关,只能依靠团队力量的发挥。如何建立科学的团队运作模式、合理的运作机制,收到良好的成效,是我校团队建设面临的重要问题。

(四)大力改善科研条件,为科研提供强有力的条件保障

创造一个让团队能够顺利开展工作的环境。大力改善科研条件,为科研提供强有力保障。要加快"216 工程"的建设,缓解科研用房不足的尖锐矛盾。在这方面,我们要看到漳州校区的建设工作克服了重重困难,取得了重大成就。同时,也要将关注的重点放到学校科研条件薄弱的问题上。漳州校区解决了厦门大学扩招的困难和矛盾,但是对科研条件的改善影响不大。而科研条件制约着我校科研发展速度和质量,从而将会对我校综合实力产生影响。我校要抓住机会,进行富有效率的建设。目前,学校加强"985 工程"的建设,加强大平台建设,为多学科联合攻关创造条件。目的就是在资源条件有限的环境下,集中全

校的力量来建设几个科研平台。平台和基地不是仅仅为单一学科服务，而是要有更广泛的影响力，为多个学科的发展以及学科交叉研究、多学科联合攻关的开展创造条件、提供帮助。这一切，都离不开硬件设施的改善。厦门大学的发展速度还不够快，我希望，在资源不足的情况下，我们要特别珍惜来之不易的资源，加快发展速度。

（五）加强管理，提高科研管理部门的服务水平

学校的科研活动需要科研管理部门的鼎力配合。学校科研成绩的进步离不开科研管理部门的积极服务和配合。科研管理部门在取得良好成绩的同时，在许多方面还有待改善。虽然学校在各方面不断地进步，但是与其他兄弟院校相比，我校整体实力进步不快。以 SCI 论文发表量为最简单的指标来看，我校 SCI 论文数量逐年递增，但是在高校排行榜中的排名却徘徊不前。这是有多方面的原因的，其中一个原因来自其他高校的合并。其他兄弟高校在并校初期遇到一些问题，但经过努力均已渡过并校的难关：并校所产生的负效应已经充分化解，而收益则已开始充分显现。总的来讲，并校是一件有效益的事情。实施之后能使资源使用更加合理，人员配置更加优化，办学实力大大增强。我校没有走并校这条道路，保持优势的同时也暴露出了缺点。这是需要我们正视的事实，也由此体现了科研管理和服务的重要性。

我们应该认清科研部门的概念。科研管理部门不仅仅是科技处和社科处，其他的部处机关也要发挥相关的作用。只有各个部门的通力合作，才能在最大程度上发挥科技管理部门的效力。科研部门要牵线搭桥，为我们的教师、科学家提供科研信息。信息就是项目，信息就是经费。要组织协调，帮助组建团队，协同攻关。全校科技项目种类繁多，科研管理部门人数有限，因此，要注意抓重点、抓团队。借助和倚重国家重点实验室、创新团队等学术组织的公共力量，学校在科研方面将会取得重大进展。要调查研究，科学制定各类实施方案和具体办法，形成合理的规章制度，使得我校科研有一个更好的氛围、更好的环境。

提升自主创新能力，
打造高水平研究型大学*

今天的报告分主要成绩、问题分析和努力方向三个部分。

一、2007年科研工作取得的主要成绩

（一）到位科研经费大幅增长

2007年，我校科研经费再创历史新高，达到29700万元，比2006年的21700万元增长了40%。其中，理工科26284万元，人文社会科学3411万元；纵向科研经费16959万元，横向科研经费达到11069万元，其他科研经费1667万元。按专任教师和科研人员实际人数计算，文科人均科研经费3.22万元，理工科人均科研经费30.14万元。这些数字是创记录的。

（二）科研项目取得稳步进展

理工科国家自然科学基金获资助经费达4511.5万元，其中面上项目达93项，新增国家杰出青年基金项目一项200万元，重点项目四项655万元，重大研究计划一项220万元。国家863、973、科技支撑计划项目较往年有较大的增长，共承担29项7000多万元。学校以优秀成绩通过国防科工委军品质量体系认证工作。郑兰荪院士以"物质

---

* 在2008年度全校科研工作大会上的报告。

性能的分子设计与结构调控"项目实现我校"973"首席科学家零的突破。横向课题稳步增长,课题的领域不断拓展,单个课题的经费数也在上升。

(三)科研基地建设取得新进展

2007年,我校积极整合各方的力量,大力加强平台建设。新增三个省部级科研平台(教育部微纳光电子材料与器件工程研究中心、亚热带湿地生态教育部重点实验室、福建省新能源产业技术开发基地),两个厦门市重点实验室(高性能金属材料重点实验室、防火阻燃材料重点实验室)。近海海洋环境国家重点实验室顺利通过验收,正式挂牌。我校向国家发改委申请的醇醚酯化工清洁生产国家工程实验室有望在近期内将获得批准建设。

教育部文科重点研究基地建设成绩显著。高等教育发展研究中心初步建成中国高等教育研究数据库平台,东南亚研究中心出版东南亚研究系列丛书,会计发展研究中心获国家财政部会计司表彰,台湾研究中心为各级政府部门提供高质量的决策咨询服务,宏观经济研究中心两次举行中国季度宏观经济模型(CQMM)预测发布会,预测结果客观、准确。国学研究院复办一年多,已有若干有影响的科研成果问世。

(四)科研队伍结构优化、素质提升

2007年,学校新聘全职教师251人,其中外籍教师50人。在职全聘教师201人(外籍教师除外)中,教授26人,副教授40人;具有博士学位的教师173人,占新聘教师总数的86%,具有外校学历背景的教师187人,占新聘教师总数的93%。学历结构、学员结构都有很大的优化,外籍教师水平和质量不断提高。

积极推进高层次人才计划的实施。新增973首席科学家一人、国家杰出青年科学基金获得者一人、2007年"新世纪百千万人才工程国家级人选"一人、教育部新世纪优秀人才支持计划入选者十人、福建省高等学校新世纪优秀人才支持计划入选者40人、"闽江学者"特聘教授7人、讲座教授7人,新增一个"国家创新研究群体"、一个教育部"创新团队"。

(五)科研工作取得可喜成果

2007年我校在 Science 杂志上发表论文两篇(其中一篇厦门大学为第二作者单位),获福建省科技进步奖二等奖一项、三等奖四项。孙世刚教授主持的课题组合成出具有高电氧化催化活性的二十四面体铂纳米晶体,成果入选2007年度"中国高等学校十大科技进展",并与"我国首颗探月卫星嫦娥一号发射成功并顺利传回探测数据"一同入选2007年度"中国基础研究十大新闻"。

2007年,我校申请专利195项,其中发明专利181项,实用新型14项;授权专利76项,其中发明专利58项,实用新型18项。(2006年,我校申请专利139项,其中发明专利127项,实用新型12项;授权专利69项,其中发明专利60项,实用新型9项。)根据中国科学技术信息研究所的数据,2006年我校SCIE论文520篇(全国高校第28位)、EI论文361篇(全国高校第51位),ISTP论文200篇(全国高校第44位)。[2005年我校SCIE论文442篇(全国高校第22位)、EI论文182篇(全国高校第56位)、ISTP论文115篇(全国高校第54位)。]我想说一下,国内很多高校在并校之后,办学实力不断增加,对厦大来说是个严峻挑战,但是很欣喜地看到,我校论文数,尤其是EI论文数在稳步增长,这说明我校科研,特别是工科科研水平不断增长。

文科2007年在核心期刊发表论文1008篇,比2006年增加15%;其中,一类核心期刊433篇,二类核心期刊575篇,分别比2006年增加22%和10%。在国外SSCI和A&HCI收录的刊物上发表论文24篇,在《中国社会科学》(该期刊全年共发表论文101篇)上发表论文5篇,两者均创下我校在该项指标上的最好成绩。被《新华文摘》(该期刊全年共发表文章1017篇)转摘论文11篇。交流面大大拓宽了。2007年获福建省社科奖100项(一等奖10项、二等奖30项、三等奖60项);吴玉章奖1项;钱端升法学奖1项。

(六) 社会服务成效显著

2007年,我校制定并实施了《厦门大学服务海峡西岸经济区行动计划(2007—2010年)》,首批规划建设十个科技创新平台和三个共享协作平台;100多个项目参加福建项目成果交易会,十多项优秀成果项目成功签约;与福建省政府相关部门共同主办两次的项目成果对接会,我校有47项在"生物与医药项目对接会"上实现现场对接。

2007年,共承接福建省科技项目3000多万元,其中包括基金项目50项,重点项目15项,重大专项一项等。完成了海西发展研究项目和决策咨询项目共150多项,其中,海峡两岸发展研究院完成了省委政策研究室七个委托咨询项目(合作课题)。帮助厦门市建设"厦门微电子集成电路设计公共服务平台",厦门市对这个平台感到很满意。今后我校要承担更多的福建省、厦门市的委托,把它当成很重要的一项科研内容抓好。

科技成果转化与产业化获得可喜进展。生命科学学院的"H5亚型禽流感病毒检测技术"项目的产业化工作已在加快推进。化学化工学院的"乙烯基吡咯烷酮(NVP)和聚乙烯吡咯烷酮(PVP)生产技术"项目以20万美元转让给印度巴拉吉胺公司,是我校近年来单项金额最高的技术转让。

学校先后与中国航空工业第一集团公司、大唐国际发电股份有限公司、福建省电子信息集团、信息产业部CSIP中心、山东寿光等大型企业集团和政府部门开展合作,组团参加第十届北京科博会、第九届上海工博会、第九届深圳高交会等各类科技成果博览会和论坛。可以说,我校与国有大型企业的合作已经打开了局面。

二、存在问题分析

（一）经验与体会

——正确处理数量和质量的关系　如何正确看待科研成果数量和质量，是我校必须认真考虑的一个严肃话题。我们认为，从学校整体而言，数量是基础，质量是目标。没有一定的数量不可能有高质量；没有质量的提高，数量也就失去意义。要求数量并不意味着放弃质量，追求质量也不排斥数量。我们一定要有这样的观念，任何成功都是在无数失败后才能达到的，想一步到位追求质量是根本不可能的。因此，我们在科研考核和科研管理的要求上，仍然要坚持有一定的数量要求，与此同时要强调质量导向，不断提高成果质量的评判标准，力争既有量又有质。

——高度重视科技创新平台和创新基地建设　从《国家中长期科学和技术发展规划纲要（2006—2020年）》和我国科技创新的发展趋势看，高等学校与科研院所的竞争将主要体现在创新平台和创新基地上。平台和基地是我们凝聚力量的根本，国内外无论是高校还是科研院所，都把建设好平台和基地作为科研工作的首要任务之一，我校也要高度重视。我们不反对教师个人的自由研究，但是，要更加注重有组织的、跨学科的联合攻关。

——高度重视创新团队建设　由于历史原因和发展水平所限，"单兵作战""作坊经营"成为学校传统学术和科研工作的一个习惯，人文社会科学长期以来更是形成了"一个人、一支笔、一张纸"的科研模式。这样的模式不应完全否定，但我们要适应当今科技日新月异的发展和要求，更重要的是要鼓励团队的力量，鼓励创新团队的建设。这几年，我校科研团队建设取得进展，团队已开始展现实力，例如，在生命科学学院、化学化工学院、海洋与环境学院、人文学院、经济学院都有若干科研团队取得了较好的科研成绩。

——明确科研的国家目标导向　国家导向是处于科技前沿、为了解决国民经济和社会发展的重大问题和科研专项,其中在许多方面都与我们的学科发展有密切的关系。国家导向应当成为厦门大学的导向,厦大作为部属重点高校之一,一定要把国家导向放在议事日程的最前面。我们要从学校的实际出发,围绕《国家中长期科学和技术发展规划纲要》的部署,根据学校的优势与条件,把握科技创新的重点和方向,整合学科与队伍的力量,确实找准学校与国家科技创新的最佳结合点。

——主动融入区域经济和社会发展　服务社会是大学的一项重要职能,更是高水平大学的重要价值体现。2007年,我校积极推动与地方政府和国有大企业集团的合作,加大学校科研信息与社会需求信息的交流互动,加强学校与企业的项目对接,促进我校科研工作与经济社会发展紧密结合。应该说,今年我校科研取得的新进展,跟我们紧密结合经济社会发展有相当大的关系。

——加强与境外高校及科研机构的交流与合作　加强国际交流与合作,是当今世界高水平大学发展的趋势,是提升大学科研水平与质量的有效途径。加强与境外高校、国际著名大学和科研机构的交流与合作,有利于我们紧跟世界科学发展的前沿,有利于我们在交流与合作中提高水平、缩短差距,有利于我们拓宽视野、更好地把握建设世界一流大学的规律。在这方面,厦大具有很好的基础和条件,已经取得了一定的成就,同时也还有广阔的发展空间。

(二) 不足与问题

2007年,与传统意义上的13所教育部综合性大学主要科研指标相比,我校2007年科研经费、人均科研经费、973首席科学家数、杰青总数、科技部重大研究计划项目(2006—2007)、国家社科基金重大项目数(2005—2007)、国家三大奖数(2001—2007)、百篇优博累计篇数(1999—2007)分别位列第9位、第8位、第11位、第9位、第9位、第10位、第10位、第12位。

主要不足与问题有：

——经费总量偏少 2007年,我校科研经费总量呈快步上升趋势,但与其他高校相比,在所选择的教育部13所综合性大学中排第9位,差距较大。横向课题、军工项目、国际合作项目有待于进一步争取。

——重大项目偏少 在争取重大项目中,组织协调力度还需要进一步加大。科技部重大研究计划项目至今仍未突破,国家社科基金重大项目也仅有1项,创新能力有待于进一步提高。

——有影响的科学家和科研团队较少 973首席科学家数在所选择的教育部13所综合性大学中排倒数第2位,杰青总数排倒数第5位,差距很大。科研队伍的整体水平有待提高,科研业绩增长后劲不足。此外,工程技术队伍总量不足,服务高水平科研创新的能力有待提高。

——科研评价体系有待完善 科研评价体系是导向,是指挥棒。一个好的科研评价体系,能够充分激发科研人员的积极性,使大家各尽所能,各展所长,各得其所。建设创新文化,很重要的一个方面是要逐步建立符合学科规律、有科学内涵、客观的评估体系。目前,我们对不同学科和不同领域的客观规律研究不够,工程技术人员的积极性不高,这些问题需要我们深入探讨,进一步完善现有的评价体系。

——高显示度成果少 2007年,我校在国家科技三大奖的评选中没有一个项目入选,2001—2007年的国家三大奖统计中,我校在教育部13所综合性大学中排第10位。有管理部门的同志反映,厦大的老师特别不喜欢评奖,调动不起积极性。我看了一些其他高校的获奖成果,觉得我校一些科研成果的水平丝毫不差,但我们没有报。为何不报,这其中有多方面的原因,包括文化层面的问题,厦大人历来是比较含蓄的,当然,还有其他原因,我希望大家好好探讨。

——高水平创新性人才培养能力有待提高 在校博士生规模偏小,科研生力军的作用没有充分发挥;研究生特别是博士生培养质量有待于进一步提高。目前我校百篇优秀博士论文仅为3篇,在所选择的教育部13所综合性大学中,与兰州大学并列最后一位。令人高兴的是,这3篇都是在近5年内获得的,说明我校高素质人才培养水平不断提高,但是为什么博士论文的质量还是不能获得更多的社会认可?个人觉得,主要是我们部分导师的培养思想和教育观念有偏差,没有对学生负足够的责任。如何解决这个问题,大家要好好讨论。

——横向科研项目仍然较少　产学研合作主要以短期的项目合作居多,缺乏战略层次的合作,科技成果转化和科技产业化水平较低。产学研合作从思想认识到落实措施上也还需要进一步加强研究,从形式、内容、运行机制、管理办法都还有待于充实完善。

——科研管理有待加强　部分教师承接项目后,不能很好地完成科研任务,不重视项目的结题工作,存在"重申请,轻研究"的现象;科研经费管理有待加强,科研经费存在"体外循环"的现象;科研投入产出的绩效不高,存在一定程度的科研浪费现象;科研管理尤其是院系科研管理有待加强,学校有关部门要严格把关,各学院的党委书记和院长要切实承担起责任,进一步提高我校科研管理的水平。

三、2008年的努力方向

实现2008年学校的科研目标,要重点做好以下几个方面的工作:

——进一步转变科研观念　要把个人兴趣与国家现实需要紧密结合起来,在鼓励基础研究、自由探索的同时,强调服务国家目标与需求,这个观点要反复讲;要正确处理好科研与教学的关系,教学与科研是高素质创新型人才培养的两大支柱,教学必须与科研紧密结合,科研必须向教学延伸,科研训练应该成为培养创新型人才的重要途径。比如华中科技大学,最近开始建设创新研究院,他们的人才培养完全是多学科、互相交叉融合的,打破了现有的专业限制,这一改革试点得到教育部和国务院学位办的支持,对此,我深有体会,如何加强本科生的科研训练,让高年级的本科生也接受创新研究的熏陶,这是我们要好好研究的。

要注重引导科研人员树立团队精神,强调懂得互相欣赏,多看到彼此长处,要学会尊重别人,在相互激励、互相帮助中共同提高,科研离不开竞争,竞争不是对抗,而是合作双赢,是共同发展;要正确处理好基础研究与应用研究的关系,做到既能"顶天"又能"立地",服务国家、服务地方、服务企业。

——进一步培养和引进高层次人才　要加大院士、长江学者、杰出青年等高层次人才的培养和引进力度。科研水平能不能上得去,关键在于人。希望各学院要把寻求人才、爱惜人才放在学院工作的第一位;积极创新人才组织模式,着眼于承担国家和区域重点发展领域的重大科技项目,以创新平台和创新基地为依托,以优秀领军人才为核心,大力推进"学科带头人+创新团队"建设。

创新研究生培养机制,重点做好研究生的培养,努力提高博士生培养质量。我校今年要实行研究生培养机制改革,这是近年来改革力度最大的一次。我们要把研究生资源与我校的科研需求相结合,打破那种无论有没有科研需求,都配备研究生名额的做法。研究生培养一定要突出"研究"二字,研究生不是本科生的五、六年级,研究生教育与本科教育应当有很大的差别。

——进一步完善科研政策　要充分发挥学部的职能,在深入调查研究、科学论证的基础上,根据不同学科的特点,制定相应的评价体系和评价标准。评价体系的建设,要有利于团队建设和调动科研人员的积极性,有利于形成鼓励创新和服务发展的政策导向。

完善人事分配政策和奖励机制,使每一位教师和科研人员各展所长,各尽所能,各得其所。要发挥学科综合优势,促进文理工医科交叉融合,切实增强承担国家重大专项和重大横向项目的能力。改革和完善科研经费的管理办法,确保横向课题经费进学校,要建立一套合理有效的激励机制,让教师把"体外循环"的横向经费转入校内。

——进一步改善科研条件　加快改善教师科研人员的工作与生活条件,积极拓展科研经费来源渠道,在继续争取纵向科研经费的同时,切实提高横向科研经费的比重,力争 2008 年科研经费达到 3.6 亿元;以"211 工程"和"985 工程"三期建设为契机,创新平台基地构建模式。要加强科研资源的共建共享,特别是大型仪器设备的配置一定要杜绝重复建设和大而全、小而全,让有限的资源发挥最大的使用效益。

我校这几年的条件有了很大改善,但是与需求相比还远远落后,许多学院科研用房很紧张,很多教师尤其是中青年教师的生活问题没有得到解决,特别是住房问题,这是一个很迫切的问题。学校正在全力解决这个问题,今年将会有一部分住在校内的老师搬到西北村去,校内可以腾出一些周转房,希望今年让青年教师住公寓的年限由一年延长到若干年。

——进一步推进产学研合作 高水平大学创一流必须"顶天立地",坚持以企业为主体、市场为导向,走产学研结合的道路。当前,我们要特别关注围绕国家中长期科技发展规划和重点发展领域,继续加强与国家部委和大型企业的战略合作,构建科技创新大平台,积极争取承接企业委托大项目。

落实"服务海西行动计划",围绕福建省主导产业和高新技术产业发展的需要,积极协调,分批启动建设面向海西产业发展需求的科技创新平台;通过办好全国"6·18"重点高校专场对接会,完善项目对接机制,使学校的科技创新能够和经济社会的发展联系得更加紧密,同时吸引全国著名高校和企业参与海西建设。

落实市校战略合作协议,在"985 工程"和"211 工程"重点共建、翔安校区建设、共建厦大医学院和附属医院、国家大学科技园建设、科技合作、人才培养等方面开展战略合作;与厦门市联合建设"国家大学科技园",充分发挥大学科技园的孵化功能,加速科技成果转化和技术转移。

——进一步开展决策咨询服务 发挥我校人文社科和理工医等多学科的综合优势,加强对重大理论和现实问题研究,积极为各级党委和政府提供高质量的决策咨询服务,充分发挥"思想库"和"智囊团"作用;

积极为企业经营的科学决策和文化建设提供帮助和服务。

春节前,我和朱之文书记带着一些同志到泉州和晋江,我们看到许多企业的领导迫切希望得到我校的帮助和服务。面对经济社会发展的迫切需求,我们的研究人员要走出校门,进一步发挥学科和科研优势,积极为经济社会发展出谋划策,努力成为各级政府和企业的思想库和智囊团。

——进一步加强国际交流与合作　国际交流合作是站在国际教育科技前沿、提升学校办学水平的重要途径。我们要进一步把现有的国际合作科研平台办好,在此基础上,以更加开放的姿态着力提升国际交流与合作的层次、水平和实效。以学院(研究院)为主体,进一步推动强强合作、强项合作,努力与一批世界名校、著名企业建立长期稳定的战略合作伙伴关系;创造更好的条件,聘请国际知名专家学者来校任教、开展合作研究,与国外高水平大学开展学者交流、学生互换;引进境外优质教育资源,促进合作办学。

——进一步加强科研管理　管理出效益,管理出质量。我们要高度重视科研管理,特别是要加强对重大项目和重大科研奖励申报工作的设计,一方面要积极引导和组织校内相关力量对科研项目和科研奖励的争取工作,另一方面要扩大宣传,畅通渠道,鼓励广大教师和科研人员积极参与各类重大科研项目的竞争和评选。

加强科研成果,引导专利和各类奖项的申请,加强知识产权的保护;加强对科研项目的后续管理工作,提高科研项目的完成质量;建立并完善科研管理系统,加强技术支撑队伍和科研管理队伍建设,提高科研管理与服务水平。

——2008年科研任务　去年,我校理工医科科研经费任务实际完成26284万元,完成率达125%,今年的任务是3亿元;人文社科科研经费实际完成3357.4万元,完成率也不错,达90%左右,今年要完成6000万元。这样的一个任务是不是高了?根据我校人文社科的力量与水平,我认为不高,只要认识到位,措施得力,完全有可能完成,中国人民大学去年完成了 11000 万元,浙江大学是 6000 万元,中山大学大概是 5000 万元,与这些高校相比,我校还有很大的空间可以拓展,很大的潜力可以挖。

最后,让我们共同努力,进一步解放思想,进一步奋发精神,进一步认清自己的担子和使命,共同把我们今年的科研工作做得更好,更加圆满地完成今年的科研任务。

协同创新,夺取我校科学研究的新胜利[*]

2011年4月,胡锦涛总书记在清华大学庆祝建校100周年大会上发表重要讲话,紧扣"全面提高高等教育质量"这一核心问题,指明了"四个必须"的发展方向。为落实全面提高高等教育质量的要求,教育部印发了《关于全面提高高等教育质量的若干意见》,教育部、财政部正式印发了《关于实施高等学校创新能力提升计划的意见》。这两个文件鲜明地凸显了当前高等教育发展的两个关键词——内涵发展和协同创新。

协同创新,是胡锦涛总书记对高校科学研究提出的新要求。总书记强调,高校要在"积极提升原始创新、集成创新和引进消化吸收再创新能力"的同时,"积极推动协同创新","要通过体制机制创新和政策项目引导,鼓励高校同科研机构、企业开展深度合作,建立协同创新的战略联盟,促进资源共享,联合开展重大科研项目攻关,在关键领域取得实质性成果,努力为建设创新型国家作出积极贡献"[①]。开展协同创新,既是现代学术发展的内在规律使然,也是建设创新型国家的现实要求。"高等学校创新能力提升计划"简称"2011计划",将于今年启动实施,这是继"211工程"和"985工程"之后的又一重大机遇。我们必须抢抓机遇,精心谋划,及早行动。

下面,结合这次会议的主题,就如何开展协同创新、夺取我校科学研究的新胜利,再强调几点意见:

---

[*] 2012年4月26日在全校科研工作会议上的总结讲话。
[①] 胡锦涛:《在庆祝清华大学建校100周年大会上的讲话》,人民出版社2011年版。

一、抓好科研与教学的融合，
以高水平的科学研究支撑高质量的人才培养

科学研究是培养高素质人才的重要途径。"2011计划"提出人才、学科、科研三位一体创新能力提升的核心任务，目的是围绕重大科学问题和国家重大需求，增强人才培养、学科建设、科研之间的协同与互动。为此，我们要抓好科研与教学的融合，建立"寓教于研、以研促教"的创新人才培养模式，以高水平的科学研究支撑高质量的人才培养，造就更多的新知识的创造者、新思想的孕育者、新学科的建设者。与此同时，让高质量的人才培养促进高水平的科学研究。

要积极探索将各方面的办学优势转化为人才培养的优势，其中最重要的是将高水平的研究成果直接转换为培养人才的教学资源。杜威曾指出，学习应基于有指导的发现，而不仅仅是信息的传递。因此，要构建探究型的互动教学平台，把教师科研课题与学生科研训练有机结合，带领学生开展研究型学习和创新性实验，尽早让学生参与科研训练，尽快适应一场"学习的革命"，加入到自觉参与研究、参与创新实践项目中，不断提高创业创新能力。

要丰富科研资源，为广大学生开展讨论式、研究性的学习创造良好条件。高水平的科研平台是培养高层次创新型人才的最理想阵地。突出科研平台在拔尖创新人才培养的重要作用，鼓励各类科研平台向学生开放，为他们提供一流研究条件和实验设备，发挥科研资源的更大效益。要积极与企业开展战略合作，建立多学科融合、多团队协同、多技术集成的重大研发与应用平台，开展长期的联合项目攻关，大力开展工程技术人才培养的协同创新，联合培养高层次复合型人才。

要营造浓郁的科研氛围，为学生营造鼓励独立思考、自由探索、勇于创新的良好环境。把学生课外创新活动、学业学术竞赛、创业计划大赛等大型课外创新活动有机地结合起来。通过各类创新创业基金的支持,鼓励学生参加富有创新性的科研课题研究、学业竞赛,加强学生创新意识、创新实践能力的培养。加强校内外实习基地建设,提升学生开展田野调查和驻点研究的能力。

二、抓好文理工医的融合,以多学科交叉集成支撑大科学团队的形成

大科学时代,学科既高度分化又高度综合,科研组织形态复杂、科学与社会联系愈发紧密等特征,不同学科之间就需要交流、碰撞与融合,如人类基因图谱研究、全球变化研究、纳米科学、基因工程、登月计划等都是大科学研究的典型。

要转变"个体研究"旧观念,树立"团队作战"新观念。随着人类对自然认识的深入,各学科的外延不断扩大,学科之间的原有藩篱逐渐模糊,新的科学发现往往需要突破学科围墙,强化多学科交叉、融合、集成。要改变研究人员局限在本学科内开展科研的固有思维和模式,培养大科学研究的意识,学会围绕一个重大科研目标,进行有组织、有分工、有协作的大科学研究。关于诺贝尔奖的一项统计数据表明,20世纪诺贝尔奖获奖者中,超过40%获奖者的发现是在多学科的交叉领域,尤其是最近25年,自然科学领域的诺贝尔奖中授予在交叉学科领域作出贡献的科学家超过了50%。

要围绕科学前沿和国家重大需求,积极组建大科学团队。通过"985"工程的持续建设,学校已初步建设一批重大的创新平台,承接大项目能力显著提升。要以国家重大需求为目标,以解决重大问题为抓手,以平台基地和重大科研项目为纽带,不断强化问题研究的意识,围绕国家急需的战略性问题、科学技术尖端领域的前瞻性问题和涉及国计民生的重大公益性问题,集聚一流的创新团队,组建若干大科学团队。积极探索中外高水平大学、科研院所建立实体性合作平台,凝炼研究方向,创新人才组织模式,大力推进"学科带头人+创新团队"的建设。

要突破高校内部以及与外部的机制体制壁垒,开展促进高校协同创新的组织管理、人事制度、人员考评、科研模式、资源配置方式、国际合作以及创新文化建设等方面的改革,释放人才、资源等创新要素活力,着力构建富有效率、更加开放、有利于跨学科研究的体制机制,保证教师尽可能排除外界干扰,发挥合力进行重大项目攻关。通过体制机制改革创新,使高校科学研究工作超越学科导向,逐步向以需求为导向转变,使组织管理从个体、封闭的方式向流动、开放、协同的方式转变,使创新资源从孤立、分散的状态向汇聚、融合的方向转变。

三、抓好基础研究与应用研究的融合,让高水平的科研成果尽快转化为高质量的高科技产品

一项研究显示,目前我国的科技成果转化率大约在25%左右,真正实现产业化的不足5%,同发达国家相比严重偏低(发达国家科技成果转化率超过60%,发展中国家的科技成果平均转化率在40%以上,其中印度为50%)。要实现科技驱动发展,最重要的是根据经济、社会发展需要,将科技成果转化为生产力,创新也因此体现为从基础性研究到市场实现的全链过程。大学需要基础研究,也需要应用研究,更需要将高水平的科研成果尽快转化成高质量的高科技产品。

要以学科建设为依托,推动基础学科与应用学科的交叉融合。当前,社会发展面临的重大科技问题越来越趋向综合化、复杂化,多学科联合攻关、跨学科融合创新成为解决重大科技问题行之有效的方法和途径。为此,我们要建立健全科学长效的学科发展和动态调整机制,坚持以国家重大需求为目标,以解决重大问题为抓手,以平台基地和重大科研项目为纽带,大力推动基础学科之间、基础学科与应用学科、科学与技术、自然科学与人文社会科学的交叉、融合与渗透,努力培育新的学科生长点,提高解决国民经济、社会发展重大科技问题的能力。

要以协同创新中心建设为载体,加快产出高水平科研成果。依托

我校优势学科，整合有关力量，积极探索与国内外高校、研究机构建立与国际接轨的知识创新模式，与重要企业、科研院所建立产学研用融合发展技术转移模式；推动校地、校企深度融合，不断探索协同攻关、联合培养、平台共享的新途径，形成有利于基础研究与应用研究和谐有序发展的新格局。要创新体制机制，坚持多元化的管理模式，探索开放式、灵活型的人员聘用与流动机制；推动创新要素的深度融合，增强创新资源和成果的开放共享，提高效益；构筑学校综合改革与政策汇聚的特区，保障协同创新中心的可持续发展，确保创新中心产出"国家急需、世界一流"的高水平科研成果。

要以需求为导向，探索加快促进科技成果转化和产业化的新方法。充分认识到国家战略和社会发展需求是科技发展的原始动力，重视科学研究与技术开发、产业进步的结合，积极融入国家技术创新体系，面向重点地区和重点行业，主动参与产业技术联盟建设，建立多学科融合、多团队协同、多技术集成的重大研发与应用平台。进一步完善分配机制，保护知识产权，提高专利的实施率，充分调动教师、科研人员规范开展科技开发和成果转化的积极性。

四、抓好科研与管理的融合，
以精细化的管理促进有效率的科学研究

有效率的科学研究的开展需要精细化的管理作为依托。加强以重细节、重过程、重质量为特点的精细化管理，逐步实现科研管理的标准化，提升科研管理效率和水平，真正促进科研工作的高效开展。

要加强科研管理制度建设，建立精细科学的管理体系。按照"科学管理、政策激励、提高质量"的原则，出台、修订相关科技管理制度，进一步建立健全包括科研经费管理、科研成果奖励办法、科研项目管理、科研成果管理等在内的各项科研管理规章制度，构建规范、高效的科技管理体系和制度保障体系，形成自我发展的良性运行机制；完善以创新和质量为导向的科研评价激励机制,建立不同学科的科研评价指标体系和人才评价体系;建立科学的调控机制,促进科技资源高效配置。

要加强科研管理队伍建设,形成精干高效的管理团队。强化科研服务意识,激发科研人员的创造力,推动科研工作的科学化进程,营造有利于科研工作者成长和科研成果产生的良好的科研氛围;充分调动院系开展科研精细化管理的积极性和主动性,实现科研资源的合理配置和有效利用;丰富科研服务方式,积极开展科研项目全过程服务,形成建议、评审、检查、评估等一系列科学的延伸程序,真正实现科研工作的全过程管理;积极开展科研成果转化推广和科研交流协作服务,引导科研人员关注研究成果的经济价值和社会价值,促进科研资源共享,为开展跨学科综合研究、协同攻关提供支持;加强科研管理人员培训,增强服务意识,提高服务能力,建立一支知识面广、实践经验丰富、充分把握学科基础及前沿发展动态,具备现代科研管理知识及较强的组织协调能力的科研管理人才队伍。

要加强科研管理信息化建设,建立精确有效的管理系统。进一步加强科研管理系统信息化建设,提高科研管理工作效率和质量;建设动态的科研数据中心和科研管理沟通平台,全面、实时、准确地提供学校有关科研信息;利用现代信息手段,让科研人员从不必要的、繁琐的考评等事务中解脱出来,确保他们更多的时间专注于科研;强化科研信息系统的统计功能,为科研分析、管理决策等提供各类数据支持。

总之,随着创新活动不断渗透到整个经济社会发展进程,协同创新必然成为整合科技资源、提高创新效率、增强创新效果的重要途径。我们要深刻领会胡锦涛总书记在庆祝清华大学建校 100 周年大会上的重要讲话精神,把握发展机遇,把协同创新贯穿于自主创新的实践中,下大力气破除体制机制障碍,最大限度地激发广大科研人员的积极性和创造性,团结一致,群策群力,走出一条具有厦大特色的协同创新之路,夺取我校科学研究的新胜利!

如何推进学科交叉[*]

非常地感谢我们每一位院长的发言,我觉得每一位都讲得非常好,由于时间所限,我想还有很多院长都有话想说。我们还有其他的方式供各位院长就如何推进学科交叉的问题发表自己的意见和建议。

古人说,"开卷有益",看书就会有收获。我们现在是"开听有益",只要大家汇聚在一起互相交流就有收获。今天下午,和大家一样,我感到很有收获。关于如何做好学科交叉,是一件很难的事,但是一件很有意义也肯定能做好的事。为什么这么说?因为它有需求。只要有需求,我们大家一起来努力,就能够克服万难把它做好。

听了十几位院长的发言以后,我认为,学校层面要想办法从以下几个方面来推动学科交叉建设:

第一,"以点带面,上下结合",即先从学院做起。我们有一些学院,院内的交叉现在做得相当不错。多数的学院现在都开始在淡化专业的限制,也在淡化所谓的系(所)分隔。我记得很清楚,建筑土木工程学院的王院长前几年提到,有人说建筑与土木工程这两个学科如何如何,现在还有这种声音,希望学校把土木工程分离出去,另外成立一个土木工程学院。我当时就坚决不同意。我说,搞建筑的建筑师主要是设计房子,设计房子的人懂点土木有什么不好的呢?你们如果懂土木懂结构,你们设计的房子肯定更受客户的欢迎。为什么呢?你们在设计的时候就考虑到了怎么更能节约成本。不单单是设计得好看,而且还考虑到它的结构问题、成本问题,等等。那么搞土木工程的人懂点建筑又有什

---

[*] 2012 年 7 月 8 日在第一届院长恳谈会上的讲话。

么不好？我相信，他在做结构什么的时候就会更有美感，不会把东西设计得硬邦邦的，而是更有灵性。所以，我当时是坚决不同意，我说，搞建筑的也要懂点规划，因为懂规划了之后能够从整个大的层面来节约建筑成本，能够从大的方面使得这个建筑物成为一个精品；反过来，学规划的也要懂点建筑、懂点土木工程。我举这一个例子，是想，能不能从学院的层面先开始做起。

第二，学校层面要大力支持学生社团的活动。现在很多方面，真是学生走到老师的前面了。我最近去看了几个社团的活动，一个社团组织一个活动，都是跨学院、跨学科的，十几个学院、几十个甚至上百个同学一起来做一个项目。在2013年8月2日我去山西参加了国际太阳能十项全能竞赛，牵头的是建筑与土木工程学院的同学，总共参加的人数有300人、一二十个学院。当时在现场的一二十个同学，来自五六个不同的学院，建筑的、机电的、软件的、能源的、环境的，还有文科的。我看了以后很感动，我就说现在都已经是同学走到了老师的前面，学校应该大力支持学生的社团活动。我今天看了以后，写了个东西，批评了宣传部。同样的一个竞赛，清华大学真是宣传得好，起到了一个促进教学科研、促进人才培养、促进科学研究的效果。我们同样做这样一个事，却都看不到宣传。所以我把清华大学的宣传材料给打印下来，转给宣传部。我说你们就这个来开一个专题会，我也来参加。我讲这个意思，就是要说明学生中间蕴含着极大的热情，蕴含着极大的能量。学校要尽可能地、大力地支持学生进行这种创造性的活动。

第三，从学校的层面来说，要给学部更多的学科交叉的资源。我们现在学部成立起来了，并且已经开始在体制机制的层面发挥作用，这很好。我们的学部条例确定了学部的三大功能：第一，规划学科的发展方向。第二，制定学科的人才标准。今后人才的聘用，学部要发挥重要作用。我们准备实行一个三级的评审制度。第一级，院长有提名权；第二级，院长提名以后，由学院的教授委员会来投票赞成还是不赞成；第三级是学部同样有否决权。到了学部，主要是把关，一个教授到底要有一个什么样的标准,学部要有一个相对统一的要求。这个否决权由学部主任来主持行使。最后到学校的聘委会主要是一种程序要求,完全按程序来审查,只审查在这个过程中间有没有违规的现象、有没有存在学术不端问题的举报而没有查清楚。校聘委会不能去判断这个人的学术标准够不够、有没有水平,而是要相信以上这三级,校聘委会就是形式审查。

我说这个就是要促进、加大学部的学科交叉的资源调控能力。我们要给学部一定的资源,让学部来促进我们的优秀教授,实现学科间的交叉流动,至少能够在学院之间,给我们的学生以最好的教育。今天十几位院长都有讲到很多体制机制方面的障碍,我想学校都要去克服。

第四,学校要全力加强和促进跨学科文化和环境的形成。跨学科是需要有文化的,也需要有环境的。比如大家彼此之间应该有更多的认识,应该有更多的感情上的交流,有更多的见面机会,有更多的了解,大家的共同兴趣能够得到更好的发现。所以我也赞成,要搞学科交叉,彼此之间要水平相当。不能够一个武林高手去和一个初出茅庐的交手,要水平相当才能够切磋得起来,这是一点。那么什么叫做水平相当?彼此要了解。单单靠一些文章什么的还不够,还要靠交谈,还要靠互相之间各种方式的交流。学校在这方面要加强要促进这样一种文化的氛围的形成。所以这几年学校一直来鼓励、一直来促进咖啡屋的建设。人文学院有创意,搞了一个茶馆,不管是咖啡馆还是茶馆,其实都是一个目的,就是让我们的老师彼此之间能有更多的交流和见面的机会。所以我也希望我们各个院、各个学部,不要认为简单地在一个地方倒一杯咖啡就可以。我曾经批评一位院长,我说你没有理解为什么要弄这个东西,我们现在谁家里没有一杯咖啡、没有一杯茶喝?谁会跑来你这里喝?买一个咖啡机放在那个地方,我说你这里有人来吗?到底有谁到你这家店来?你要建设一个这样的环境,让人家感到很舒服,有自己家没有的东西。把这些老师吸引到这里来坐一坐,在这里坐半个小时,大家互相交流交流,要起到这样一个作用。各个院长也可以互相交流,看看怎么样把这样一种文化氛围给它建设起来。

教学和科研如何更好地统一[*]

上次院长恳谈会的主题是"如何做好学科的交叉"。那次会开完以后，好几个院都有所行动，且开始见到成效，在原有的基础上进一步加强学科之间的交叉，好几个院长都有意识地来推动自己学院和其他学院、自己学科和其他学科之间的交叉。这次院长恳谈会，我们定的主题是"教学和科研如何更好地统一"。

应该说，在一所大学里面，教学和科研就像是一枚硬币的两面。它实际上是统一的、不矛盾的。但不管怎样，它又是一枚硬币的两面，教学和科研还是有不同的。二者之间如何做到有机的统一？它们是一对矛盾的统一体，既有差别，同时又不对立，既有矛盾，又是统一的，就看我们怎么来把握它，特别是在理念上如何看待它。在大学里教学和科研怎么能够做到相互支撑，相互促进，共同提高。共同发展？这是我们大学，特别是一流大学、研究性大学，面临的一个很大的问题。所以，这次院长恳谈会，我们就这个主题，各位院长一起来谈谈看法，发表高见。我们一位院长给起了一个名字，叫"群贤论道"，就在这个群贤厅，每年两次，就学校里一些大家共同关注一些关系到学校发展的最根本的问题，请各位院长来发表自己的见解。

我们厦门大学怎么能更好地完成大学的使命，让我们的学生都能够得到更好的教育、更好的帮助，在校园里更好地发展、更好地成长？大家都谈了很多，提了很好的建议。我是赞成这样一种看法。虽然说我们现在把通常大学的使命归结为四个方面：一人才培养；二是科学研

---

[*] 2014年1月11日在第二届院长恳谈会上的讲话。

究；三是社会服务；四是文化传承与创新。大学在这四个方面都要作贡献，有作为。但是，不论是哪一个方面，人才培养是最根本的，我们所有的工作都是围绕人才培养来开展的。学校，"学"字当头，学生为本，一切为了学生。因此，大家提的好多条建议，我确实很赞成。

从厦门大学来讲，刚刚江院长在他的报告里把化院的传统作了一个简要的归纳，我觉得挺好。实际上化院的传统在某个方面是厦大的缩影。厦大在历史上就很重视人才培养，很重视教学，很重视教学和科研的结合。厦大在历史上也是功利性最少、最弱的学校。到现在为止，我个人还是这么认为，厦门大学在坐冷板凳这方面是最能够坐得下、最能够沉住气的，对学生也是最为关怀的、最为投入的学校之一。但是我们应该承认，这么多年下来，特别是受到市场经济的影响，因为市场经济是一个双刃剑，对促进整个社会的发展有很积极的一面，但是也有影响这个社会发展的消极的一面，最要命的就是它的功利性。厦大也受到了这样的影响，有些老师，做什么事情，他都先问一下对我有什么好处。如果对他好处不多、不明显，或者经过比较后发现哪一个好处更多，他就去做那个。厦门大学有很多的老师对教学、对学生是很负责任的，但我们也不否认，还是有些老师对教学、对学生是不负责任的，或者说不那么负责任。如何来改变这样的现状，刚才很多院长提了很多很好的意见和建议，包括自己的学院已经做了的、正在做的，或者将要做的、想要做的，都讲得非常好。

我要谈我个人一个最基本的观点：教学和科研二者肯定能够相互促进，相互支撑，共同发展。有没有一些特例，二者之间会有冲突会有矛盾，包括刚刚大家讲得比较多的：时间是一个定量，每个人一天都只有 24 小时，在这个定量里面，分配到教学上面多了，分配到科研上肯定就少了。它毕竟是两件事，肯定是有矛盾的。我个人还是认为，这样的矛盾，如果在观念上、体制上、机制上解决了，这二者并不是完全对立的、冲突的、不和谐的，而是能够统一的。比如说有一些教授，他们在这三年里面科研的任务很重，接受了很多的课题，承担了国家级的大项目。在这三年里面,或者说更长一点,他能不能就以科研为主?包括之前有院长讲的,他出钱去请别人来代课。按照人事处的统计,我们现在有将近3000名专任教师。像这样的教授,如果在厦大有5%,就有150人;如果再扩大一点,10%,300名教授。我觉得就让这300名教授在这三年或者说更长的时间里一心一意地去做科研,我们的教学还是能够很好地完成。事实上,相当一部分老师,科研没有做好,教学也并没有多承担,真的教学搞得好的,往往也是科研任务完成的好的,在文理工医都是这样,从最根本上来讲这才是一个真正合格的教师。我认为这还是一个理念问题,教师嘛,育人是最根本的;善待学生,是最基本的职业道德。如果大家在认识上面能够有领悟,教学能搞好,科研也不会落下。再辅之以好的体制机制、好的评价标准,肯定能够解决这个问题。

在有些方面,有的院长也很体谅学校的情况,说这么大的学校不得已就只好一刀切。我觉得在管理水平比较低的情况下,我们要承认这样一个现实。但是到了现在,不应该这样,不应该满足于一刀切的政策。我跟他说,如果有的教授真的要求把所有精力都放在科研上,叫他写出理由出来,只要有理由充分、合理,学校就应该同意。因为这样的教授在厦门大学,或者说任何一所大学,终究不会很多,人数终究是有限的。如果确有这种要求,而且合情合理,我们的体制和机制就应该满足他。所以说理念是最根本的,如果再辅之以科学合理的体制机制及评价标准,教学和科研客观存在的矛盾和冲突是能够得到协调的。

这里我还想讲一讲严格要求学生的问题。我很赞成对学生要严格要求。萨校长在厦大对学生严格要求,一直到现在,当年的毕业生依然感恩不尽,说当年如果没有萨校长那么严格要求,抗战八年是不可能出那么多人才的。当时那么困难的情况下,要到龙岩、长汀去是很困难的,但是厦大有一条规定是萨校长定下来的:报到时间下午六点钟截止,到了六点报到处关门了,晚一分钟都不行,对不起,给你保留学籍,你明年再来。有的同学在路上辗转了一两个月才来到厦大,那也不行,就是这么严格。前面好几位院长讲到，我们现在有的老师有"与人方便，与己方便"的想法。他对学生松、对学生宽，其实是希望学生对他也松、对他也宽。我做过调查，其实像做这种好人的，学生多数在后面都在骂他，说这种做好人的在学生中间没有威信。因为我自己是法学院的教授，我对法学院的情况可能更了解一些。法学院的老师对学生是比较严格的，特别是有几个老师，学生把他们称作是"杀手"，一上了他们的课，参加了他们的考试，这些学生心里都是害怕的。就是这几个老师，在学生里面的评价、在毕业生里的评价是最高的。当然法学院也有不足，包括科研方面，比如学生的科研是抓得不够的。但不管怎么说，他们最严格的老师，其实是受学生爱戴的。我们的学生很聪明，他们都心知肚明。

我想孔子"有教无类"的思想是对的，考进厦大的学生，我个人认为全是好学生，都是千军万马过独木桥进到厦大来的。我们本科生的生源单从分数上来看，在全国各个学校里面都是名列前茅的。除了北大、复旦、清华、交大这些学校以外，可能再往下就到厦大了。好多北京的家长，孩子进不了清华北大，就动员孩子到厦大去。所以厦大的学生都是优秀的，如果在厦大不行，那就说明是我们学校的工作做得不行。学校的工作没做好，有客观的原因，也有主观的原因。比如说客观上的原因，我们现在还不能让我们的学生自由转专业。我们有太多的学生了，一年招5000个本科生，还做不到这点。我们的社会不能够让我们的学生随便转学校，基本上是你再不喜欢厦大，你也给我待在这个地方。在有的国家，相对来讲要宽松得多。打个比方，如果哈佛大学里不让我转专业，我不读你哈佛，我到其他学校去。这是我们的一个客观的原因，但是我觉得更多的是主观上的原因。这两年很好，邬大光副校长抓得很紧，教务部门非常投入。这几年我们抓本科生教学，特别是第一堂课——入门课，都要让最好的老师去讲。我们原来不重视一年级学生的课，都是让一些没有多少经验的、最容易接受任务的，或者话语权最弱的老师去讲一年级的课。这样的老师一讲，学生就不感兴趣，就对这个专业产生了排斥。因为一个人的期望值越高的时候,往往他的失望度也越强。他来到厦大,觉得个个老师都是高手,讲起课来都是出口成章,思想深刻。不论是文科、理科、工科、医科,学生都是这样的,结果糟了,一到厦大来,有的老师水平不高,还不认真、不负责,一两次之后,不爱上课了,又受到各种诱惑,逃课、睡大觉,等等,结果毕不了业。对学生,对家长,甚至对学校,应该说都是悲剧。

所以,学校现在也开始采取一些措施,包括刚刚讲的学校的一些东西,要克服形式主义,等等,这些是对的。但是有一些确确实实是大环境的问题,我们是在适应这样社会现实,适应这样的一个制度。像国际班,还有创新班,就像韩教授所说你希望有一些有限制的小班制,做的就是这样的事情。我就通过这样的途径,选一些各方面既有潜质又有兴趣的学生,让他到这个班里来。具体怎么样做得更好,我们可以探讨。现在我们跟国际上的合作很多,慢慢地要和国际上的一流大学的一流教授合作,虽然目前主要是科研的合作,但是今后慢慢地要有更多的教学方面的合作。经院、化院都有这方面的经验,请了外院、外校很好的老师给学生开课,哪怕这个课就在短学期,或者就在长学期里讲几周,都是很好的。

再一个是要根据各学科的特点来给学生更好的教育服务,让他们有更多的实践实习、动手的机会。我们现在可能还很难做到像国外的一流大学那样,一年两年的时间都在实践实习,但是我们有一些学科能不能在实践实习上给学生更好的条件和帮助?刚才有几位院长讲得很好,对我来说,对大光副校长来说,对其他各位院长来说,对有些还有处室的同志来说,我想都会很有启发的。

人才培养是大学永恒的话题,也是最根本的使命。厦大在这方面要加强。首先从严格要求教师开始,再来严格学生。如果倒过来,讲句实话,我要抓学生是很容易的。我要不让他毕业,要给他处分,不给他奖学金,甚至开除他,不是难事。但是我讲这个意思是在于,我们的学生为什么会这样?进来的时候都是好学生,很刻苦地学习,高考考了这么高的分数,为什么到了厦大没几个月就变得不爱学习?我接待了很多家长,他们都感到奇怪,说我这个孩子从来都是爱学习的,怎么到了厦大整天就睡觉?我听了很难受,我知道什么原因,就是我们有的老师不负责任,动不动就旷课。所以教务处这几年抓了一下,效果很明显。如果哪个老师敢放学生的鸽子,那这个老师是叫做"几级教学事故",那是最高的。如果说学生到了课堂老师没来,那就要考虑怎么解聘这个老师的问题。要首先严格要求老师,再严格要求学生。我一直给学生上课,给本科生上课一直上到2010年,后来学校事务太多,忙不过来,就跟学院说我不能再上了。我自己经常监督学生的考试,只要老师严格,学生怎么敢作弊?根本没这回事。如果一个考场有学生作弊,就是因为老师不严格。最基本的两条,我当时跟教务处说把这作为考场规范:第一条,所有学生考试的时候都按照学号来排位置,不准自己自由坐,不准自由组合,全部按照学号顺序坐;第二条,每两位置中间必须要空着一个。教务处安排教室的时候就要做到这一条,不准两个人挨着坐,中间必须空一个位置。就这两条基本的规定做下去没那么容易被偷看和抄袭的,被偷看和抄袭的都是"死党",平时好得不得了,考试的时候坐在一起互相看,而如果互相不熟会这样做吗?我想这主要是老师的问题,只要严格起来都能够解决这样的问题。

今天的院长恳谈会是很好的,我就说这些,谢谢大家!

人才观与世界知名
高水平研究型大学建设[*]

今天,我们在这里隆重召开全校人才工作会议。这次大会的主题是:深入贯彻落实科学发展观,实施人才强校战略,加强人才队伍建设,创新人才工作机制,营造有利于人才成长的良好环境,努力开创人才辈出、人尽其才的新局面,把我校建设成为聚集各类优秀人才、造就一流科学家的"人才高地",加快推进世界知名高水平研究型大学建设。

一、"十一五"以来学校人才工作所取得的成绩和经验

(一)"广纳群贤、人尽其才"是厦门大学的优良办学传统

厦门大学筹办之初,校主陈嘉庚先生便力邀蔡元培等社会贤达担任筹备委员,共商办学大计。各位委员对如何办好厦大的最基本共识就是要把一流师资放在校务的首位,鲜明地指出了教师之贤否与学校进行之前途有重大关系,明确了人才引进的原则与目标,就是在教员选聘上"完全采取人才主义,毫无畛域之见,对于各学科之著名高等专门人才极力罗致,使之尽毕生之力以从事各科学之教授与研究,希望将来厦门大学成为我国南部之文化中心点"。

林文庆担任校长期间,极其重视人才引进,"不惜重金礼聘贤才",为知名教授开出的月薪高达 400 银元,建校短短几年,厦大便群贤毕

---

* 在2012年人才工作会议上的报告(1月11日)。

至，名士云集，鲁迅、林语堂、沈兼士、顾颉刚、孙伏园等一大批大师到校任教。萨本栋校长在八年抗战、国难当头的厦大"内迁长汀"时期，仍然为厦大建立起一支实力雄厚的师资队伍而不懈奋斗着。他认为，要提高教学质量，必须聘请高素质的教授。他亲力亲为，利用其个人声望以及与清华大学和驻美公使的关系，为聘请优秀的教师而四处奔波，在其不懈努力下，施哲存、傅鹰、周辨明等名师前来厦大任教。除了大量聘请知名学者，还积极培养年轻教师，尽量给他们多提供深造的机会。至1945年抗战胜利时，全校发展为4院15系，教授、副教授94人，学生达到1044人，雄厚的师资力量最终成就了"南方之强"的美誉。中华人民共和国成立后，虽然百废待兴，但王亚南校长仍把最大的精力放在优秀师资的引进与培养上，他极力加强研究生的培养，重视教学与科研的结合，目的就是能为厦大培养优秀的教师。他与陈景润的故事更是他求贤若渴、爱才如命的生动体现。

改革开放以后，学校秉承求贤爱才的优良传统，牢固树立"人才资源是第一资源"的理念，始终坚持以人为本、培引并重，大力实施"人才强校"战略，出台了一系列人才引进和培养政策，采取强有力措施，加大力度引进人才、培养人才、关心人才、用好人才，不断营造有利于人才聚集、人才成长、人才干大事的良好环境，努力打造与高水平研究型大学建设相适应的高素质人才队伍。"十一五"期间，学校坚持党管人才的原则，在校党委的强有力领导下，学校的人才工作有了新突破，人才队伍建设取得了新进展。

（二）坚持以人为本，着力抓好人才培养工作

一是积极落实人才培养计划和政策。"十一五"期间，学校紧紧依托国家重大人才培养计划、重点学科和重大科研平台，着力抓好学术领军人物和中青年学术骨干的培养。大力实施厦门大学"高层次创造性人才计划""特聘教授、讲座教授和创新团队发展计划""新世纪优秀人才支持计划""创新团队发展计划""青年骨干教师培养计划"等一系列

人才培养计划，积极推动基本用人制度、聘任制度、分配机制等系列改革，不断完善评价体系，建立"教研结合"的积分考核制度等。通过积极落实各类人才培养计划和政策，我们培养了一批具有国际领先水平的学术领军人物，支持了一批学术基础扎实、具有突出的创新能力和发展潜力的优秀青年学术带头人和青年骨干教师，形成了一批优秀创新团队，带动学校师资队伍整体水平的提升。

目前，学校已拥有两院院士23人（其中双聘院士12人）、"973计划"首席科学家6人，国家杰出青年科学基金获得者31人、国家级"百千万人才工程"人选14人，长江学者特聘教授12人、闽江学者特聘教授61人、校级特聘教授37人，国家自然科学基金委创新研究群体5个、教育部创新团队7个，福建省创新团队6个，校级创新团队20个，列入教育部"新世纪优秀人才支持计划"102人，列入福建省"新世纪优秀人才支持计划"113人，列入校级"新世纪优秀人才支持计划"74人，入选福建省"创新创业人才计划"8人。

二是积极选派教师到校外研修。学校积极拓宽培养渠道，选派优秀中青年教师到国内外一流大学、一流研究机构，师从一流导师，从事学习研修、开展合作研究，使他们尽快进入国际学术前沿和国家科技创新前沿。学校依托国家留学基金委全额资助项目、教育部"高等学校青年骨干教师出国研修项目"和校际（院）际交流项目，通过"访问学者""攻读博士学位""博士后研究"等方式，不断加大经费投入力度，扩大教师出国研修规模，选派大批青年骨干教师到国外高水平大学进修学习和合作研究。与此同时，不断完善出国留学研修的保障机制，修订原有的教师学术假规定，提高了教师使用学术假期间的工资等待遇，解决教师出国留学的后顾之忧，对教师出国留学工作起到有效的促进作用。此外，利用寒暑假选派年轻教师到澳大利亚、英国、加拿大等高校进行英语短期强化培训，提高他们的英语水平，为他们出国留学打下基础。

"十一五"期间，我校共派出310名教师出国（境）留学，他们主要为

31—45岁之间的中青年教师,近三年来,31—35岁的年轻教师出国(境)留学人数明显增加。

(三)坚持高端引领,着力抓好人才引进工作

一是加大力度引进人才。学校根据人才队伍建设规划,积极制定引进计划,采取有力措施,主动跟踪联系,通过公开招聘、上门求才和借助师承关系、校友关系、同事关系等多种途径,有针对性地从国内外名校和一流学科选聘优秀人才。同时抓好人才数据库建设,储备引进人才后备人选信息,为快速、高效引进急需重要人才提供信息数据保障。

"十一五"期间,学校共引进专任教师706人,占到学校现有专任教师总数的30.56%,其中教授91人,副教授119人,讲师及其他496人。引进的专任教师中,具有博士学位的621人,占比88%。目前,我校专任教师已达2310人(含长期外教49人),其中教授730人,占31.6%;副教授789人,占34.2%;中初级职务人员791人,占34.2%;具有博士学位的教师1614人,占教师总数的69.9%。

二是着力引进高端人才。引进高端人才是抢占人才高地、促进学校事业发展的关键支撑,对人才队伍建设具有引领带动作用。早在"十一五"之前,学校就根据发展规划和学科建设需要,瞄准国际学术前沿和国家重大需求,陆续建立了一些研究院和研究中心等科研平台,面向海内外招聘能胜任院长(主任)职位的国际高端人才。2008年以来,学校更是紧紧抓住国家大力引进海外人才之机,紧跟国家和省部出台的人才计划,依托国家千人计划、青年千人计划、外专千人计划、青年拔尖人才计划,长江学者、闽江学者人才计划、福建省创新创业人才计划、厦门市引进高层次人才双百计划等,充分利用相关人才政策,引进了一大批高端人才和院长(主任),同时根据学科和实际需要,为高端人才"量身"搭建事业发展平台。我校人才队伍已全面跻身国际、国家和区域人才竞争的行列,人才聚集效应突显,整体质量和水平较"十一五"之前有了显著提升。

"十一五"以来,我校共引进"千人计划"人选者21人、青年"千人计划"人选者2人、"973"首席科学家4人、国家杰出青年科学基金获得者6人、长江学者特聘教授3人、闽江学者特聘教授23人、厦门大学特聘教授7人。

(四)坚持协调发展,着力抓好党政管理和技术支撑队伍建设

一是加强党政管理队伍建设。学校通过建立科学合理的培养、激励机制,提高管理队伍素质,着力建设一支适应研究型大学发展需要的职业化管理队伍。深化职员制度改革,推进教育职员向事业职员的转变,建立健全以实绩为主要内容、以民主考评为主要形式的职员考核制度。召开全校辅导员队伍建设工作会议,制订出台《厦门大学辅导员队伍建设规定》和《厦门大学辅导员教师职务聘任实施办法》,着力建设一支职业化、专业化的辅导员队伍。以转变职能、规范服务为核心,探索建立适应学校发展需要的办事高效、运作协调、行为规范、与国际接轨的管理工作机制。采取各种形式的培训,大幅度提高干部素质和能力。"十一五"期间,学校共选派72名党政管理干部出国进行短期英语强化培训,提高党政管理人员的英语水平,扩大党政管理人员的国际视野。

二是加强技术支撑队伍建设。学校通过健全和完善实验、工程技术、图书资料等专业技术人员管理制度,着力建设一支高水平的、专业化的技术支撑队伍。深化改革技术支撑队伍用人制度和聘任标准,在技术支撑队伍新聘人员中大量推行派遣制,强化有利于选能人、用能人的遴选机制。通过科学设岗、公开招聘、平等竞争和择优聘用,挑选真正热爱实验工程技术工作、具有奉献精神和较高学历层次的人员作为实验工程技术队伍的基本力量。制定相关政策,鼓励各类科研实验室自聘工程实验技术人员,充实实验工程技术队伍,使实验工程技术队伍与教师队伍和学生扩招数及教学科研任务保持一定比例的增长。

目前,党政管理人员和技术支撑人员业务水平、学历层次明显提高。我校现有专职党政管理人员650人,其中,具有本科以上学历的

604人,占92.9%,具有硕士以上学位的有273人,占42%。我校技术支撑队伍有948人,其中,具有本科以上学历的有814人,占85.8%,具有研究生学历的为306人,占32.3%。

(五)坚持人尽其才,营造有利于人才成长的良好环境

一是积极探索和试行与国际接轨的管理体制和人事制度。学校充分利用"985工程"建设的有利条件,按新的人才组织模式和以国际接轨的办学模式相继成立的王亚南经济研究院、财务管理与会计研究院、生物医学研究院和能源研究院,积极支持和推动这些新的研究院及其他"985工程"创新平台和创新基地试行新的人事管理体制和分配制度,推动这些机构和平台朝着国际化的方向发展,以此带动其他相关学院和学科进一步深化管理体制和人事制度、办学模式的改革,推动全校各单位、各学科的国际化进程。

二是积极探索新的聘任制度。为了推进学校往国际化、高水平的方向发展,面向海内外公开招聘部分学院、研究院、国家重点实验室、"985工程"创新平台和创新基地负责人,以优惠的政策和良好的发展条件吸引和聘用具有开拓创新意识和一流学术水平与管理才华的优秀人才担任教学科研重要领导岗位的负责人。受聘人员均纳入聘用制度,与学校签订聘用合同,约定聘期内的工作任务和职责权限等权利义务关系。"十一五"期间,学校共公开招聘了十几位院长、研究中心主任、"985工程"创新平台和创新基地负责人。这些聘用制负责人带来了在国外系统学习的专业知识,还带来了先进的科研经验和管理理念,在短短的时间内就发挥出了重要的作用,有力地推动了所在单位的学科建设和队伍建设。

三是探索创新团队人才组织模式。学校积极创新人才组织模式,着眼于承担国家和区域重点发展领域的重大科技项目,以创新平台和创新基地为依托,以优秀领军人才为核心,大力推进"学科带头人+创新团队"建设,初步形成以学科带头人为核心凝聚学术队伍的人才组织

模式。部分学院实行由系组织教学活动，课题组、学术团队或研究所组织科研活动的新的教学科研运行管理体制。有的学院还进一步实行了人才动态配置的新机制，对科研工作缺少成效的课题组、学术团队，允许梯队成员重新选择课题组或学术团队，以盘活宝贵的人才资源，形成良性竞争态势。同时为优秀学科带头人成立了相关研究中心，给他们搭建科研平台，让他们跨院系去组织学术团队，进行跨学科的研究或联合攻关；设立学术特区，实行宽松的管理方式及富有弹性的运作机制，从制度上为创新团队和优秀拔尖人才提供更为广阔的学术空间与条件，营造一个有利于创造性活动的环境。

四是完善教师综合评价体系。学校通过深化教师聘任、重要岗位聘任、特聘教授和讲座教授聘任以及专任教师考核等有关制度改革，一是探索解决影响学校教师队伍发展的不问学科的特点对教师只作单一评价的瓶颈问题；二是重点解决高端人才为应付短期考核而产出一般性的成果问题，使他们沉下心来，潜心从事重大项目的科研攻关，获得原创性、标志性的重大成果，使他们全身心投入到国际一流创新团队建设和学科建设中去，为学校学术梯队建设和教师综合实力提升尽心尽力。2011年3月，学校召开全校人事工作会议，向全校教师广泛征求教师综合评价体系修订意见。目前，教师综合评价体系完善工作基本完成，近期出台了教师综合评价体系部分条例。召开全校师德师风建设大会，大力推进师德师风建设，制定《关于进一步加强和改进师德师风建设的若干意见》，在教师综合评价体系中强调师德师风地位，对于在教师职务聘任中有师德师风问题的，采取"一票否决制"。

五是不断深化分配制度改革。学校不断深化分配制度的改革，激活竞争和激励、约束机制，从待遇上创造了一个吸引人才、留住人才和激励人才的良好环境。在继续推行重要岗位聘任和重要岗位津贴制度的基础上，随着聘用制度的试行，学校启动了协议工资制度，对"985工程"创新平台和创新基地引进的学科带头人实行特殊的工资待遇政策，在提高岗位任务要求的同时，提高薪酬标准，鼓励"985工程"创新平台、创新基地将一定比例的经费用于高层次人才的引进,解决高层次人才的住房等生活条件问题。这些在协议工资制和年薪制方面的探索,为将来奠定了很好的基础。对重要岗位聘任制度和重要岗位津贴政策也作了调整和完善,以此来激励学科和学术带头人、骨干教师积极承担国家重大课题,作出重大标志性成果,积极推进学科建设,全面提升人才培养质量。同时,对基础岗位聘任和津贴制度进行了改革,下放权力,让学院结合本院教学科研工作和学科建设的实际自主聘任和确定津贴政策,以更好地发挥岗位聘任和分配制度的激励、约束作用。对在教学科研、学科建设中作出突出成绩的人才实行一定的物质鼓励,对取得重大标志性成果的人员给予重奖。

六是完善人才工作领导体制和管理机制。学校加强人才工作的领导,坚持党管人才原则,坚持"以人为本",努力营造人才队伍建设的良好氛围。校党委、行政始终坚持把人才工作作为核心之核心、重中之重,把人才队伍建设摆在学校工作的突出地位,成立了由党委书记、校长、相关校领导和有关部处负责人组成的人才工作领导小组,下设以分管校领导为组长的秘书组,进一步完善了人才工作的领导体制和工作机制,形成了有关部门各司其职的人才工作新格局。人事处和组织部要充分发挥主要职能部门的协调作用,形成全校人才工作的合力。多数学院都是由院长、党委书记亲自抓人才工作。大力推进基本用人制度改革,建立和完善校院二级管理体制,明确校院二级机构的责权利,增强学校的宏观指导监督作用,落实学院、研究院的实体地位,以制度保障学院、研究院在教师聘任、教学科研和绩效工资分配等管理上有更大的自主权,在办学政策、资金、环境等方面提供支持。

回顾"十一五"期间我校人才发展历程,我们深刻认识到:

——人才是学校科学发展最宝贵的资源。我们始终坚持人才是第一资源的科学理念,坚持党管人才,充分尊重知识、尊重人才,大力培养人才、引进人才、用好人才,把人力资源优势转化为人才资源优势,把人才资源优势转化为学校科学发展的优势,转化为建设世界高水平研究型大学的关键支撑。

——围绕中心、服务大局是人才工作的根本出发点和落脚点。我们始终把服务学校的教学、科研作为人才工作的根本任务,紧紧围绕不断提高学校教育质量这个中心任务,制定各类人才计划和政策、创新体制机制、实施重大人才工程,培养、吸引、用好人才,以服务经济发展、社会进步、学校发展的实际成效检验人才工作。

——高层次人才在学校发展中具有不可替代的作用。我们始终坚持将高端引领作为人才队伍建设的战略重点,以高层次人才和高技能人才培养和引进为突破口,努力造就学术大师和战略科学家,培养学科带头人、教学名师和学术骨干,建设科学的人才梯队,带动师资整体水平的提高,不断提升我校学科水平在国内外的影响力和竞争力。2007年,学校有了第一位"973"首席科学家郑兰荪院士,实现"973"首席科学家"零"的突破。近几年,学校大力引进人才,"973"首席科学家人数迅速增长,目前已有6位,其中4位是引进的人才。

——党政管理人才和技术支撑队伍是学校人才的重要组成部分。"三支队伍"缺一不可,我们在抓好教学科研队伍建设的同时,采取有力措施抓好党政管理人才和技术支撑队伍的协调发展,并根据两支队伍的工作特点和发展规律,建立有利于发挥两支队伍积极性、主动性、创造性的综合评价体系,使之成为学校教学科研工作的重要支撑。

——做好人才工作必须有开阔的胸襟和宽广的眼界。我们始终坚持人人皆可成才的理念,不拘一格,广纳贤才,让每个人都有成才的机会,让每个有志成才的人都有发展的空间。这就需要有更多的伯乐。夏宁邵教授就是一个很好的例子。来校前,他仅有中专学历,不符合学校人才引进的基本条件。当时,生物学系主任曾定教授多次向校领导极力推荐。林祖赓校长被曾定教授不拘一格、爱才如命的精神所感动,认为这样负责任的系领导多次推荐的人才,肯定不会有偏差,最终决定引进。夏宁邵教授也用他优异的工作业绩证明了曾定教授是一位很好的伯乐。就在今天,他主持研制的"重组戊型肝炎疫苗"获国家一类新药证书和生产文号的新闻发布会在北京召开,成为世界上首支获批上市的戊肝疫苗,这是一项惠及人类健康的重大科技成果。我们要注重加强人文关怀,努力营造一个让人才舒心工作的环境与氛围。

二、当前学校人才工作中存在的主要问题

"十一五"期间,我校人才队伍建设成效显著,教师队伍在规模和层次上有了明显的提高,高层次人才建设取得突破性进展,人才积聚效应已经显现,教师队伍在职务结构、学历结构、学缘结构、年龄结构上也得到了进一步的优化,教师队伍整体水平明显上了一个台阶。党政管理队伍和技术支撑队伍为人才服务的质量、效率也有了明显的提高。在看到成绩的同时,我们必须清醒地认识到我校人才队伍的现状与建设世界知名的高水平研究型大学的目标还有一定的差距,人才工作还存在着许多不足,有些问题还比较突出。主要体现在:

(一) 人才队伍的质量还不高,整体水平一般,拔尖人才更少

质量不高,水平一般,缺少大师,这是学校人才队伍存在的最主要问题,集中表现在:一是真正因为热爱教育、热爱科研而选择教师这个职业的人还不够多,相当一部分人仅把教师当作谋生的一个手段,甚至有的人选择到厦大任教完全是因为工作轻松、环境优美、约束少、容易混;二是具备国际竞争力的人很少,大部分教师还难以独立地与国际同行开展交流与合作,一部分教师甚至在国内都没有竞争力;三是既能教学又能科研的人还不多,很多教师还不能把握教学与科研相互依托、相互促进的规律;四是堪称大师能率领一个学科站在世界前沿并不断向前进的人很少,真正具有创新思维创新能力的人也不多。

(二) 教师队伍的规模偏小,生师比偏高,部分学科招聘教师困难

目前全校全日制学生共39617人,全职教师2310人,生师比为

17.1∶1,与国际公认的研究型大学 14∶1—12∶1 的标准相比,我校生师比明显偏高,特别是有的学院高达 20∶1 以上,已完全不符合研究型大学的发展要求,长此以往,人才培养的质量和科学研究的水平都必定要下滑。尤其让我们感到担忧的是,部分学科不仅引进高端人才困难,就连招聘补充一般的师资都困难,常年处于师资极度紧缺的状态。在"十一五"期间,学校共引进专任教师 706 人,年均新增 141 人;同期退休 127 人,离校 195 人,年均净增教师仅 77 人。与"十一五"规划要求相差很远。

(三) 人才队伍的结构不尽合理,难以满足形成合理的学术团队的要求

首先表现在师资队伍的职称结构上,目前全校 2310 个专任教师中,教授 730 人,副教授 789 人,助理教授(讲师)或助教 791 人,基本上各占 1/3。如果每个教授都拥有(应该)组织学术团队的能力,则每个教授只能带一个副教授和一个助理教授,这样的结构显然是很不利于形成团队的。再加上真正有学术影响力和组织能力的学术带头人又偏少,因此,我校严重缺乏有竞争力的学术团队,这也是我校长期以来很难获取科研大项目的重要原因。其次,师资队伍与专业技术队伍的结构不合理。全校技术支撑队伍仅 948 人,扣除图书资料信息网管等全校性公共技术服务人员,各院所的技术支撑队伍仅 550 人,这支队伍人员数量明显偏少。高层次人才缺少助手,没有足够强有力的技术支撑力量。

"十一五"期间引进专任教师 706 人,其中教授 91 人、副教授 119 人、助理教授及其他 496 人,这样的结构是比较合理的。现在有些学院不愿意进人,其实有一个重要原因是害怕后来人的竞争。

(四) 党政管理干部建设需进一步加强,素质能力和服务水平有待进一步提高

部分党政管理干部的思想政治素质、知识水平和业务能力还不能

很好地适应人才强校战略的要求,最明显的差距就是思想不够解放、视野不够开阔,对发展的外部环境特别是对国家和省市的战略部署和重大需求了解不够深入,跟踪不够紧密,对高等教育和人才建设的发展态势和学校、院系人才优先发展的战略布局及关键问题研究不够深入。部分党政管理人员理论功底不够扎实,在实际工作中创新力不足,解决实际问题的能力有待提高;缺乏国际视野,在对外交往中拓展力不强,国际人才服务能力和管理水平有待提高;工作作风需要进一步转变,主动为人才服务的意识和积极性有待提高。学校没有形成一支职业化的管理队伍。

（五）人才队伍建设中旧体制和旧机制的障碍还存在,新体制与新机制尚未形成

在与建设国际知名大学的工作机制接轨方面,规范不够,力度不足。在教师的科研组织形式方面,体制性的障碍尚未打破。"学科带头人＋创新团队"这种新的、普遍认为有效的现代科研组织模式尚未普遍建立;国外教授同时受聘两三个学院的聘用模式在我校未能普遍建立;人事管理体制尚未完全理顺,用人单位的用人权限、聘任权限和考核管理权限尚未深化改革,一方面权力下放不够,一方面用人责任落实也未完全到位,用人的责权利未能很好地统一。教职员工的考核评价体系不够完善,"优劳优酬"的原则尚未完全体现,分配制度尚未与聘用制度紧密接轨。改革仍然处于攻坚阶段。

（六）有利于人才生存与发展的文化还很薄弱,无论是工作还是生活条件都还亟待改善

首先,求贤若渴、爱才如命的传统有所淡化,三顾茅庐、月下追韩信的故事很难听到;其次,相互欣赏、求同存异的学人文化尚未占据主流,文人相轻、唯我独大的恶习仍然存在;第三,人才工作的危机意识、服务意识不强,对人才的人文关怀还有待进一步加强;第四,在人

才上的投入还偏少,教职工特别是青年教职工的收入偏低,住房等基本生活条件的困难仍然严峻;第五,工作环境与条件也亟待改善,很多教师到了厦大数年仍没有起码的实验空间,有些系所实验室仪器设备买来了没有空间而无法使用;第六,全校上下在人才工作上还未形成合力,遇到问题能主动靠前帮助解决的少,互相扯皮、互相推诿的多。

三、"十二五"期间学校人才工作的主要思路

面对国际国内对人才激烈竞争的态势,我们应进一步解放思想,更新理念,从尽快实现把我校建设成为世界知名的高水平研究型大学战略的高度,加快人才引进和培养的步伐,以时不我待的紧迫感和使命感,抢抓机遇,整体谋划,实现科学发展、跨越式发展。学校党委有关新时期人才工作的主要思路都已体现在"十二五"发展规划及去年召开的全校师德师风建设大会所出台的文件里面。人才工作是一项系统工程,需要全校上下形成共识,形成合力。在这里,我还想再强调几点。

(一)进一步提高认识,牢牢树立人才优先发展是建设世界知名高水平研究型大学重中之重的思想

国以才立,校以才兴。当今世界,国家之间的竞争异常激烈。知识经济时代,人才是人类发展的核心资源,也已成为竞争的焦点。人才是现代大学立校之根本,这是几百年大学发展历史一个最基本的结论。建设世界知名高水平研究型大学,既要有大楼,更要有大师。目前我们的大楼正在建设,最缺乏的还是大师。因此,人才问题已经成为我校改革发展的核心问题和头等大事,而高校的核心竞争力源于人才培养质量以及优势和特色学科,但归根结底源于高水平人才队伍。为此,我们

要传承与弘扬厦大数十年形成的求贤若渴、爱才如命的传统,全校上下形成合力,共同做好人才工作。

(二) 深刻理解厦大的四种精神,形成包容、和谐、敬业的校园文化,为人才的生存与发展创造良好的文化氛围

厦门大学 90 年来形成的"爱国、革命、自强、科学"的四种精神,有着深厚的文化内涵,蕴藏着一个又一个的动人故事。这四种精神所追求的最终都是人的价值。因此,尊重人、爱护人是厦大精神的基本文化内涵。在新的时期,我们要形成包容、和谐、敬业的校园文化,包容意味着互相欣赏、求同存异,和谐意味着互相尊重、互相帮助,敬业意味着同舟共济、奋力向前。只有这样,我们才能为人才的生存与发展创造一个良好的文化氛围。

(三) 坚持改革创新,加大人才投入,让教师都能够热爱教育、热爱科学,让干部、职工都能热爱学校

要坚持不懈地深化人事与分配制度的改革,不断提高教职工的收入和待遇,经过几次调资后,现在我校教师的工资已经达到厦门市事业单位的水平,学校还将加大力度,争取达到公务员的水平,同时,继续努力解决教职工的住房困难问题,让厦大教师真正成为厦门市最受人尊敬最令人羡慕的社会群体之一。在这样的基础上,争取让每一个教师都能够热爱教育、热爱科学、热爱学校、热爱学生,争取做到每一个希望加入厦大这个大家庭的人都是真心热爱教育、热爱厦大,愿意为她奉献知识与力量的人。而每位在岗的教师也都应该而且具有同舟共济、众人齐划桨的思想境界。在这样的基础上,我们也要进一步完善我们的制度,要建立有效的退出机制,让部分不喜欢或不适合从事教师工作的人能够顺利地退出,转到他喜欢的或合适的工作岗位或行业去。尝试在个别有条件的学院试行与国际接轨的终

身教授预备制和年薪制,让教师对自己的事业或前途有一个更明确的预期与规划。

(四) 树立科学的人才观,把握人才的成长规律,树立"高层次领军人才的作用是一般人才不可替代"的思想

按照人才成长规律,有一些人由于种种因素的结果,这些人确实比常人要更加敏锐、更有创意,而且更能吃苦,他们通常具有超常的毅力去实现自己的目标。假如我们把具有这样一种超常品格的人称为天才,那我们就应该特别注意去发现这样的天才,爱护这样的天才,创造一个更好的环境与条件以满足他们创造的需要。我们一定要在校园里形成共识,一定要在资源有限的约束下,确保高层次领军人才的需要。在人才问题上,一定要彻底破除"不患寡而患不均"的平均主义思想。

(五) 继续实施引培结合的人才队伍发展战略,不断优化队伍结构,大力加强队伍的竞争力特别是与国际同行的交流与合作能力

国际化是学校的整体发展战略,在人才队伍的建设上也必须牢牢把握国际化的思想。在今后五年,我们要力争每年引进100位在国外高水平大学毕业的博士,这个指标在这次会议后要分解到各个学院(研究院),要有硬性的规定。我们争取全校没有国外学习经历的40岁以下的青年教师都有一年在国外完整的学习或科研的经历,要把学术假制度利用好。学术假的本意就是对学术人员进行知识更新与技能提高,因此,学术假不是可休可不休,而是必须休,但是要按照院系学科建设与人才培养的要求来休。这次会议后,各学院(研究院)都要制定出具体到每一个人的学术假培训计划。没有国外学习经历的40岁以下的青年教师都能到国外一流大学或研究所认真地听一门课、参加一个课题的研究,我们把这就叫做"两个一计划"。当

然,已有国外学习经历的包括国外回来的博士也可利用学术假制度去加强与国外同行或师友的联系,特别是开展深度的合作科研。

(六)要按照科研的规律,以项目为抓手,建立一支能上能下、充满活力的科研与技术支撑队伍

科研就是探索未知、寻求真理的过程,是一个充满风险与挑战的过程。因此,希望投身这一过程的人,也必须是敢冒风险、喜爱挑战的人。只有一群这样志同道合的人,才有可能真正攀上科学的高峰。所以,我们要按照这样的规律来建设科研队伍和技术支撑队伍。具体地说,这支队伍的生存发展要与科研项目紧紧相连,有项目有队伍,项目大队伍大,项目小队伍小,永远有项目永远有队伍,哪天没项目哪天没队伍。这样的机制,就能够让每个人都有主人翁意识,真正做到爱岗敬业,同舟共济,奋力向前。我们要认真地总结校内现有几个研究中心的成功经验,同时也帮助他们解决前进中的问题与困难,例如,如何保证这支队伍的人才也有升迁的机会,如何保证以这种机制用人可以享有同样的社会保障福利,如何保证这支队伍的人才对学校的认同感与归属感,如何保证以这种方式用人的合法性,等等。

(七)以建立一支职业化的管理干部队伍为目标,深化职员职级制度的改革,使得管理干部不要只走行政职务的独木桥

管理干部队伍的建设从根本上是要成为一支职业化的职员队伍或秘书队伍。在目前的体制与机制下,这个目标无法实现,因为目前的状况是管理干部的待遇与职务相连,基本上是没有职务就没有待遇,而职务又极为有限,加上职务又必然跟"管人"相结合,而很多同志是只愿意或只适合"做事"而不愿意或不适合"管人"。管理干部行政化而不是职业化,这是高校人才队伍建设中存在的最大问题之一。我们的举措就是要不断深化职员职级制度的改革,让每一个职员对自己的前程都能有一个准确的预期。例如一个人大学毕业后到厦大工作,22岁或25岁

工作到 60 岁或 55 岁,三四十年的工作时间内,只要努力工作,三年或五年晋升一级,退休时也可享有副处甚至正处级的待遇。

(八)进一步加强学部的功能,在人才队伍的建设上充分发挥学部确定人才引进与聘任标准的作用,从整体上提高师资队伍的素质

各学部的主要功能为:规划学科发展方向,制定师资引进与聘任的标准,提出重大资源配置的意见。学部制是学校最基本的一项组织制度,这项制度能否有效实施,关系到学校的学科能否真正得以交叉、融合与提升,关系到师资队伍的素质与能力能否真正得以加强,关系到学校的资源能否得到更加有效的配置。在人才队伍的建设上,要更多地更实际地发挥学部的功能与作用,学校聘任委员会要把学部的意见作为主要的依据,今后凡是新引进的师资,其水平一定要高于本学部同类职务教师的平均水平,这个标准由学部委员来认可与确定。各学部主任最重要的职责之一就是设法保证本学部的师资队伍水平能不断提升。

(九)切实加强领导,进一步完善党管人才工作的领导体制和运行机制,保证人才队伍建设的各项工作能落到实处

人才队伍建设是学校最根本、最核心的工作,要形成党政"一把手"负总责,班子成员分工负责,大家齐心协力,确保党委的各项决议能切实得到贯彻与落实。学校人才工作领导小组要定期地研究人才队伍建设中存在的重大问题,并及时提出解决问题的办法与措施,各职能部门要坚决贯彻执行。各学院的院长、党委书记也必须亲自抓人才工作,把人才工作作为首要工作来抓,把人才的引进与培养作为学院的工作核心。组织部与人事处作为学校具体的职能部门,要充分发挥协调作用,保证全校上下都能齐心协力地加强人才队伍的建设,同时解决建设过程中出现的问题。各级党委要切实加强思想政治工作,特别是加强青

年教师的思想政治工作,多谈心,多了解情况,帮助他们解决工作与生活中的困难,把人心更好地聚集到学校的事业发展上来。

未来几年,是我校基本建成世界知名高水平研究型大学的关键时期。我们要认真贯彻落实全国人才工作会议和《国家中长期人才发展规划纲要》精神,进一步增强责任感、使命感和紧迫感,科学规划,深化改革,重点突破,整体推进,以超常规的热情、超常规的努力、超常规的举措创造性地开展工作,努力形成全校"重才、聚才、用才、爱才"的良好氛围,为加快建设世界知名高水平研究型大学提供坚实的人才支撑!

坚持以人为本,加强体育工作,
促进师生员工全面发展*

一、近五年体育工作的回顾总结

（一）主要工作成绩

一是不断深化体育教育教学改革。课程门类日趋多样,达到 45 门,居全国同类高校前列,被媒体称为"厦大体育超市"。率先开设高尔夫球、攀树运动、潜水、帆船等课程。利用地域环境优势开设特色课程,包括野外生存、拓展训练、定向越野、游泳、马拉松等。

课程体系不断完善,涵盖竞技体育、休闲体育、时尚体育、民族传统体育和保健体育等各领域。课程选择个性化:学生可自由选择上课时间,选择自己所喜欢项目,选择任课教师。

二是群众性体育活动丰富多样。除传统田径和球类外,新增定向越野、攀岩、体育舞蹈、跆拳道、健身腰鼓等竞赛(每年参赛近 2 万人次)。每年举行"校庆师生环校长跑"活动、组织师生参加厦门国际马拉松赛(每年参赛 2000 多人次)。

完善田径运会项目设置。减少竞技性运动项目,适当增加娱乐性、趣味性、集体性和男女混合参赛项目,扩大了运动会参与度。规范体育社团组织建设,在资金、教师等方面支持促进体育社团发展。全校共有体育社团 30 多个,社团成员 3000 多人,年均开展全校性体育赛事 20

---

* 在厦门大学体育工作大会上的讲话(2016 年 1 月 10 日)。

多场,每年吸引上万名学生参加。

三是教职员工群体活动蓬勃开展。开展全校教职工春游活动。每年举办教职工篮球、排球、软式排球、羽毛球、乒乓球、台球等运动竞赛。组织参加国家、省、市各类大型体育活动,促进校内外体育交流。

四是高水平运动队建设特色鲜明。学校共有近20支运动队,形成以体育特招生带动普通生、以运动队带动全校的联动机制,推动学校体育运动开展。完善管理体制机制。完善招生、运动员管理、教练员管理等制度,使高水平运动队各项工作更加规范化。学校各运动队参加各级各类比赛,均取得了优异的成绩,为学校争得荣誉。

五是体育学科和科研建设取得长足进步,学科建设卓有成效。"体育教育训练学"和"民族传统体育学"两个硕士点。体育教学部在校硕士研究生有26名,共65名毕业生活跃在全国各高校体育教学和科研领域。

成立国术与健身研究中心,近五年,申请国家级、省部级向课题14项,经费近40万元,其他企事业单位委托项目近20项,经费50多万元。发表论文60余篇,其中在核心30余篇;出版《八闽武术》《福建武术史》等专著3部。

(二)存在的主要问题与不足

一是思想认识不够到位,还没有把体育看作是与德育、智育并列的育人环节,是促进学生全面发展的重要一环,还存在"说起来重要、做起来次要、忙起来不要"的现象。

二是体育锻炼没有成为生活的一个必要内容,没有成为一种生活习惯。大学生"运动不足"问题仍然突出,学生课外锻炼的积极性明显不足,主动锻炼的人群还不到学生人数的三成,女生连一成都达不到。如何让学生"走下网络、走出宿舍、走向操场"成为亟需解决的问题。

三是师资队伍的水平还不够高,还缺少体育教育家。清华人赞誉马约翰教授:"他对清华的贡献,如何评价都不为过。"1882年,马约翰出生于厦门,毕生在一个岗位上孜孜不倦、勤勤恳恳地工作了52年。

他一生积极倡导体育,热情指导青年体育锻炼,为人师表、德高望重,被称为"我国体育界的一面旗帜"。

四是现有体育条件设施不足。根据教育部规定,在总量上,我校生均场馆面积只达到教育部规定的39%,相差6.66平方米;室内场馆面积仅为36%,差距非常大。思明校区人均体育场馆面积为4.34平方米,室内场馆面积0.25平方米,体育场馆匮缺问题尤其突出,严重影响了体育活动的正常开展。

五是管理模式落后。存在一方面体育设施不足,另一方面体育设施又利用不足,没有充分发挥效益的状况。学生自主学习、自觉锻炼、自我管理、自我服务的机制还没有形成。

二、充分认识加强体育的重要意义

(一)体育是综合国力和社会文明的重要体现

身心健康、体魄强健、意志坚强、充满活力,是每个公民和一个民族生命力旺盛的体现,是社会发展和人类进步的重要标志,是综合国力和社会文明程度的重要体现。体育在提高人民身体素质和健康水平、促进人的全面发展、丰富人民精神文化生活、推动经济社会发展、激励全国各族人民弘扬追求卓越和突破自我的精神方面,都有着不可替代的重要作用。

(二)体育是促进人全面发展的重要内容

《中共中央关于全面深化改革若干重大问题的决定》提出,要"强化体育课和课外锻炼,促进青少年身心健康、体魄强健"。加强学校体育工作是促进学校回归育人本原、促进学生全面发展的重要途径,要通过学校体育活动使学生强健体魄、健全人格,养成终身体育锻炼习惯和健康生活方式。

必须牢固树立"健康第一"的思想,深化教育综合改革,把体育摆在更加突出的位置,推动学校体育工作取得明显突破、学生体质健康水平得到明显提升。

(三)体育是大学精神和大学文化的重要载体

大学精神是经过长期积淀下来的一个大学的精神气质、理想追求、价值取向和文化氛围。体育强调尊重人、关心人、重视人,提倡体能发展与情感发展的统一,是大学精神、大学文化的重要组成成分,是传承大学文化的载体。

马约翰培养和造就了清华师生热爱体育锻炼的风气,树立了良好的体育传统,许多老师称他是学生健康的原动力,是清华生气勃勃的一个象征。剑桥大学与牛津大学两所名校间的划船对抗赛是英国最古老、最著名大学之间的比赛传统。从1829年起,每年举办一次,借助比赛增进交流和友谊。哈佛大学与耶鲁大学之间一年一度的美式橄榄球对抗赛,是美国最具历史、最具代表的比赛之一。美式橄榄球历史也是起源于常青藤大学联盟,第一场橄榄球比赛就是在新泽西罗格斯大学和普林斯顿大学之间的大学球队进行。在美国高校中600多所大专院校有自己的橄榄球队,从中走出许多体育巨星和各行业的佼佼者。

厦门大学有着重视体育的优良传统。校主陈嘉庚先生认为,体育不但能增强人民的身体素质,提高运动技术,而且可以雪国家之耻,扫除民族之讥。他主张把体育列为一门主课,希望通过学校体育来影响学界及整个社会,使人人都知道体育的重要,养成健康的身体与精神为社会服务。

林文庆校长注重学生体魄锻炼,要求学生每天必须早操15分钟,每星期必须参加课外运动2小时。萨本栋校长对体育课十分重视,规定凡体育课旷课缺课达全学期1/4者不得参加学期测试。体育三学期不及格者退学。同时规定凡获嘉庚奖学金的学生,体育成绩必须在70分以上。

三、推动学校体育工作再上新台阶

（一）树立健康第一的理念

体育不仅仅是一种运动，还是一种教育手段、一种精神载体。人才培养不仅是培养学识，更重要的是塑造人的品行和精神。学校体育是提高学生身体素质和健康水平的有效途径。体育应该当成学生的终身修行，体育工作应该成为促进学生全面发展的最基础工程。

要把体育作为实施素质教育的重要突破口和切入点，充分发挥体育工作在提高学生体质健康水平、提升学生运动技能、培养学生健全人格、传承大学精神文化等方面的作用。精英人才，绝不只是有专业知识和技能，往往都有过硬的身体素质，这与长期的运动习惯密切相关。

（二）深化体育教学改革

体育教学改革的重要目的是要让体育教学更加符合现代学生的需求，从而提升学生体育锻炼的积极性。建立以课堂体育教学和体育俱乐部互相支撑的体育教学模式。尝试在某些条件成熟的运动项目，以俱乐部的组织形式打造体育教学、课外体育、运动训练、群体竞赛等融为一体的体育教学模式。

优化体育课程体系。新增一批具有时代特色的新兴运动项目，推动学生在校期间掌握一两项终身受益的基本体育专项技能，体验体育带来的乐趣。完善学生体质健康测试与评价制度。学生体测成绩达到良好及以上，才有资格参评综合性奖项；对于测试成绩评定不及格的学生，准予补测机会；学生毕业时，四年的体质健康测试成绩平均达不到50分者，按结业或肄业处理。

（三）深入开展群众体育活动

学校体育工作最核心、最困难、最无法评价的一个方面是群众体育活动。迫切需要改变传统意义上的重竞技、重成绩的体育教育模式,更加注重强化师生的健身知识和健身方法,不断激发和满足师生体育健身方面的兴趣与需要。

积极发挥学生体育社团作用。鼓励学生参与体育社团活动,增设一些易于参与的竞技性、健身性、民族性、地域性体育项目。积极推行全民健身计划。改善教职工体育锻炼条件,加强教职工体育协会建设,组织开展各类体育活动,引导教职工积极投身体育锻炼,形成良好的生活方式。发挥学校体育的社会服务功能。鼓励体育教师积极参与指导中小学体育教学、训练和参与教职工及社区居民健身辅导等公益活动。建议实行两校区的运动对抗赛。

(四)加强高水平运动队建设

高水平运动队是学生群众体育的排头兵,也是学校因材施教、培养多样化优秀人才的重要途径。目前我校有将近20支运动队。下一步,重点建设若干支具有厦大特色的精品运动队,争取3年左右时间,打造出两三支能代表我国大学生参加世界大学生比赛的运动队。要建立健全精品运动队运行保障机制。争取在高水平运动员招生政策、运动队训练时间与运动员学业管理、训练场所与器械设备、教练员引进与聘任机制、训练经费投入等方面给予特殊政策支持,提升运动队日常管理与训练科学化水平。

(五)加强体育教师队伍建设

体育教师队伍是学校体育工作的主力军,是促进学校体育长远发展的根本保证。拓宽在职教师进修培训途径,进一步提高体育教师的专业素质,努力建设一支素质优良、结构优化的体育教师队伍,为体育课程建设提供保障。要培养出马约翰式的体育教师。

完善体育教师评价制度。尊重体育学科的差异性,加大体育教学、体育科研、高水平运动员训练、精品运动队建设、重大赛事指导等因素在人才评价体系中的权重。重视体育教师队伍的思想建设，体育教师在组织体育教学、运动竞赛和传播体育精神文化的过程中，要更好地发挥言传身教的作用。

（六）进一步完善体育设施

目前思明校区面积有限，用地紧张，现有体育场馆的数量和设施还远远无法满足体育工作的需要。要逐步完善翔安校区运动场馆、体育设施建设。"十三五"期间，学校将加强校园体育场馆、设施器械的建设与投入。要完成思明校区演武运动场区全面改造工程、各类球类场地的改扩建工程，增建一座实用性强的综合室内运动馆，彻底解决思明校区体育场地不达标问题。

（七）提高体育管理运营水平

切实提高各类体育资源的使用效益。探索体育场馆和设施逐步由学生自己来管理的办法和机制。希望通过争取专项资金、地方政府支持、商业赞助、运动队冠名、体育产业开发等多种渠道和方式，逐步增加学校体育经费投入，力争在未来5—10年，实现我校体育工作经费大幅度增长。加州大学伯克利分校一年体育经费投入超过2000万美元，橄榄球队更衣室的设计和装修花费500万美元，但这里面没有一分钱的公共经费投入。

美国高校体育的市场化运行机制已经非常完善。美国大学生橄榄球联赛已成为美国大学体育中最成功的联赛和项目，包括门票、转播、市场开发等的运作都已经与职业联赛相差无几，仅门票收入每年就达到几千万美元。美国一些学校通过场馆经营、球队产品开发和销售、名人堂设立等方式，扩大球队宣传，吸引社会广泛参与、支持和资助，提高学校声誉。

（八）加强对体育工作领导

要完善学校体育工作的组织管理体制。强化学校体育运动委员会对体育工作的统筹协调功能,对全校的群众体育及各类体育竞赛、学校运动队的组织、训练与参赛、教职工的体育健身活动等方面工作进行规划、组织、协调和监督,确保体育工作的可持续发展。

要建立健全学校体育风险管理体系。加强对学校体育安全的指导和监督,形成包括安全教育培训、活动过程管理、保险赔付的学校体育风险管理制度,依法妥善处理学校体育意外伤害事故。要传承创新大学体育文化,积极倡导运动哲学,凝炼形成鲜明的体育口号、体育标识,推动学校体育产业开发,提升学校软实力。加大体育工作宣传力度,大力营造珍视健康、热爱体育、崇尚运动、积极向上的良好氛围。

身体好是工作好的基础,是学习好的本钱,是幸福生活的前提。让我们一起来重视体育、加强体育、搞好体育,让每一个师生员工都能够做到每天锻炼一小时,健康工作五十年,幸福生活一辈子!

学科评估与"双一流"建设

学科是大学的基本元素，学科发展水平体现了一所大学的办学水平和实力。凡是世界一流的大学，均拥有若干甚至一批世界一流的学科。

当前，国家已经启动实施"统筹推进世界一流大学和一流学科建设"，提出以"中国特色、世界一流"为核心、"以学科为基础"的建设思路，标志着国家对学科的认识和定位达到了新的战略高度。教育部学位与研究生教育发展中心启动全国第四轮学科评估，是对大学学科建设水平的一次全方位"体检"，也是对大学办学水平和综合实力的综合考察。

一、高度重视，充分认识学科评估的重要性

一是建设世界一流大学和一流学科是党和国家的重大战略决策。强国必先强教。多年来，通过实施"211 工程""985 工程"等重点建设，一批重点高校和重点学科建设取得了重大进展，带动了我国高等教育实力的整体提升。

十八大以来，党中央、国务院立足于建设高等教育强国、增强国家核心竞争力，坚持以一流为目标、以学科为基础，统筹推进世界一流大学和一流学科建设。通过一流学科率先突破，示范和带动提升我国高等教育综合实力和国际竞争力，促进壮大新经济，培育新动能，推动文化繁荣和社会进步。可以说，国家把一流学科建设提到了前所未有的战略高度。

二是学科发展水平成为衡量大学核心竞争力的重要绩效指标。

"双一流"总体方案明确提出,要以绩效为杠杆,建立激励约束机制,鼓励公平竞争,强化目标管理,突出建设实效,构建完善中国特色的"双一流"评价体系,充分激发高校内生动力和发展活力,引导高校不断提升办学水平。

近期,国家也在抓紧制定促进一流学科建设的具体措施,准备在政策和资金上给予精准支持。第四轮学科评估正值"双一流"建设启动实施的关键节点,与"双一流"建设是紧密联系在一起的。可以说,这次学科评估的结果对学校未来一段时间的发展至关重要,将直接影响到国家对学校的绩效考核与财政拨款,也将关系到学校增列新的博士点、硕士点建设,更将关系到学校能否加入一流学科建设的行列。

三是学科评估成为各高校竞争角力的聚焦点和社会各界的关注点。本轮学科评估,把服务高校、服务社会、服务国际作为评估的目的和出发点。一方面,评估面向社会,为考生选择学校和专业提供参考;另一方面,评估面向国际,向世界展示中国的学科发展水平,吸引高水平国际学生。不管是在高等教育领域,还是在社会舆论各界,都非常关注学科评估情况。必将会直接影响到我校招生的生源质量,从而对学校的办学水平、社会声誉等产生深远的影响。

各高校都把此次学科评估作为学校工作的关键着力点,给予了高度重视和充分准备。虽然学位中心是本着"自愿参评"的原则来组织学科评估的,但是,此轮学科评估的参与面将会有大幅度的提升。本轮学科评估,与前三轮相比,在评估的思路、手段、规则等方面进行了重大调整。我们要深入了解新的评估政策与评估规则,在总结上一轮学科评估与学位点合格评估经验的基础上,形成迎评战略思路与应对策略,充分挖掘潜力,汇聚有效资源,扎实做好迎评工作。

二、以评促建不断提升学科建设与发展水平

一是以评估为契机全面梳理总结和宣传学校的学科发展成就。

这几年来，厦门大学的学科发展取得了显著的进步。学科评估为我们提供了一个自我总结、自我展示的机会，我们要好好把握。比如，这次学科评估把学校人才培养质量放在首要位置，并首次试点开展在校生和用人单位调查，跟踪学生在学期间和毕业后职业发展的质量。

因此，要好好梳理我校毕业生的发展情况，把厦大的学生毕业后到底在做什么搞清楚。这项工作很辛苦，但也很重要，希望全校各部门都动起来，尤其是校友总会，我们要把这项工作做扎实。

二是以评估为契机，进一步明确学科发展方向、优化学科布局。经过多年的积淀和发展，厦门大学已经从一所文理多科型大学转变成为一所文理工医协调发展的综合性研究型大学。当前，厦门大学处在冲刺第一个一百年目标的关键时期，建成若干一流学科是我校"十三五"规划的重要目标。

要以学科评估为契机，以中国特色、世界一流为核心，加强学科顶层设计，把握未来方向，完善学科布局，促进理、工、医、人文和社科学科协调发展，构建符合学校目标定位、面向未来发展方向、具备国际竞争力的新型学科体系。重点建设一批国内领先、国际一流的优势学科和领域，实现学科在"高原"有"高峰"，为创建一流大学夯实学科基础。学科交叉融合是大趋势，符合学科发展的规律。当今世界，科学前沿的重大突破，重大原创性科研成果的产生，大多是多学科交叉融合的结果。本轮学科评估指标体系改革的一个要点就是鼓励学科交叉合作，通过"归属度"的方法来科学评价"跨学科成果"。

要以学科评估为契机，进一步为学科的交叉融合培植更适宜的土壤，营造更优越的环境。打破现有院系固化的学科建设模式和运行管理方式，建立以问题为中心的科研管理模式、以重大项目为纽带的人才流动机制、以多学科交叉融合为导向的资源配置机制。以学科评估为契机，加强各学科领域专家学者自觉交流的意识，为学科交叉创造更好的文化和环境氛围。

三、协同合作,举全校之力圆满完成学科评估工作

一是要凝心聚力,全校一盘棋。本次学科评估是继2012年评估之后对我校学科建设水平的又一次大检阅,我们能否在这次大检阅中再上新台阶,对凝聚人心,振奋精神,鼓足干劲,朝着第一个一百年目标冲刺具有重要意义。本次学科评估的一个突出特点就是实行"学科门类绑定式"参评。也就是说,只要一所学校的一个学科门类参加评估,那该学科门类下所有具有"博士一级""博士二级""硕士一级"授权的一级学科都应该参加评估。

这就要求我们有些学科不能因为自己认为实力还不太够参评的条件,就不想参加。要站在全局的角度来谋划这次评估,这就需要我们要统一认识、把全校的思想统一到学科评估这项当前重大的任务中来,树立全校一盘棋的意识。要齐心协力,加强学科评估工作的顶层策划和谋篇布局,共同把这盘棋下好。

二是要坚定信心,敢于"亮剑"。我们每个人都经历过很多大大小小的考试,学科评估对我校来说就是一次"大考"。一所大学的学科发展水平到底如何,除了我们自身的内在要求之外,还需要有一个外部的评价。教育部学位中心组织的全国性的学科评估为各高校提供了一个互相学习、互相借鉴的舞台。通过参加学科评估,可以更全面地检验我校学科发展的质量和水平。全校每个学科、每个单位都要行动起来,摆正心态、坚定信心,认真做好迎评各项准备工作。学科建设不仅是学校,也是各学院、研究院的工作重点,是"一把手"工程,关系着学校和各学院的长远发展。

每个单位党政领导都必须把学科评估作为"一把手"责任,不做甩手掌柜,要亲力亲为,认真研究本轮学科评估的特点,全面梳理本单位学科发展的状况,既要全面系统总结学科建设成就和亮点,也要以评估为机会认真检查学科建设中存在的问题、与对标学科的差距,找准薄弱

环节,寻找改进办法。

三是要加强协作,做好组织策划。学科评估对学科界定的依据是国家颁布的《学位授予和人才培养学科目录》,这是管理部门出于管理的需要所设计的学科框架。然而,学科是在不断发展的,一所大学的学科发展往往突破了这一框架。但是,既然学科评估是根据目录来开展的,我们就必须要按照游戏的规则来执行。

根据我校的学科发展实际,有些学院涉及多个一级学科甚至若干学科门类,有些一级学科又分属于不同的学院,情况不尽相同。要加强学科、学院间的沟通交流和协同合作,认真做好形势研判,做好组织策划,既真实体现学科的发展水平,又突出学科的优势和特色,努力在学科评估中取得好成绩。

学科评估是手段,不是目的。希望大家以高度的责任感和使命感,凝心聚力,狠抓落实,协同合作共同做好学科评估这项重要工作。紧紧抓住学科评估这一机遇,加强一流学科建设,全力促进学科发展实现新突破,为学校"十三五"和"双一流"建设作出更大的贡献!

(2016 年 5 月 3 日)

经济全球化:大学面临的挑战和机遇

经济全球化深刻地影响和改变了我们的生活,也给大学带来了尖锐的挑战和崭新的发展机遇。面对信息获取如此之方便,多国公司的实力如此之强大,大学会不会被其他组织所取代?面对市场这个巨兽,大学还能保持自己的公益性和独立地位吗?大学在促进国际化的同时,还必须主动适应全球化。这就要求大学要始终成为创新的源泉,保持旺盛的创新欲望和创新能力;要求大学培养的人才不仅能满足社会的现实需要,而且能够引领社会的未来发展;要求大学要成为人类终身学习的助推器,成为每个人而不仅仅是大学生的良师益友;要求大学要成为优秀文化集大成者,应发掘、提炼和弘扬人类的普世价值,成为社会良知与道德的标杆。

在经济全球化日趋深入、科技进步日新月异、国际产业和技术转移加速进行、国际竞争日趋激烈的国际大背景下,任何一个国家要想在世界民族之林占有一席之地,其大学就必须参与全球性的人才市场和智力资本市场的竞争。正是在这样的新时代背景下,1980年,美国卡内基高等教育政策研究理事会主席、加州大学总校前校长克拉克·科尔鲜明地提出了要超越"赠地学院"的观念,确立"高等教育要国际化"的新大学理念,要求大学进一步走向世界,既竞争又合作,成为国际多元文化沟通和融合的桥梁。加拿大国际教育署于1990年在《没有国界和边界的教育》报告中,要求国内各大学把国际化作为自己的组织目标之一,并制定相关政策来推进和保证国际化进程。1995年日本文部省在《教育白皮书》中提出:"为遵循国际规律,确保和平与国际社会的稳定,必须继续有计划地推进教育、文化、体育领域内的交流与合作,建立国际关系,并且进一步对外开放。"

一、经济全球化深刻地改变了我们的生活

经济全球化 当今世界,以 Internet 为代表的信息技术革命已经把整个地球连接成为一个有机的整体,为人类展现了跨国界、跨社会、跨文化、跨语言的信息、知识交流的无限可能性。信息技术的发展,使得当今世界上的任何产品可以在任何地方生产并可以销售到任何地方去;跨国公司跨越国界从事外国直接投资和建立商业网络,全球性的商贸活动竞争愈发激烈。以多国公司为载体的经济全球化,对全球的政治、文化等产生了深刻的影响。

市场一体化 区域经济一体化是世界经济发展的趋势,市场一体化是区域经济一体化的必然选择。市场一体化是经济一体化的基础,因为只有市场的力量才能更好地推动一体化。因此,市场一体化也就成了区域经济能否真正实现一体化的关键,通过市场一体化最终实现区域经济的一体化自然就成为必然选择。

产品(服务)标准化 经济全球化浪潮把标准化推上战略地位。经济全球化,造就了统一的世界市场、经济交往、技术交流,形成全球范围的大生产、大流通。一项标准被国际承认或采纳,能带来极大的经济利益,甚至能决定一个行业的兴衰,影响国家的经济利益。国际标准已成为国际贸易游戏规则的一部分和产品质量仲裁的准则。

损益国际化 随着全球性经济业务的发展,一个国家或一个企业在国际贸易和国际资本交易中,不得不面对多种货币讨价,不得不关心跨国性的市场规则。全球化促进全球经济要素得到更优化配置,使世界经济总体受益。但同时不同国家、不同国家的不同部门,损益却是不一样的,即全球化利益在不同国家及不同产业部门之间存在一个利益再分配的过程。此外,除经济因素外,政治制度、文化教育等非经济因素也都或多或少会对全球化产生影响。

文化趋同化 文化是人类对自身生存条件与生存方式的认知和反

应。就文化而言,全球化已使我们面对的文化不再仅仅是我们的区域文化,而是充满着全球色彩的世界文化,我们的本土文化正置身在这种世界性文化之中,并与外来文化互相碰撞、磨合;全球化正改变着我们的文化观念、文化心态、文化价值取向,正改变着我们的审美思维方式、艺术欣赏习惯。

二、经济全球化给大学带来了尖锐的挑战

(一)大学是高新科技的最大创造者,从这个意义上说,是大学促进了经济的全球化

优秀的大学应该致力于开展世界一流的科学研究。科学研究历来是判定一所大学能否成为一流大学的重要维度。从发达国家的经验看,一个强国一般都有较强的科技支撑。美国的科学研究或者说发达国家的科学研究主要集中在大学,大学的科学研究和科研力量在国家建设中的地位可谓举足轻重。大学的高新技术创新,直接推进了世界新技术革命和经济全球化。世界上第一台电子计算机命名为"埃尼阿克"(ENIAC),是1946年美国宾夕法尼亚大学埃克特等人研制成功的,由此在世界范围内引发了一场技术革命。1969年11月21日,美国加利福尼亚大学洛杉矶分校的计算机与千里之外的斯坦福研究所的另一台计算机联通,它标志着网络降临了人间。

适应全球化的发展趋势,我们应重点抓好几个重点:一是瞄准国际学术前沿领域的尖端问题和国家的重大需求,抓住重点,集中力量解决重大问题;二是科研项目的选择要充分论证,实现科研项目决策的民主化、科学化,切忌无的放矢;三是避免单兵作战,应以科研创新团队为基础开展研究,取得高水平原创性科研成果和培养高水平学术人才的双重目的;四是更积极地参与国际合作科研项目,最大限度地利用国际科技资源。

（二）在经济全球化的浪潮中，大学应如何适应这一变化了的环境

首先，经济全球化带来的生源的国际流动、跨国办学和教育资源的共享，将使高等教育市场面临激烈的竞争。全球人才竞争日趋激烈已成为不争的事实。其次，随着西方教育的进入和我国文化服务性行业的逐步开放，在信息化背景下，学生可以更加广泛便捷地接触世界多元文化，其结果是学生的价值观念必然受到西方意识形态和生活方式的严重影响，有可能造成思想观念的剧烈冲突或出现价值真空现象。第三，高层次人才的跨国服务与市场占领，迫切需要建立与国际接轨的质量认证制度。它对我国现行的高等教育评价的体制与运作模式提出了新的挑战。

经济的全球化导致教育的全球化，进而导致大学趋向知识服务机构。经济全球化中，大学提高适应性，必须处理好全球化与本土化的关系，人才保护、引进与输出的关系，短期应对与长期发展的关系。其中的关键是质量与水平，高等教育的质量与水平是我们在任何时候、任何情况下都能自如地面对挑战的保证。

（三）信息的获取如此之便捷，多国公司的实力如此之强大，大学是否会被其他组织所取代

进入信息时代，教育的观念、模式和手段正在发生剧变。数字化教育方兴未艾，成为世界教育发展的主要特征之一。通过因特网上大学，是世界教育发展的大趋势。美国已有超过大半的高校提供网上课程，4亿多美元的市场已经形成。在一些高技术公司"走麦城"的今天，提供"网上学习"的诸公司却运气奇佳，深受股民爱戴。2004年，提供网上学习课程的美国高等学府目前达到87%，大专院校在网上学习各个方面的总开支增加到2004年的7.44亿美元。这样的学校变得越来越普遍，全球有数百所大学及社区院校正在采用网上学习教学方式。信息的获取如此之便捷，传播速度如此之迅速，数字化教育的影响范围如

此之广泛,许多人已经对"传统学校理所应当是教育的主要场所"这一观点提出质疑。

为了保持竞争中的优势地位,许多跨国公司深感有必要为自己的雇员和有关人员提供最新的培训和教育。起初,各公司或是自办培训部,或是资助当地大学和学院提供所需的教育项目。后来,有的公司在原有培训部的基础上,办起了公司大学(Corporate University),比如摩托罗拉公司的摩托罗拉大学。目前美国已有数千家公司大学(财富500强中的50%以上办有公司大学),在中国,企业对公司大学的热情也逐步显现。公司大学的目的明确,内容前瞻,技术先进,有着鲜明的办学特色。他们投入了大量的人力和物力在产品的研发,人力资源的开发,员工技术的培训。多国公司的实力如此之强大,以至于有些人开始担心:大学是否会被其他的组织所取代?

(四) 大学面对市场这个巨兽,还能否保持自己的公益性和独立地位?

面对日新月异的信息社会所产生的种种需求,教育不仅仅是一种雅趣,一种闲暇的文化消费,它也是为社会创造利润和培养各类新兴人才的重要工具。在这种观念的转变中,酝酿并产生了20世纪90年代欧美教育界的一个令人吃惊的变化——大学逐渐成为公司,这种变化呈现着世纪之交大学教改的某种轨迹。1969年,具有七百多年历史的剑桥大学,率先走出"大学公司"的新路。剑桥大学三一学院拿出自己的一块土地筹建剑桥科学园。在此后十多年中,剑桥集结了大批高技术公司。由于这批高技术公司具有研制、设计、生产小批量高产值产品的能力,剑桥科学园的利税率因此猛然上升,并且持续不断,这些高技术公司与剑桥三十多所在经济上各自独立的学院保持着极其密切、无法分割的关系。

在今天,世界各地都出现了在大学周围兴起科学园、工业区,越来越多的企业介入大学,联为一体,大学公司正成为高等教育的必然发展趋势，为教育和企业的发展带来新的契机。

《科技日报》2006年8月10日一篇题为《还有多少学科没有堕落？》的文章认为："如果一些学科与现实利益过分密切地勾连，日益远离学术理念，导致学科成为某些人或集团的获利工具，那么这些学科就可以称为堕落了。"我并不赞同"学科堕落"的观点，然而大学面对市场这个巨兽，还能保持自己的公益性和独立地位吗？这个问题值得大学管理者深思。

三、大学应勇敢地面对挑战，把握时代的机遇

（一）大学要始终是创新的源泉，保持着旺盛的创新欲望和创新能力

经济全球化背景下，创新是民族复兴的灵魂，也是大学的灵魂，是大学的核心品质。经济全球化越是深化，它对高等教育的依赖程度和对高等教育国际发展趋势的要求就越高。缺乏创新精神，创新能力不强，原创成果不多，是不能称其为世界知名高水平大学的。塑造大学创新灵魂，增强创新能力，使创新人才和原创性成果源源不断地贡献给社会和未来，必须扎扎实实地做好参与国家创新体系建设的基础性工作。

创新是高校的强校之本，因为只有知识创新，高校才能立于知识高峰，引领时代潮流。世界一流大学都是知识创新能力最强的大学。据有关统计，影响人类70％重大科研成果和绝大多数诺贝尔获得者均来自世界一流大学。不断提高自主创新能力，努力创造具有国际领先水平的原创性科研成果，培养和造就具有创造性的高素质精英人才，是我国高水平大学创建世界一流大学或世界知名大学的必经之路。

进入21世纪以来，科学与技术、基础研究与应用开发之间的关联越来越紧密，大学必须解决思想观念问题，提高对世界新科技革命带来的机遇和挑战的认识，提高对创新这一"本"和"源"的认识，增强创新的

责任感和紧迫感。高水平大学应坚持发挥基础研究的优势,把基础研究作为自主创新的源头,努力提高原始性创新与知识创新能力;同时,围绕国家创新体系建设需要,把个人自由探索与国家目标导向研究相结合,积极推动基础研究成果向应用性转化。

(二) 大学培养的人才不仅能满足社会的现实需求,而且能够引领社会的未来发展

大学不仅要了解社会对人才的需求,还要合理预测未来社会发展趋势及其对人才要求的影响。教育国际化的一个重要目标就是努力培养适应经济全球化、信息全球化的,有国际意识、国际交往能力、国际竞争能力的人才。各个国家都从本国的实际出发,制定了教育国际化的培养目标。美国在1990年代初制定的《美国2000年教育目标法》中,强调了教育的国际化,提出了明确的培养目标,即采用"面貌新颖且与众不同的方法,使每个学校的每个学生都能达到知识的世界级标准。要通过国际交流,努力提高学生的全球意识和国际化观念"。韩国为适应教育国际化的发展,专门成立了"21世纪委员会",提出的教育国际化的培养目标是:努力提高学生的国际化意识,包括提高外国语言能力,增强"自主的世界公民意识,加深学生对世界各国政治、经济、社会、历史、宗教等问题的研究,强化国际交流与合作,加强国际间的相互理解"。日本在1980年代就提出"培养世界通用日本人"。日本临时教育审议会在高等教育国际化的目标中指出:"只有做一个出色的国际人,才能做一个出色的日本人,在国际社会中要想生存下去除了牢固掌握日本文化外,还应该对各国的文化和传统加深理解。"

培养学生国际竞争力,是增强我国综合国力和国际竞争力的必然要求。因此,在人才培养目标上,要有强烈的国际定位意识,注重培养学生国际理解、国际竞争与国际合作的意识;在继承中华优秀传统文化的同时,注重多元文化的吸收,使我们的学生具有宽阔的眼界,在未来能善于参与国际合作、国际竞争。随着经济的全球化,劳动力跨行业的

流动将会大大的增加。不同行业间的流动要求劳动者不断地学习新的知识、新的技能。培养学生创业意识、精神与能力，是把我国沉重的人口负担转化为巨大人力资源的需要，也是提升我国在经济全球化年代市场竞争力的需要。

（三）大学要成为人类终身学习的助推器，成为每一个人，而不仅仅是大学生的良师益友

终身学习意识与能力的高低将是决定劳动者能否适应社会快速变动的主要因素。终身学习，是指使每一个人在人生的每一个阶段，都有适合其需要的教育机会。纵向而言，包括家庭教育、学校教育与社会教育的衔接；横向而言，是正规教育、在职教育与非正式教育的协调。当今的社会是经济快速成长的社会，是科技进步日新月异的社会，是知识快速累积的社会。整个社会接受教育尤其是高等教育的需求与日俱增。在此背景下，大学扮演着越来越重要的角色：其服务对象日益广泛，大学不仅仅只是大学生的良师益友，更对社会中的每一个人都产生重要的影响；服务范围也日益扩大，不仅为适龄人口提供教育，也能够将教育普及到不同年龄层次的个人；服务内容趋于多样化，不仅是简单的知识传授，更教会个人如何学习，完善个人人格品质；服务方法现代化，不仅提供传统的课堂教学，还可以通过先进的现代教育技术，扩大教育受众，完成教育普及。

（四）大学要成为优秀文化的集大成者，大学应发掘、提炼、弘扬人类的普适价值，成为社会良知与道德的标杆

优秀的文化是人类社会的财富，是历史文明的积淀。大学是最高教育机构，也是文化发展的中心。它包含众多学科领域，集精神建构、学术研究、科学发现、技术发明及人才培养于一体，成为新文化的孵化器。它有科学、民主、创新的精神理念，有开放、平等、自由的学术氛围，有几十、数百年甚至上千年的文化积淀。大学不断促进探索和争鸣，激

励新思想、新学术的产生,为人类社会的文化发展作出了重要贡献。在全球化的背景下,大学更应该发挥引领文化的功能,继承并发扬优秀的传统文化、借鉴并传播先进的外来文化、创造并培育引领时代的新型文化,成为文化的集大成者。

大学是发现知识、探索真理、追求理想和信念的场所,因此,大学应当始终对社会乃至一切事物保持理性的态度,并发挥领导和引导社会基本价值的作用。从象牙塔到社会发展的中心,大学应该更多地肩负起弘扬普世价值的责任,坚守道德和文化自律,成为社会良知与道德的标杆。

(2006 年 12 月)

国际化是一流大学的基本特征

今天很高兴有这个机会在此和大家交流,在学校工作这么多年,还没有遇到哪届校党委如此重视学校的国际交流与合作,把国际化当作学校的一个战略措施来实施。我校的发展目标是建设成为世界知名的高水平研究型大学,要实现这个目标就必须推进国际化,要成为世界知名就必须在世界舞台上有所作为。下面我将就国际化的一些问题谈谈个人的观点,着重谈国际化是一流大学的基本特征。

一、科学没有国界,这一特性决定了一流大学必须是国际化大学

无论是自然科学还是社会科学,都是人们对客观规律的认知与总结,是属于全人类的。自然科学所探索的是自然的奥秘,所追求的是如何揭示自然规律。客观世界作为研究的客体是没有阶级性的,不受国界、地域的限制。几个月前,李长春同志到我校调研工作,他问及我校郑兰荪教授率领的科研小组所发现的 C_{50} 有没有可能获得诺贝尔奖时,郑教授回答说不可能,因为发现 C_{60} 已经获得了诺贝尔奖,发现 C_{50} 只是在此基础上作了进一步拓展和探索的工作。由此可见,科学研究在自然科学领域里是没有国界的。在社会科学领域内也如此。社会科学的本质是探索社会发展规律,同样是一个客观规律,不同阶级对其有不同的解释,但其中只有一种是真理。

文化是人们对外在世界的认识和表现,均有地域性和民族性,甚至有阶级性,但是优秀的文化是属于全人类的。虽然不同地方有不同的

文化,不同阶级对外部世界的认识也不同,但是不可否认,优秀的文化是全人类所共有的,因为优秀的文化是把人们在内心中最人性化、对客观世界最感性最直接的东西表现出来。有很多作家出身于富贵人家,但恰恰是他们,把世界最真实的一面反映出来。他们告诉人们世界上还存在不公平、不自由,存在剥削和掠夺;也有很多作家出身卑微,在贫困中度过一生,但在他们的作品中没有怨恨,他们也用笔墨将世界上美好的东西理智地描绘出来。这样的文化就是非常优秀的、属于全人类的文化。

大学是科技与文化的传播中心,更是科技与文化的创造中心。从根本上看,大学是属于全人类的,因为大学的重要使命就是要理性地、客观地去探索自然界的奥秘,揭示客观的规律,探求人与自然如何和谐相处、人与人之间如何建立和谐关系,这也是大学这一社会组织数百年来常青的缘由。大学从何时开始创办存在争议,有人说中国的书院是最早的大学,但现在普遍认可的观点是,牛津大学是最早的大学,她标志着近现代意义大学的开端。牛津大学建立至今已有八百多年之久,在这段时间内,许许多多社会组织产生、发展又消亡,只有大学这一社会组织始终保持着青春活力,而且越来越充满生命力。在当今社会,如果一个国家(或地区)对大学不重视,那么治理这个国家(或地区)的政治家一定是位短视的政治家,因此,大学受到社会前所未有的重视和关注。

二、一流大学都是国际化大学

一流大学中无论是教学成果还是科研成果,都将由全世界共享,并得到全世界的认同。我在一个文献上看到,无论是在自然科学、工程技术领域,还是哲学社会科学领域,作为教学蓝本的教科书的内容都越来越趋同。但是在哲学社会科学领域内,有很多教科书的内容带有很强的阶级性,在探求社会规律过程中会带有很多主观的、有阶级偏见的东西，因此我们不能照搬西方的教科书内容。另外，我们一直把三大检索作为衡量科研人员科研成果的重要指标，从某种意义上说，也就是看这些科研成果在世界范围内得到的认同度。许多教授、教育科研行政主管反对把这三大检索作为反映科研人员优秀程度的主要标准，主要是因为他们反对衡量标准绝对化，但作为一般标准还是应当予以承认的，因为到目前为止，还没有别的方法可以证明科研成果是否已经在国际上得到广泛的认同。目前，教育部也很重视这项工作，不仅在自然科学和工程技术方面鼓励、提倡引进国外先进教材，而且在哲学社会科学领域，如在经济学、管理学、法学等方面也鼓励引进国外先进教材。陈至立同志曾专门强调提出，要把这项工作作为一项工程来抓，要组织一批专家翻译外国在哲学社会科学方面先进的教材。目前，在引进国外好教材的周期已经大大缩短。

当今在高校中，无论是教师还是学生，均跨越了国别的限制，来自世界各地，依照同一标准被聘用或录取。美国 2001 年外国留学生（本科以上）数量达 55 万人，2002 年达 58 万人。这两年美国的大学生数量为 500 多万人，也就意味着留学生占全美学生的比例超过了 10%。1999—2000 年，我在波士顿大学和哈佛大学访问时了解到，波士顿大学是美国招收留学生占比最高的学校之一，2000 年全校学生总数 2 万多，外国留学生就有 4500 人，占全校学生将近 1/4。外籍教师的占比情况也一样。法学院教师中非美国籍的较少，但其他基础学科领域内的外聘教师的比重就很高。

当今高校，无论是课程还是实验室，都是开放的，欢迎全世界学者或学生来使用。早在 1999—2000 年，美国一些高校就将他们的电子课件和多媒体课件免费对外开放，做到资源共享。学校的文化与理念包含国际化这一要素，以推动世界的进步和发展为使命。加拿大著名的滑铁卢大学推行"无国界工程师"项目，把为世界培养人才作为自己的使命，积极把学校的文化和理念推向世界各地。哥伦比亚大学在新加坡开发一个项目，也产生极大的影响，这所学校对东南亚具有传统的影响力,包括我国最早的一批留学生都是在哥伦比亚大学留学的。耶鲁大学校长去年在北京中外大学校长论坛上说,中国第一位留学生(容闳)毕业于耶鲁大学,该校希望与中国保持传统的联系,与中国教育部联合举办中外大学高级人才进修班,并对此项工作加以高度重视。此外,英国牛津、剑桥等高校的情况也是如此。所以,作为一流大学,一定会把这方面作为学校的目标之一。

三、我们所面临的机遇和挑战

当今时代,经济全球化以前所未有的速度向前迅猛发展。经济全球化呼唤科技和教育全球化。经济全球化是一种社会现象,也是社会发展的客观必然,而经济全球化要靠科技全球化和教育全球化来支撑。如果没有科技和教育的全球化,就很难实现经济全球化。

二十多年来,我国在改革和开放这两台发动机的牵引下,整个社会的发展速度是前所未有的。中国经济的外向度不断提高,无论哪个行业都离不开世界市场。近日,美国商务部部长来中国谈判,很重要的议题就是目前中国很多产品在美国市场占有很高份额,这种状况已经对美国的经济社会产生了巨大的影响。因此,美国商务部长这次就提出要限制中国纺织品的出口。

中国经济外向度的提高对我们而言,也将面临严峻的挑战。中国社会必将进一步开放,WTO的过渡期已所剩不多,中国需要更多的国际化人才。面对这样的挑战,最根本、最关键的是要培养应对挑战的合格人才。美国商务部部长两天前在清华大学与学生座谈时,同学们提出了很多尖锐的问题,而这位部长事先没有做好充分的思想准备,面对学生提出的许多很有依据的问题无法作出合理的解释,只好很尴尬地草草收场。这也说明,在目前的形势下,我们如何培养出适应形势变化需要的人才是非常关键的。

中国的一流大学都在认真地应对这一挑战,国际化普遍成为一流大学的发展目标。"985工程"是国家的一项重要战略工程,目标是要建设若干所世界一流的大学和一批国内外知名的高水平大学。这是我们所处时代提出的客观要求。现在国内各高校都在认真思考和实践如何让学校更加适应客观时代发展的要求,如何实现"985工程"提出的奋斗目标。全国各所名校在这方面都发展得很快,例如上海交大在提高学校国际化水平的具体措施与我校很相似,要求每个学院至少要与国际上一两所一流大学建立密切的合作关系,要求每个系(所)都要有若干个实质性的交流合作项目,要求每一位教授都要有一位能够合作交流的国际伙伴。那么,厦门大学应该怎么办?答案只有一个:要顺应潮流,绝不能落后,而且要力争站在前列。如果我们不能顺势而上,不能抓住发展机遇,顺应发展的潮流,就要落后,甚至被淘汰,根本无法成为一流大学。

四、我们的应对措施

我校党委高度重视,经过反反复复地讨论,明确提出学校的定位:厦门大学要成为一所世界知名的高水平研究型大学,在此基础上朝着世界一流大学的目标迈进。要实现这一目标就必须推动学校的国际化。如何加强我校的国际交流与合作,我个人认为要强调以下二十四字方针,即:统一思想,明确目标;制度创新,增强激励;加大投入,务求实效。

统一思想,明确目标。全校师生员工要把思想统一到校党委的战略决策上来,深刻认识国际化是一流大学的基本特征。不仅仅学校,各学院(系、所)均要明确自己的发展目标,院长、院党委书记要亲自抓规划。今年学校要编制"十一五计划",要在建设世界知名高水平研究型大学的目标中制定具体的发展措施。校党委在这个方面的决策和思路非常清晰,学院要在这个框架中明确自己的发展方向,明确自己的定位。例如,化学化工学院目前在国内是一流的,但不能仅保持现有的水平，应该向世界知名甚至世界一流方向努力，这是学院领导和学术带头人应该思考的问题。经济学院也一样，目前共有四个国家级重点学科，在国内是一流的，但仍应该思考现有学科建设水平和学术研究水平与世界一流是否还存在差距，要达到世界一流还有哪些工作需要做。学校目前有16个教学科研学院，如果要把厦门大学建成世界知名的高水平大学，16个学院中就必须有一部分学院是世界知名的。因为大学是由各个学院、各个学科组成的，学科、学院的水平提高了，学校的整体水平才能有所提高。

制度创新，增强激励。制度创新的关键是要建立完善校、院两级的国际交流合作制度，一个重点是学校要继续加强在学校层面上的国际交流与合作，另一重点就是要把国际交流合作的重心下移至学院。学校要把这方面工作做好，主要是架桥铺路，实质性的国际交流与合作在学校层面上做是有限的，要把工作落到实处必须依靠学院。如果学院没有主动性就无法推动国际合作与交流。目前，我们已经确定了八个学院为试点，每个学院都要紧紧抓住一两所国外高水平大学作为自己的合作伙伴，例如化学化工学院与国外交流很多，许多教授都与国外知名学者保持密切联系。此外，经济学院、管理学院、人文学院、南洋研究院等与国外许多知名大学都有很密切的联系，我们要继续发展这种合作关系，进一步拓展交流的广度和深度。印尼国立大学校董会主席李文正先生多次要求与厦门大学合作，帮助印尼国立大学更好地发展，这说明了厦门大学在东南亚具有一定的影响力。如果我们能以这样的态势发展，一流大学这一发展目标就能落到实处。此外，我们要增强对外交流与合作的激励，要使人人勇于、敢于、乐于承担这一艰苦的任务。学校应不断改革有关方面的政策，建立健全有效的工作机制，保证对外合作与交流的便利。

加大投入，务求实效。校、院两级都要从人、财、物各方面加大投入，力求实效。学校这两年在国际合作交流方面的投入明显加强，以前国际处的经费很紧张，但目前已经有所改善，已经有能力也有条件按照国际上通行的规则开展交流与合作。但其中很关键的任务是要务求实效。要体现投入的效益和作用,这就需要在管理的方法和制度上有所创新。例如,按惯例,外国学者来访都是住在我校专家楼,这方面的政策是否可以有所变通,把这笔经费用预算的形式拨给国际处,国际处按照有关标准,把经费发给来访的专家,让他们自主选择居住场所。此外,除了要勇于承担这一艰苦的任务,还要善于完成这一艰苦的任务,通过对外交流与合作,全面提高教学和科研水平。我们既要走出去,还要请进来。很多专家学者在参观厦门大学之后,观念都发生了根本性的改变。这次"七校联盟"会议在我校召开,以色列大学的一位代表对此就深有感触。明年我校将举行八十五周年校庆,主题是"厦门大学走向世界",我们将利用这一契机邀请国际知名大学的校长、国际知名的学者(包括诺贝尔奖获得者)来厦门大学,与他们进行进一步的交流与合作。

  最后,很高兴能有这个机会与大家就国际化的问题进行交流探讨。让我们共同努力,把厦门大学建设成一所世界知名的高水平研究型大学,并在此基础上向世界一流大学迈进!

(2005 年 6 月 6 日)

深化交流合作,全面提升学校国际化水平*

今天,我们在这里隆重召开全校国际与台港澳工作会议。这次大会的主题是:主动迎接经济全球化带来的机遇和挑战,深化交流合作,全面提升学校国际化水平,着力培养具有国际视野和国际竞争力的复合型拔尖创新人才,大力推进世界知名高水平研究型大学建设。

一、"十一五"以来国际化办学所取得的成功经验

一是厦大创办之初,国际化办学即为学校的发展战略。厦门大学由爱国华侨领袖陈嘉庚创办,陈嘉庚多年旅居海外,对东西方文化均有深刻理解。因此,早在1921年创校之初,他就把国际化作为学校的办学方向。他提出厦门大学的三大任务是"养成专门人才,研究高深学问,阐扬世界文化"。他希望要把厦门大学办成一所"使本校之学生虽足不出国外,而其所受之教育,能与世界各大学相颉颃"的一流大学。

进入新世纪以后,学校进一步提出了要让我们的师生员工更好地树立"科学家有祖国,科学无国界"的理念,更好地认识教育的发展规律,了解并尊重学术的国际规则,增强与国际同行同台竞争与合作的能力,促进学校办学水平全面提升的国际化发展战略。为此,学校采取有效措施,扩大了国际交流与合作,主动"走出去"与世界著名大学和科研机构在师生交流和科研合作等各个方面建立合作关系,把世界知名教授等高层次人才"请进来",促进了学科和师资队伍的国际化建设;同

---

* 在2011年国际与台港澳工作会议上的报告(12月26日)。

时,在教育资源有限的情况下,学校着力利用优势资源,以重点学科和科研基地为依托,通过吸引高层次留学生来校学习,有目的、有重点地建设了一批国际化课程、培养了一批国际化师资力量;随着学校国际化办学的进程逐步加快,学校来华留学生数量逐步增加,学校进行了海外学生管理体制改革,建立了校院两级管理体制,逐步实现了海外学生与中国学生的"趋同管理",在国际化建设的进程中迈出了坚实的一步。

"十一五"期间,学校加快国际化步伐,在办学理念、教育模式、教学体制、人才培养、科研合作、国际交流等各方面逐步与国际接轨,构建了一批高水平的创新平台和学科,汇聚了一批高层次人才,产生了一批具有标志性的重大成果,缩短了与世界一流大学的差距,国际化发展战略已成为全校师生员工的普遍共识。

二是坚持开放办学,不断提升国际及区域交流与合作水平。学校坚持把开放办学作为提升办学水平的重要途径,努力提升国际及区域交流与合作的水平和实效。"十一五"期间,学校与国境外高校和研究机构新签、续签校际交流协议近100个,校际交流院校总数已经达到245个,其中正在开展实质性合作的国外交流院校达到163个;目前学校已经在五大洲与12个国家的大学建立了14所孔子学院,并获准建设汉语国际推广南方基地;已经建立及参与的国际及区域教育交流合作项目包括全球八校联盟、欧盟伊拉斯谟项目、全球工程教育交流联盟(GE3)、东盟大学联盟、环黄海大学联盟等。在学校整体推进国际化战略的进程中,各学院依据学科建设特点,明确学院国际化发展战略目标,加大国际交流与合作的力度与深度,形成了院系国际交流频繁,师生踊跃参与国际化建设的新局面。2010年9月至2011年7月,我校教师出国(境)进行长短期交流与学习人数已达到1162人次,占全校在职教师总数(按人事处统计数据2536人)的45.82%,学生出国(境)进行长短期交流和学习已经达到1167人,占在校全日制学历生总人数(32741人)的3.56%,其中本科生出国(境)交流学生数占当年本科招生数的14.17%,硕士研究生占当年硕士招生数的12.87%,博士生占当年博士招生数的31.14%;学校接待来访国(境)外来宾已达到2957人次,学院接待达到2144人次。2011年我校长短期外国留学生总数已经达到3016人,来自105个国家,其中学历生905人,占外国留学生总人数的30%,占在校全日制学历生总人数(32741人)的2.76%。

三是实施人才培养与引进相结合战略,优化结构,加强国际化师资队伍建设。国际化师资是国际化人才培养的首要条件,是一所大学完成人才培养使命的重要载体。师资队伍国际化水平一般指具有国外完整学历背景(主要包括博士或硕士阶段教育)的师资。

在优化学校师资队伍结构方面,学校实施人才培养与引进战略,不断扩大国际化师资队伍,具有国外学历背景师资人数不断增加。我校目前在编2536位教师中,具有一年以上国外学习或工作经历的有757人,占总数的29.9%,其中,完成博士阶段教育并获得学位的有274人,完成硕士阶段教育并获得学位的有31人,分别占总数的10.8%和1.22%。国际化师资占学院师资总数比例化学化工学院为21.23%,生命科学学院为19.44%,海洋与地球学院为13.79%,经济学院为7.89%,管理学院为6.77%,法学院为4.82%。在学院国际化师资队伍不断壮大的同时,学校非常注重学科建设领军人才的引进,目前我校共有21人入选中央"千人计划",2人入选"青年千人计划";长江特聘教授15人,讲座教授13人。

在大力引进人才的同时,学校开拓各种渠道,创造条件给在职教师提供出国(境)学习和交流的机会。除了充分利用国家留学基金委渠道外,学校还通过校际交流和院际交流渠道派出教师到国(境)外交流和进修。从2002年开始,学校共派出12批次共360名教师和行政人员分别到澳大利亚、英国、加拿大高校进行短期英语培训。2006年我校教师出国(境)交流和访学人数为636人,2011年已经上升到1162人,增长了82.7%。

四是大力发展来华留学生教育,吸引高层次留学生来校学习。在扩大规模的同时努力提升办学层次,重视高层次留学生培养,设立了留学生奖学金，吸引更多的高层次留学生来校学习。我校用英语教学培养外籍博士生历史由来已久，曾经培养出我国第一个外籍海洋学博士和会计学博士，从2006年7月到2011年7月，我校已经培养出外国留学生博士共37人。近几年，学校加大硕士英语课程建设力度，依托重点学科，建设了一系列国际硕士项目。我校2006年启动了11个国际硕士项目建设，从2007至2011年，共有8个学院8个专业招收了277名国际硕士，目前已经顺利毕业的共有167人。此外，学校还积极与国家部委开展合作，联合培养来华留学研究生。目前已与国家海洋局就联合培养来华留学研究生项目达成初步意向。

除了英语课程建设外，学校把国际暑期（短期）项目建设作为近几年高层次留学生培养的一个重要内容，鼓励学院开设各种类型的国际暑期（短期）项目，面向国内外高校和研究机构高层次学生招生，聘请国内外著名学者、专家授课，引进国外课程和教学手段，构建了国内外学者、国内外大学生共同研究、学习和交流的平台，让中国研究生感受到了与传统教学不同的内容、教材和方法，很多中国研究生都有不出国门就可以有出国留学经历的感受，促进了本国高层次研究生的培养。2011年学校有9个学院开设了30多个中外学生共同参与的国际暑期（短期）项目，参与的中外学生为1512人，其中来自国外高校的大学生为1053人。

五是尝试国际化人才培养，人才培养质量逐年提高。在人才培养上，吸引更多的国际学生到厦大学习是学校提升国际化水平的重要举措；而另一方面，学校也大力推动更多的厦大学生能到国外去留学，以及更多地在有条件的学科开设国际班实现"本土留学"的目标，从而培养学生具有更加广阔的国际视野和更加丰富的国际经验。

学校研究生院把国际化建设作为拔尖创新人才培养的重要内容，通过"拔尖创新人才项目"建设，新建了一批具有一定规模、以国家重点学科和国际优质资源为依托的稳定的研究生教育国际联盟或国际合作平台，人才培养质量达到了一个新的水平；建立了一套规范的研究生国外访学与国际学术活动资助、管理及质量评估体系,加大投入与制度创新力度,使研究生参与国际交流的规模与层次跃上一个新的台阶。

　　学校教务处在本科人才培养上,不断创新思路,在若干基础学科动态选拔特别拔尖的本科生进入国际班学习,量身定制个性化人才培养方案、配备一流的师资、提供一流的学习条件、创造一流的学术环境与氛围,以实现在国内就可以留学的目的;学校2010年启动了6个专业本科国际课程建设,目前本科国际班在校学习的学生人数为466人(其中外国学生2人),2012年学校还将启动4个新的本科国际项目。同时通过国际及区域项目合作、联合培养、短期交流等平台,选拔一批拔尖学生到境外一流大学进行短期学习交流,拓宽学生的国际视野,提高学生跨文化学术能力的培养水平。

　　"十一五"期间,学校在校学生出国(境)交流人数增长迅速,2005—2006学年学生出(境)学习人数为145人,2010—2011学年上升至1167人,增长了7倍。其中,84.06%的学生通过学校校际交流和合作项目渠道,10.37%通过学院交流与合作渠道,5.57%通过国家留学基金委的渠道,获得了到国(境)外学习和交流的机会。

　　六是围绕创新型国际化人才培养目标,改革教学模式,建设国际化课程。在初步具备了国际化师资的条件下,国际化课程建设成为大学教学国际化的重要内容。根据各学科特点和国际化建设具体情况,学校采取了分重点、分阶段、分层次、多渠道建设办法。对于国际化师资水平很高、新成立的学院,鼓励利用国外引进的高水平师资建立完整的国际化课程体系,完全按照国际一流大学通行的教学方案,为学生提供与国际接轨的课程教学;对于学校原有的重点学科和平台,整合优质资源,加大国际化师资引进和培养力度,采取边引进、边建设、边培养的并进方针,鼓励建设全英文本科和硕士项目,利用重点学科强有力的国外科研合作资源,建设中外合作办学项目,引进国外教学培养模式和培养方法,加快重点学科课程国际化建设;对于某些受学科特点限制、国际化建设起步较晚、国际化师资比例不高的学院,鼓励逐步开设双语课程,同时努力开拓各种渠道,利用已有的国际化资源,重点建设国际化特色短期项目,比如重点建设暑期(短期)国际项目或与国外大型企业共建中外学生共同参与的具有国际水准的联合实习基地等项目,逐步推进学院国际化建设进程。

七是围绕高水平研究型大学建设目标,不断提升科研国际化水平。随着学校办学水平以及国际化程度的提高,学院通过申办、承办国际性和区域性学术会议,加强与美英法加日等国家大学和科研院所的实验室合作建立若干强—强联合的科研平台,共同合作申报国际合作科研项目,在积极争取承担、完成科技部和国家自然科学基金委重大国际合作项目的同时,培育新的研究方向和学科增长点,提高学科的整体国际影响力。随着部分学科优势在国(境)外的影响日益扩大,学校的国际科研合作和学术交流活动越来越频繁,层次越来越高。2011年学校和学院共承办国际学术会议74场、海峡两岸学术会议9场;举办国外专家、教授讲座598场,台港澳专家、教授讲座67场。目前学校已有24个国际科研合作平台,4个海外引智基地,116个国际合作科研项目。

在科研国际化氛围逐渐浓厚的同时,学校教师科研国际化水平逐步提高。2007—2010年期间,我校教师发表理工医科类科技论文被SCIE、EI、ISTP三大检索系统收入论文数为8492篇,其中在SNC等高水平刊物上发表文章17篇,共申请国际专利20项;人文社科类在境外刊物发表论文数为1229篇,被SSCI和A&HCI两大检索系统收入论文数为72篇。

八是孔子学院建设成效显著,成为学校国际交流与合作的重要平台。"十一五"期间,厦门大学与国外知名大学共建14所孔子学院和33个孔子课堂,经过五年多的建设,我校孔子学院各项工作稳步发展,成果喜人。2011年度孔子学院及其所属孔子课堂注册学员总数已达10881人,举办文化活动总数达361场,参与总人数达90141人次,孔子学院已成为中国语言及文化走进当地社区的重要桥梁。

除担负汉语文化推广的使命之外,孔子学院正逐步成为我校师生对外交流、与国外高水平大学开展实质性交流与合作的重要平台。从2006年累计至今,我校与共建孔子学院合作院校签订联合培养本科、硕士、博士生合作项目7个,学生短期交流项目10个,科研合作项目1个;我校派出孔子学院中方院长29人次,汉语教师30人次,志愿者151人次;共有248名我校学生被派到共建孔子学院合作院校进行长短期交流,来我校交流的合作院校外国留学生共计63人。2011年,我校与法国西巴黎南戴尔拉德芳斯大学、波兰弗洛茨瓦夫大学分别签订的互派20名和10名学生的交换协议将于2012年启动。

九是台港澳交流工作取得丰硕成果。凭借特殊的区位和人文教育资源优势,我校与台港澳地区高校学术交流日趋频繁,特别是对台交流呈现良好态势,成为大陆开展对台学术文化交流最活跃的高校之一,目前我校已与台港澳地区包括台湾大学、台湾成功大学、台湾政治大学、台湾中山大学、香港大学、香港中文大学、香港科技大学等在内的36所知名高校签订了校、院际交流合作协议。随着我校办学水平及国际化程度的提高,前来我校参观访问和交流的台港澳团组及我校赴台港澳地区参加各类学术会议及交流访问的师生人数大幅增加。2011年,我校共有2023人次台湾学者来访,有409人次台湾学生来访;有261人次香港学者来访,有65人次香港学生来访。目前共583位台湾学生在校学习,其中学历生574位;155位香港学生在校学习,其中学历生152位。"十一五"期间,我校成功举办"海峡发展论坛"和"海峡两岸大学校长论坛",特别是2008年9月,我校举办的第二届海峡两岸大学校长论坛吸引了两岸93所高校近200名校长和校长代表参会,在海内外引起高度关注和热烈反响。

二、当前学校国际化建设工作存在的主要问题

在学校国际化建设取得成绩的同时,我们要清醒地看到,与党和国家对国际化创新型人才培养提出新任务和新要求相比,与世界一流大

学的国际化水平相比，我们还存在较大差距，我校的国际化建设工作还存在着许多不足，有些问题还比较突出。

一是对国际化建设工作的重要性，思想认识上还不够到位。虽然在"十一五"期间学校的国际化建设取得了长足的进展，有力地促进了学校办学水平的整体提高，但是对于国际化建设的重要性的认识还远远没有到位。比如，从学校总量来看，学校在职教师中国际化师资的比例已经达到10.8%，但是全校双语课程占全部开课总量的比例还很低，国际化师资比率与开设双语课程的门数在有的学院并没有完全成正比，除了学校优质资源共享信息缺失方面的原因，对国际化课程建设投入不足，在一定程度上造成了国际化师资资源的利用不足。在学校努力为师生国际化交流与合作开拓各种渠道、创造各种条件的同时，有的学院在利用学校资源方面表现并不积极，显得十分被动。部分教师也存在不愿参与国际交流与合作的现象。学校一方面想方设法在国际交流与合作方面加大投入，另一方面又存在很多机会与资源无人利用的状况。

二是国际化建设管理体制还有待进一步完善，管理水平有待进一步提高。随着国际化建设事业不断发展，学校需要进一步完善国际化建设管理体制，转变原有的全校外事管理主要集中在外事部门的单一外事管理体制，建立学校相关职能部门和学院共同参与的国际化建设管理新体制。此外，学校的学生管理体制、评奖与推研制度、教务管理及学分互认制度等等都还滞后于国际化的要求，在一定程度上阻碍了学校的国际化进程。例如，现在有不少学生缺乏出国访学的动力，其中一个重要原因就是担心出国学习会影响他们评奖与保研。要在体制不断完善的前提下，进一步明确职责、规范管理，不断提高管理水平。

三是国际化建设投入仍然不足，国际化师资建设和人才国际化培养力度不够。"十一五"期间，学校加大了国际化建设的资源投入，取得了初步成效。在学校建设资金不足的情况下，学校努力开拓各种渠道，利用各种国内外资源，为学校师生国际交流与合作创造更多机会。但与新形势下国际化建设需求相比,学校投入仍显不足。比如我校在职教职工的出国(境)学习交流的机会还是很少,对于学校管理人员来说就更少,不利于学校的国际化软环境建设;学生出国(境)学习和交流的人数虽然有所增长,但与学校大力推动的情况对比,学生报名并不踊跃,其中除了学生出国交流学习在评奖、保研推荐、学分认可等方面还有一些制度上的障碍外,还有一个重要原因是学校没有设立资助学生出国(境)学习的专项资金,影响了学生派出规模可持续、稳定的增长;海外学生住宿紧张,大量海外学生只能选择校外住宿,对海外学生安全管理带来了极大挑战,影响了海外学生的学习和生活;没有设立"985"平台的学院国际化建设资金缺乏,影响了主动开拓能力的发挥;已经建设双语课程的学院在前期投入基础上,需要学校持续稳定的投入,以充分调动教师的积极性。

四是需进一步加强和规范海外学生管理,提高学生管理干部的交流能力。2007年5月海外学生管理体制调整后,我校海外学生的日常管理从制度上是已经逐步纳入各学院学生工作管理体系,但很多学院的学生工作在实际上还没有真正地把海外学生纳入自己的服务范围,致使部分海外学生目前还游离于各学院管理体系之外,形成了安全管理的漏洞。随着我国来华留学工作持续快速发展,来华留学生人数迅速增加,来华留学工作出现的新问题亟需海外学生管理体制进一步理顺,职责分工进一步明确,让各学院海外学生日常管理工作落到实处,避免在"趋同管理"过程中出现"都不管"的现象。

除了要理顺管理体制之外,另一重要问题就是学生辅导员的能力还跟不上需要。无论是语言沟通能力,还是对多元文化的理解与把握,学生管理干部队伍都亟待提高。最近一段时间我专门请相关部门帮忙物色一位海外教育学院管理学生的党总支副书记。由于目前我校海外学生近4000名,分布在许多学院,学生的类别多,情况复杂,因此这个人选除了要有丰富的思想政治工作经验,还必须擅长用英语进行交流,且具有丰富的外事经验和管理海外学生的能力,结果最后还是没有找到适合的人选。由此可见,加强学生辅导员及干部队伍的建设迫在眉睫。今后两年内,学校将安排学生辅导员集中到境外进行业务和英语能力培训。

五是课程国际化和科研国际化的规模与质量都有待进一步提升。与国外、境外知名大学相比,我校课程国际化建设刚刚起步,仅有个别学院已经建立了完整的国际化课程体系,少数学院开始选择国际上最优秀的教材进行讲授,多数院系在引进世界先进的教学内容与课程体系等方面仍缺少动力;从建设世界知名高水平研究型大学的要求看,与国(境)外高层次科研合作项目及可持续的合作项目不多,与国外科研机构合作研究的数量和质量都还需要进一步提升。我校在这方面的工作与国内知名大学相比也还存在很大差距。

比如台湾中山大学,建校才短短三十年时间,但是中山大学的发展,特别是科研水平实力的提升却非常迅速。在最近公布的2011年世界 ESI 学科排名中,台湾中山大学有9个学科进入前1‰的研究机构(厦门大学是6个学科)。在科研迅速发展的同时,他们的教学也做得很好。我在中山大学访问期间,发现该校的老师非常重视教学特别是重视与学生课后的交流与沟通,中山大学的生师比将近20:1,高于我校的生师比,却可以在科研水平综合实力不断提升的同时,保证教学和培养学生质量,这是值得我们学习和思考的方面。

三、"十二五"期间学校国际化建设工作的主要思路

今后一个时期,主要是"十二五"期间,我校国际化建设工作的主要思路和实施办法,主要体现在这次会议印发的《厦门大学关于加强国际与台港澳工作的若干意见》(征求意见稿)和《厦门大学关于加强海外学生管理实施办法》(征求意见稿)中。这次会议之后,学校将根据大家提出的意见和建议,修改完善后正式印发。在这里,我还想着重强调几点。

一是进一步提高认识,牢牢树立国际化是建设"世界知名高水平研究型大学"必由之路的思想。国际化是世界一流大学的重要标志,也是当今中国高等教育在全球化的背景下,实现跨越式发展的必然选择。厦门大学只有继续坚持开放办学方针,积极开发和利用国际优质教育资源,全校上下努力开展交流与合作,吸收世界一流大学的办学理念、教学方法和管理经验,不断提高自身国际化办学的水平和层次,才能培养出具有创新意识与能力、具有国际竞争力的高层次人才。

二是整合力量,重点建设一批国际及台港澳交流合作平台。以目前已有的14所孔子学院、全球八校联盟、欧盟伊拉斯谟项目、GE3项目等为基础,着力提高与国(境)外交流与合作的规模和层次,开拓对外交流新局面。在夯实自身综合实力的前提下,以"扩大规模、提高层次、保证重点、提高效益"为目标,以世界一流大学为主要合作对象,建立长期实质性双边和多边合作关系,全校重点加强与50所左右世界排名200名以内的大学的交流与合作,力争每一个学院尽快实现与国外三至五所一流大学的相关学院或学科建立长期稳定紧密的交流合作关系的目标。

我校应继续发挥自身的区位和人文优势,加强与台港澳高校的联系,特别注重加强与现有的36所大学的联系,深化优势学科之间的交流与合作,提高交流合作层次,既服务于我校学科建设,也服务于祖国的统一大业。

三是以新时期创新型国家建设人才需求为指导,探索拔尖创新人才培养新思路。

——围绕精英教育理念,注重国际交流能力的培养。作为培养高层次人才的中国高水平大学,人才培养模式必须与中国经济发展阶段相适应,满足中国经济发展对人才的需要。在世界政治、经济格局发生急剧变化的关键时期,作为肩负培养优秀拔尖人才使命的厦门大学,应把国际交流能力的培养作为精英教育的重要内容,即培养学生参与国际事务的管理,参与世界最前沿的科学研究与合作,参与国际人才竞争与合作的能力。只有通过国际交流,接触专业顶尖学者,紧跟学科和专业前沿,在了解其他国家比较优势的基础上,结合对我国国情的具体分析,形成对各类事物准确独到的见解,才能始终站在世界科技进步的前列,完成中华民族复兴的历史使命。

——推行素质教育理念,注重多元文化环境适应能力的培养。《国家中长期教育改革和发展规划纲要》指出,坚持以人为本、全面实施素质教育是教育改革发展的战略主题,是贯彻党的教育方针的时代要求,其核心是解决好培养什么人、怎样培养人的重大问题,重点是面向全体学生,促进学生全面发展,着力提高学生服务国家、服务人民的社会责任感、勇于探索的创新精神和善于解决问题的实践能力。素质教育是在实施专业教育的同时,着重解决学生学习、创新、服务国家和社会的自觉性。国际交流是培养学生自觉能力最好的手段,通过国际交流,不但能够拓宽国际视野,还能培养学生的自信心和兼容并包的胸怀。海纳百川,有容乃大。只有在充分了解其他文化的基础上,才能更好地自觉坚守和发展自己的文化,促进人类文化的共同进步和繁荣。

——借鉴国际化教学模式,注重创新意识与能力的培养。创新意识与能力是现阶段世界一流大学人才培养共同探索和追求的一致目标,更是中国经济发展转型期对人才培养的迫切需求。国外先进的教学方法注重针对学生的不同特点和个性差异进行教学,给学生提供大量分析问题和解决问题的机会,充分调动学生的学习积极性,发挥了每一位学生的创新潜能。借鉴国外先进教学方法,根据学校实际情况,改革教学方法,激发学生自主学习,推进学生个性化培养,推动学生创新潜能发挥,将成为学校今后教学改革的重要内容。

四是加强师资队伍国际化建设。建设世界知名高水平研究型大学,必须建设一支高水平的专业化和国际化的师资和管理队伍。除了国家留学基金委设立的项目和已有的校际交流项目外,学校将设立教师出国留学专项项目,扩大教师出国研修规模,加大经费投入力度,每年选派一批青年骨干教师到国际著名高校和科研机构开展合作研究、进修或博士后研究,跟踪学科发展前沿,提高学术水平、创新研究能力和教育教学能力,加速学校师资队伍的国际化进程。争取在今后的五年内,全校40岁以下没有国外学习经历的专任教师都有在国外完整的一年以上的学习或科研的经历,力争在今后的五年能新引进500位在国外高水平大学获得博士学位的优秀人才。同时,学校将加强在职管理干部的培训提升,支持和引导管理干部开展与工作相关的研究和学习,组织、选派管理干部到国(境)外高水平大学进行实岗训练,深入了解国(境)外大学的管理体系,增强管理人员的国际化意识与管理能力。

五是围绕重点学科建设,建好海外引智基地,力争若干学科进入世界一流。学科是开展交流与合作的载体和提升国际化水平与能力的重要依托,各学科要针对国外著名大学或国际知名企业,根据各学科建设特点,通过引进一流人才,至少建立一两个学术团队或小组,跟踪、联络和研究相关的大学或企业,构建我校国际及区域交流与合作的核心网络。同时国家重点学科和重点实验室等应加强与一流大学、一流实验室和一流企业间的高层次国际及区域交流与合作,进一步发挥国际化学科建设的示范和引领作用,促进学校科研国际化水平的整体提升。学校要重点围绕化学、生命、海洋、经济、管理、法学等重点学科的建设,建好海外引智基地。学校要集全校之力,重点投入,加强建设,争取三至五个学科能够尽快进入世界一流的行列。

六是改革和完善管理制度,开创国际与台港澳工作新局面。在全校上下努力进行国际化建设的新形势下,改革和完善相应的管理制度,越来越成为现阶段学校工作的重中之重和国际化建设的基本保障。学校成立"厦门大学国际与台港澳工作领导小组",建立以"学校为主导、学院为主体、学科为依托"全方位对外交流与合作工作体系。要改变现行外事工作管理过于单一的局面,要努力构建大外事的格局,让各部门各单位都能主动地融入学校国际化的进程中来。在体制保障到位的前提下,狠抓各项制度和资源的落实,形成对外交流与合作工作的长效机制,开创国际与台港澳工作新局面。

老师们、同学们，大学国际化建设是新时期国家创新型人才培养的需要，更是世界知名高水平研究型大学建设的需要。我们一定要紧紧围绕拔尖创新型国际化人才培养这一根本任务，着力进行体制和机制的改革和创新，努力形成全校上下、师生员工共同实践国际化建设的良好氛围，不断提高学校国际化水平，争取早日实现世界知名高水平研究型大学的奋斗目标！

在厦门大学马来西亚分校
开学典礼上的讲话

今天是一个值得我们永远记忆的日子,今天是厦门大学发展史上的又一个里程碑,今天厦门大学马来西亚分校迎来了她的首批177位新同学,厦门大学马来西亚分校开学了!首先,我要代表厦门大学向马来西亚分校的开学表示热烈的祝贺!我要代表厦门大学4万多名的师生员工向马来西亚分校的177位新同学表示热烈的欢迎!我们无比的高兴,我们的大家庭又多了177位的兄弟姐妹!我要向在座的各位表示由衷的感谢,正是因为有了你们无私的支持和帮助,厦门大学马来西亚分校才能得以如此顺利地在今天开学。

在95年前,校主陈嘉庚怀抱着"教育救国"的崇高理想从马来亚到中国,在厦门创办了厦门大学。这是中国历史上第一所由华侨创办的大学。陈嘉庚在创办厦门大学之初就立下了"研究高深学问、养成专门人才、阐扬世界文化"的办学宗旨,制定了"自强不息、止于至善"的校训,提出了要成为"世界一流大学""能与世界大学相颉颃"的宏伟办学目标。近一个世纪过去了,经过了数代人不懈的努力奋斗,陈嘉庚创办厦大之初提出的目标正一步一步地得以实现。厦门大学现在已是中国最优秀的大学之一,是一所学科门类齐全、人才培养质量、科学研究水平很高的综合性研究型大学。根据2015年美国 US News 和英国 Times 的世界大学排名,厦门大学分别位居中国大陆大学的第12位和第11位,位居全世界大学的第275位。毫无疑问,我们为厦门大学经过近百年的建设和发展所取得的成绩感到很自豪很骄傲,但与此同时,我们对今天的成就还远远不满足,我们认为厦门大学应该继续努力。

我们的校训是"自强不息、止于至善",我们的目标是成为世界最好的一流大学。厦门大学马来西亚分校的建设并在今天迎来了我们的第一批学生,我们朝着陈嘉庚提出的宏伟目标又迈进了一大步。

因此,我们将秉持我们的理想和追求,尽我们的全力办好厦门大学马来西亚分校;我们要把马来西亚分校建设成马来西亚乃至东南亚和亚洲最优秀的大学之一;我们要把马来西亚分校建设成为马来西亚及东南亚培养优秀人才的一个摇篮、科学研究的一个重镇;我们要让马来西亚分校成为加深中马友谊、扩大中马交流与合作的又一座坚实的桥梁,以不辜负中马两国政府、两国社会、两国人民对我们的期望、支持和帮助!

95年前,在马来亚这片美丽的土地上成长起来的陈嘉庚倾其所有,创办了厦门大学,今天厦门大学能有机会应邀在马办学设立分校培育英才,以这样一种方式回馈这片土地,这是一个历史的回馈,这是我们这些受惠于陈嘉庚恩泽的后来人的一个无比的荣耀,但也是我们的一份责任。

为此,亲爱的同学们,我向你们保证,我们一定要把厦门大学马来西亚分校建成一所马来西亚最优秀的大学,我们将尽心尽力地为你们的茁壮成长提供一切帮助,我们要让你们在这个美丽的校园充分地展示自己的才华、充分地挖掘自己的潜能,把自己锻造成社会的栋梁之材!

为此,亲爱的家长们,我向你们保证,我们一定会发自内心地爱你们的孩子,为他们的成长尽我们的所有力量,我希望你们配合我们给孩子们以大爱,对我们的严格要求和管理以理解和支持,我们一定让你们为孩子选择厦门大学马来西亚分校而成为自己的骄傲!

亲爱的各位朋友,我向你们保证,你们给予我们的宝贵支持和帮助,一点一滴全记在心头;我们一定不会辜负你们的期望,不会辜负你们的关心、支持和帮助,我们会把你们的爱心传递到每一个学生的身上,让他们在爱中学习、在爱中生活、在爱中成长,毕业之后,他们一定也会以爱心去回报自己的家长、回报国家、回报整个社会！

最后，我要衷心祝愿在座的全体新同学在这美丽的校园度过你们最美好的一段时光！祝你们在这里努力学习、快乐生活、健康成长！祝在座的各位朋友身体安康、事业发达、阖家幸福、万事如意！

（2016 年 2 月 22 日）

志存高远而又脚踏实地[*]

首先,我代表全校师生员工向2003届毕业生表示热烈的祝贺,向辛勤耕耘的老师们表示诚挚的谢意。我深切希望,即将奔赴人生新征程的同学们能永不负"南强之子"盛名。借此宝贵的机会,我代表学校、代表许许多多师长和朋友给你们提几点希望,与同学们共勉:亲爱的同学们,你们在厦门大学度过了人生中最美好、最珍贵的大学时光。在校期间,你们勤奋苦读,勇于实践,开拓进取,锐意创新,在学习、工作、生活等方面都取得了长足的进步。今年春季以来也就是同学们临毕业前夕,我国人民经历了非典型性肺炎的严峻考验,在这场没有硝烟的战争中,厦大师生在党中央和国务院的部署下,团结一致,并肩战斗,严防死守,打赢了防控非典的保卫战,使得美丽的厦大校园远离非典,这一切也要感谢在座的同学们的广泛支持和共同努力。

今天,对于在座的每一位毕业生来说,都是人生道路上一个重要的里程碑,都将是终生难忘的。"海阔凭鱼跃,天高任鸟飞。"你们有的即将告别校园,走上新的工作岗位建功立业;有的继续求学深造,甚至远涉重洋。同学们,当你们即将离开美丽的厦大校园,走向新的工作和学习岗位的时候,我希望厦大"自强不息、止于至善"的校训能在你们的心中永存,成为你们成长的精神动力。在临别之际,我代表学校向你们提出四点希望,愿与你们共勉:

第一,希望你们树立为民族复兴而奋斗的理想与信念,树立正确的择业观和价值观。

---

[*] 在2003届毕业典礼上的讲话(7月2日)。

在五千多年发展历史中,中华民族形成了以爱国主义为核心的伟大的民族精神。82年来,经过几代厦大人的辛勤创业,学校积累了丰富的办学经验,形成了爱国爱校的光荣革命传统。

志存高远,脚踏实地。从今天开始,同学们就要离开校园奔赴社会,去实现自己的理想与抱负了。我由衷地希望同学们离开学校走向社会时,无论走到哪里,都要自觉地把自己的成长同祖国需要紧密地联系在一起,要树立为民族振兴而奋斗的远大理想和抱负。要志存高远,但又要脚踏实地,要认真对待自己手上的每一件工作,任何一个不平凡的成就都是从平凡的小事开始做起的。千万不能眼高手低,这是知识分子很容易犯的一个毛病。各位同学一定不要染上这个坏毛病,眼高手低者,往往都是高不成低不就,最终一事无成。

第二,希望你们不断学习,积极实践,勇于创新。

当今世界正处于知识经济时代,科学技术进步日新月异,科技创新能力已越来越成为国际综合国力竞争的决定因素,成为一个民族兴旺发达的决定因素。在激烈的国际竞争面前,我们只有坚持创新,才能不断前进,才能在国际上占有一席之地。不断学习,注重实践。作为一名厦门大学的学生,不仅不能被这个变化无穷、日新月异的世界给甩下,而且要争取能够矗立在世界发展潮流的前头。要做到这一点,就必须不断地学习,不断地提高、完善自己,要学习、学习、再学习。在这个迅猛发展的高科技时代,新思想、新知识、新技术层出不穷。同学们不仅要坚持不懈地注意学习新知识、更要注意在实际工作中不断提高自己分析问题和解决问题的能力,尤其重要的是,要虚心向周围的同事们学习,不论他们的学历是比你高还是比你低。相对知识而言,你们现在更缺的是经验,经验要靠实践、靠观察、靠时间的积累来获得。因此,我由衷地期望同学们到了工作岗位要始终保持虚心好学的精神,不断增长自己的实际工作能力与才干。

第三,希望你们要发扬团队精神,注意处理好人际关系。

在现代科学技术和市场经济日益发展的今天,加强人与人之间的沟通与合作，发扬团结协作的团队精神显得越来越重要，因此，同学们要注意学会正确处理好个人与集体、主角与配角、领导与被领导的关系。大家不但要有强烈的竞争意识，开拓创新的精神，而且要有宽广的胸怀，能与各种人共事。敢于竞争，善于合作。离开校园，走上社会，同学们一定要有充分的心理准备，不要惧怕竞争，任何社会都是竞争的社会。我相信厦门大学的毕业生是有很强的社会竞争力的，同学们自己要有这样的自信心。但是，我要特别提醒各位同学注意的是，要敢于竞争，但又要善于合作。竞争不是对抗，竞争只是你做得好，我要争取比你做得更好！请同学们牢牢记住，在世界上绝大多数的事情都可以有双赢的结果，而不只是零和一的游戏。因此，竞争与合作二者并不矛盾，不论从事科研工作，还是管理工作，或者是一个自由职业者，要想成功，一定要有合作意识，要有团结协作的团队精神，要学会人与人之间的沟通和交流。

最后，我由衷地期望在座的每一位同学永远情系母校，时刻关心和支持厦大的建设和发展，为厦门大学的荣誉添加自己的光彩。母校厦大永远是所有南强学子最坚强的后盾和最忠诚的朋友，是你们永远的精神家园。希望你们珍视母校声誉，关心和支持母校的建设与发展。

厦门大学的每一点发展和进步，都饱含着校友们的心血和汗水。希望大家在离开学校之后，无论走到哪里，都能关注厦大的改革和发展，为厦大的建设和发展献计献策，为厦门大学早日实现国内外知名的高水平大学的奋斗目标贡献自己的一份力量。

同学们，今天，你们告别母校，带走了母校和老师对你们的关怀和期望。明天，当你们取得成功时，母校将会因你们而骄傲和自豪。请你们记住，无论你们工作、生活在哪里，母校都将为你们提供源源不断的动力和支持，母校永远是你们坚强的后盾。"南方之强"永远是你们的家！

"雄关漫道真如铁，而今迈步从头越"，祝愿同学们在新的工作岗位上事业有成，在新的学习生涯中取得优异成绩！

自信、宽容、有远大理想
并愿为之不懈奋斗*

　　大前天,6月29日,我们在这里送别你们的师兄师姐——2004届的毕业研究生,在与他们告别的时候,我衷心地希望他们不要忘记母校这个知识的百花园,希望他们永无止境地追求科学,追求知识;我还衷心希望他们永远记住母校这个温馨的驿站,记住在人生旅途中曾经在此歇过脚、加过水、添过草,今后如果累了,一定再回到这里歇一歇,再加点水、添点草;我还衷心地希望他们珍惜母校这个思想的熔炉,我希望他们在事业的奋斗中如果遇到迷茫和彷徨,不妨再回到校园走走,再与我们的嘉庚老校主,再与我们的萨校长、王校长,再与我们的罗扬才老学长叙谈叙谈,听听他们对你心路的指点;我还希望他们满怀喜悦,满面笑容地离开校园,投入新生活,"君子坦荡荡,小人长戚戚",把不满和怨恨留在校园里,不要让这些东西阻碍自己前进的步伐。

　　同学们、朋友们,对毕业研究生的这些希望,也是我们对你们的希望。按理,我可以结束我的发言了,但是你们就像是要离家远行的小弟小妹、幼儿幺女,家中的父母兄姐难免有更多的话语要交待,有更多嘱咐要叮咛,所以我要再唠叨几句,不管你耐烦不耐烦。

　　今年4月,我们的一位校友、香港凤凰卫视的一位主持人问我,能否用一句话来概括我最希望看到厦门大学学生是具有一个什么品质的人。这是一个很难的问题,也是一个我几乎无法回答的问题,因此当时我回答他,说我一时还真想不出这样的一句话,能否给我一点时间,我

---

　　* 在2004届本专科生毕业典礼上的讲话(7月2日)。

再认真想一想。几个月来,这个问题一直萦绕在我的脑中:我希望我们的学生是怎样的一个人?我想了许多,今天我想说我希望我们的学生都能是一个自信、宽容、有远大理想并愿为理想不懈奋斗的人。

我相信厦门大学的毕业生是社会精英,社会精英应该是一个自信的人,自信自己能成为最好的,别人能做到的,我也一定能做到;自信自己是"天生我材必有用",不要随便地怀疑自己、怀疑自己学校、怀疑自己所学,要相信厦门大学的毕业生是最有竞争力的社会群体之一,只要我们勤学明辨、慎思笃行,一定能够真正成为一个栋梁之材。

我由衷地希望厦门大学的学生都是一个宽容的人,胸怀开阔的人。人生在世,我个人认为除了爱国、爱党、爱校这类大是大非的原则问题不容妥协之外,其他的任何冲突、任何瓜葛应该都是可以妥协、可以宽容的。同学们,国家和你们的家庭投入了巨大的财力与物力来培养你们,加上你们自己的勤奋与聪颖,加上你们遇到了无数的良师益友,你们成为了中国社会精英的一部分。作为社会精英,你们应该更加注意去发现周围每一个人的长处与优点,更加谦卑地去感悟此生此世你曾经接受过的每一滴恩惠,只有这样,你才能成为一个宽容的人,才有足够的胸怀去迎接每一个挑战。

同学们,朋友们,我还由衷地希望你们是一个愿为远大理想不懈奋斗的人。有人说过,一个人没有理想则形同行尸走肉,这句话对普世的人来说可能重了一点,但是作为一个社会精英则一定要具备为自己的理想不懈奋斗的品质。中国有13亿人口,厦门大学是中国最好的20所大学之一,这20所大学每年培养的毕业生大概不超过13万,你们可谓是万里挑一,如果你们都没有理想,都不愿为理想不懈奋斗,那我们这国家的前途就令人担忧了。你们一定能够感觉到社会对你们巨大的期望,可能今天与昨天相比,你都会觉得肩上仿佛突然多了一副担子,身上多了一份责任。你的这种感觉是对的,谁叫你走进厦门大学呢?厦门大学的毕业生就是应该有这样的感觉。你们不要畏惧将要到来的无数挑战,我相信,一个人在事业上只要大处着眼、小处着手,脚踏实地,勤奋工作,他就一定能够成功。

始终牢记母校这个温馨的驿站*

三年前,你们选择了厦门大学,你们在竞争中脱颖而出,满怀憧憬和期望走进了这个四季常青、鸟语花香的美丽校园,开始了新的学习和生活。三年过去了,一千多个日日夜夜,汗水、欢笑、泪水、忧愁,喜怒哀乐、酸甜苦辣,经历了奋斗与煎熬,你们获得了自己的劳动果实。今天,你们将带着自己的武艺,怀着一股新的憧憬和期望,走出这美丽的校园,投入那火热的社会,去一展自己的抱负。

亲爱的同学、亲爱的朋友,在这临别之际,我衷心地祝愿你们一帆风顺,希望你们怀念母校这个知识的百花园。在过去三年的时间里,你们像蜜蜂一样,在这个四季常青的百花园里勤奋学习,饱览群书,博采众长。今天你们就要带着自己酿造的芳香花蜜去报效祖国,去回馈社会了,但我衷心希望你们永远记住厦门大学这个百花园,这个百花园将永远为你们开放。

在这临别之际,我衷心地祝愿你们一路平安,希望你们怀念母校这个温馨的驿站。在过去三年的时间里,你们选择厦门大学作为自己人生旅途中的一个驿站,在此加水添草,稍作休养。今天你们在短暂的休息之后,补充了给养,又要踏上征程去寻觅和追求自己的理想了,但我衷心希望你们不要忘记在你的人生旅途中曾经歇过脚的驿站,你今后倘若在征程中累了,不妨再回到这里,休养生息,添草加水。

在这临别之际,我衷心地祝愿你们鸿图大展,事业有成,希望你们珍惜母校这个熔炉予你心灵的锻造。任何一个走进厦门大学这个极具

---

* 在2004届研究生毕业典礼上的讲话(6月29日)。

历史内涵和时代张力的校园,凝视着陈嘉庚、鲁迅、罗扬才、萨本栋、王亚南这一个个塑像,默诵着陈景润、林语堂、谢希德、卢嘉锡这一个个名字,都会有一股热流在胸中涌动。三年的时间里,你们不知多少次望着这些塑像,听着这些名字,于无形中学校的灵魂深深地植入了你的思想。你因而对人生有了更准确的认识,对幸福有了更完整的把握,在此我由衷地给你们一个小小的建议:如果你在事业的奋斗中,遇到迷茫和彷徨,不妨回到自己的校园走走,再看看这些塑像,再与他们默默地作些交流。

在这临别之际,我最后要祝愿你们满怀喜悦满面笑容地踏上征程,把一切的不满和怨恨都留在校园里,不要让这些包袱阻碍了你前进的步伐。应当承认,你的母校也是一个社会,在这个校园里有许多美好的东西,鲜花似锦,姹紫嫣红,但也有丑陋,有不卫生,有不文明,有其他令人不满和怨恨的东西。在座的每一位同学我想大概都尝过校园的人生百味,我希望你们把愉快的记忆带走,把不愉快的记忆留下,但我们在任何时候都欢迎你们对母校的建设提出宝贵的意见,我们一定会竭尽全力把我们的校园打造得更加灿烂和美好。

敢于竞争，善于合作*

在今天毕业的4423名本专科毕业生中，有本科毕业生3544人，高职专科毕业生411人，其他各类学生468人。截至6月28日，本科毕业生就业率95.15％，高职专科毕业生就业率为80.29％，但我知道，无论是本科毕业生还是高职专科毕业生尚未就业的部分同学中，有相当一部分是想继续求学，我在此预祝这部分同学心想事成，万事如愿！

在已经就业的毕业生中，有62.66％的同学在厦门、深圳、北京、上海、福建、广东、江苏和浙江这几个中国最具竞争力的城市和地区找到了自己的工作岗位。这一事实说明，厦门大学的毕业生是最具社会竞争力的一个群体，也是最受社会欢迎的一个群体。同学们，你们是敢于竞争的一个群体，我由衷地希望你们充满自信，希望你们永不言败，相信自己是最优秀的一分子，不输任何人！但我更加希望你们能够善于竞争，希望你们千万记住竞争不是对抗，重竞争更重合作，因为只有善于合作的人，才更有可能在竞争中获胜。我由衷地希望你们在厦大的四年理解了竞争的真正含义。

在今天已经就业的毕业生中，有125名本科生在祖国的西部，也是祖国最艰苦的地区找到了自己报效祖国的位置。在厦门这样一个最温馨的花园城市生活了四年的年轻人，在大学毕业后毅然到祖国的西部地区去工作，我完全可以想象你们更有多大的努力和抱负。因为我到过西部的很多城市和地区，我知道西部与东部的差别或差距。虽然在这125位同学中，有相当部分同学是回到自己的家乡去工作，但这也需

---

* 在2005届本专科生毕业典礼上的讲话（7月7日）。

要极大的勇气。我由衷地钦佩这些同学不畏艰苦、立志报国的精神，我由衷地钦佩这些同学远行千里，不忘家乡的情怀，这种精神和情怀正是厦大所要弘扬的传统和追求的目标。今年厦大到西部去奋斗的毕业生共有211位，其中研究生86位，本科生125位。与2004届相比，共增加了119位。我非常希望厦大到西部去建功立业的同学能越来越多，我衷心祝愿这些同学能在祖国西部广阔的土地上一展自己的抱负与才华。

在今天已经就业的毕业生中，有七位同学选择了自主创业，自己给自己当老板，自己为自己开工资！人数不多，只有七位，但确实让我感到非常高兴。因为这是一种观念的突破，这是一种真正的当家做主！我知道，在座的很多是独生子女，即使不是独生子女，也一样是父母视为明珠的宝贝——从小都在呵护中成长。当今世界有很多人为中国的新新一代感到担忧，担忧他们由于受到太多的呵护而无法自立。这七位同学用自己的选择告诉世界，不用担忧，我们不仅仅可以自立，而且可以自己去创造世界！我衷心地祝愿这七位同学一路走好，早日取得人生和事业的成功，用自己的智慧和辛勤的劳动报效祖国和社会。当然，我由衷地希望在座的每一位同学，不论在哪里建功立业，都别忘了自己的母校。

在今天已经毕业的同学中，还有八位国防生，他们从明天开始就将成为一个真正的军人。厦门大学诞生在中国最黑暗、最苦难的年代，厦门大学从陈嘉庚创办她的那一天起就把强国富民作为自己的奋斗目标。八十多年来，一代又一代的厦大学子为民族解放、祖国富强贡献了自己青春、力量甚至生命。奔走军营，在任何国家都是勇敢者的选择，厦大是一所英雄的学校，厦大自然有这样的勇敢者，这八位同学是勇敢者的代表，我在这里向他们表示崇高的敬意，衷心祝愿他们在军队这个大熔炉里百炼成钢。

在今天已经毕业的同学中，还有895位本科生同学考取了国内外各大学的研究生，占本科毕业生的25.25%，有58位专科生考取了本科,占高职专科毕业生的 14.11%。这么多的同学选择了继续学习深造,确实是让我作为一个教师、作为一个校长感到非常愉快的一件事情。因为这让我体会到知识的力量,体会到学习对年轻人的吸引力。毋庸讳言,在选择读研或继续升学的同学中,有相当重要的一个因素是由于寻求合意的就业机会不容易的压力,但应该承认,起决定作用的因素是知识的力量和它的诱惑力。科学知识是一个如此神奇的东西,你越是接触它,你就越感觉它风光无限、深不可测,它能带给你无穷的智慧和力量。当今的社会,是一个知识就是力量的社会。我由衷地希望所有的同学——不论你今天是选择工作,还是选择继续升学,都要把学习当作一个终身的任务,一定要有活到老、学到老的毅力和精神。我要告诉大家,厦门大学永远欢迎你们选择她作为自己的课堂。

把远大的理想与抱负
跟脚踏实地的实干精神相结合[*]

前几天,我刚从法国和德国访问回来。我每次出国回来,都会有一种感觉,感觉中国发展很快,但是与人家相比还是差距很大。每次出国我都会增加一份自豪感,为什么?因为每次出去觉察到中国的地位在提高,中国人在与外国人打交道时更加平等也更加自信;但每次出国,我也会增添一份不安与忧愁,为什么?因为出国以后,你走的地方越多,你会越发感受到中国与发达国家的差距还是很大,这种差距表现在方方面面,有物质的,有非物质的,有硬件的,更有软件的。因此,我每次从国外回来,确实都有一种紧迫感,都有一股时间不够,要赶快奋起直追的感觉。我要把我的这种感觉传递给你们,因为你们是中国的社会精英:中国有13亿人口,中国有多少博士和硕士?中国有上千所大学,然而重点大学还不够多,因此,你们作为重点大学厦门大学的博士和硕士,必须要有更强的使命感和责任感,要把民族的复兴、国家的富强作为自己的使命。社会精英的特征在于有远大的理想和抱负,并愿意为实现自己的理想和抱负奋斗终生。我由衷地希望你们能成为中国当之无愧的一代精英!

我到过德国三次,我每次到德国,不论住在什么房子,都对房子的一切感兴趣,稍有空闲,我总是认真地观察和研究屋子里的每一件东西。为什么?因为我觉得德国人做事情确实是认真、高质量、一丝不苟。他们做的每件东西都会让你产生一种信任感、安全感,好像永远也

---

[*] 在2005届研究生毕业典礼上的讲话。

用不坏。我这次在德国住的旅馆里,对门上的把手产生了兴趣,为什么？因为这个把手一关上门后,你怎么拧都丝毫不动,除非用钥匙才能打开,才能转动。当时我就想,我们中国人做事情如果都能这么认真,这么一丝不苟、讲求质量就好了。中国农业社会的历史特别长,直到今天,农业社会的比重还很大。农业作为一个生产部门,它不要求太精细,究竟是今天开始插秧好,还是明天开始插秧好,没有太大的差别；种豆子,一个坑里丢三颗,还是丢五颗,也没有太大的差别。农业生产给人们观念和行为的一个影响就是"马马虎虎""大概"即可。今天,我们社会正处于一个农业时代向工业时代,甚至直接向信息时代转变的过程中,能否实现这样的转变,最关键的是我们的社会能否产生出一批率先适应这种转变的社会精英。因此,我由衷地希望在座的各位不仅有远大的理想和抱负,而且有脚踏实地、从小事做起的实干精神。眼高手低,做事马虎,将会阻碍你们的理想与抱负的实现。我由衷地希望你们每一位都成为真正的成功者！

今天的毕业典礼,还令我感动的是,你们有这么多的亲人、朋友来参加你们的毕业典礼,来分享你们的成功喜悦,来为你们的幸福增添一份温馨和友情。我知道,你们能在厦大苦读三年,完成学业,这与你们亲人的理解和支持是分不开的。按照我们国家的习惯与发展程度,一个人大学四年毕业就应该是一个家庭的顶梁柱或经济的主要来源了。在座的各位能在厦大如此美丽的校园里安心求学,确实应该很好地感谢你们的亲人对你们的支持和理解。我提议,在座的所有同学都站起来,以你们最喜欢的方式向你们的亲人或朋友表示感谢！我由衷地希望你们不论走到哪里都不要忘记自己的父母和亲人！

同学们,朋友们,厦门大学是一所优秀的大学,也是一所发展中的大学,在你们的求学过程中,她给了你们许多帮助,同时她也有很多无法满足你们要求的地方。我由衷地希望你们走出校园之后仍然能够不断地关注、支持自己的母校,始终如一地热爱自己的母校,从而使得自己的母校能以更高的品质为中国乃至世界作出更大的贡献。

细节决定成败[*]

在今天毕业的4079名本专科生中,有本科毕业生3730人,高职专科毕业生71人,其他各类学生278人。截至6月24日,本科毕业生就业率为94.5%,高职专科毕业生就业率也将近80%。通过了解,我们欣慰地得知,在尚未就业的同学中,有相当一部分是想在国内外继续求学而暂时放弃就业,当然,也还有一部分同学还在择业之中,为此,我由衷地祝愿这部分同学心想事成、万事如愿。

在已经找到就业岗位的毕业生中,有64.73%的同学在厦门、深圳、北京、上海、福建、广东、江苏和浙江这几个中国最具竞争力的城市和地区找到了自己的工作岗位。这一数字告诉我们,厦门大学的毕业生是最具社会竞争力的一个群体,也是最受社会欢迎的一个群体。

在今天已经就业的毕业生中,有192名本科生在祖国的西部,也是祖国最艰苦的地区找到了自己报效祖国的位置,与2005年相比到西部创业的同学增加了67人。我非常希望厦大到西部去建功立业的同学能越来越多,我衷心祝愿这些同学能在祖国本部广阔的土地上一展自己的抱负和才华。

在今天已经就业的毕业生中,有九名本科生选择了自主创业,与2005年相比增加了两名。我衷心地祝愿这九位同学大胆地往前走,相信你们的智慧,相信你们的才干,早日成就事业,开创出一片完全属于自己的新天地。

在今天已经毕业的同学中,还有111位的国防生,再过几天,他们

---

[*] 在厦门大学2006届本科生毕业典礼上的讲话(6月29日)。

都将被授以中尉军衔,成为共和国的年轻军官,我衷心祝愿他们在解放军这个大熔炉里百炼成钢。

在今天已经毕业的同学中,还有 850 位本科生同学考取了国内外各大学的研究生,占本科毕业生的 22.79%。我衷心祝愿你们在继续求学的道路上能够始终保持旺盛的求知欲望,不断攀登知识的新高峰。

亲爱的同学们,朋友们,在这临别之际,我还有一点感悟要与你们分享。

在最近几年,管理学界流传一个观点:"细节决定成败。"我没有去认真研究这个观点的理论内涵,无法对这个观点作理论的阐述,但我根据个人的观察觉得这个观点非常有道理,值得细细地去体验。

"细节决定成败。"我们正处在一个信息时代,处在一个科技迅猛发展、高度发达的时代,借助于科技的力量,我们每个人所拥有的自然力,与十年、二十年前相比,有了成百上千倍的增长。因此,我们的每一次成功都可能为社会创造巨大的财富,同样,我们每一次失败也可能给我们的社会带来巨大的灾难。为此,我们要特别注意我们遇到的每一件"小事",不要忽视任何一个细节。在信息时代,无论你干哪一行,只有精益求精,才可能成功。敷衍了事,投机取巧,很可能于己于人都是灾难。

"细节决定成败。"在信息时代,每个人的信息获取能力都十分强大,这意味着每个人都有很多的选择机会。选择机会多这是好事,也是坏事。选择机会多意味着挑选者有很多可能选到自己最满意的人或物,选择机会多也意味着挑选者有可能仅仅因为一点点细节就放弃他面前的选择对象。因此,作为刚刚步入社会的"菜鸟",千万要谦虚谨慎,注意细节,否则,伯乐有可能就会忽视了你这匹千里马。

"细节决定成败。"我对此最直白的领会就是要大处着眼,小处着手,不可眼高手低,人不可没有理想,没有抱负,有了理想和抱负,更需要脚踏实地地去实现它。我观察过我周边的同事,我发现几乎每一个人都不喜欢那些眼高手低,大事做不来,小事不愿做的人。你不从小事做起,怎有可能做大事呢?因此,"细节决定成败",大事要从小事做起。

"细节决定成败。"这一观点可以用于做事,也可用于做人。"细节决定成败。"绝不是说你今后干什么都要与人斤斤计较,绝不吃亏。"细节决定成败。"其实它包含了"吃小亏占大便宜"的哲理在里面,它告诉我们每点每滴、日积月累、不易察觉的辛劳和付出会帮助你获取巨大的成功,它告诉我们干任何事情都要注意细节,在很多时候一步小小的退让或妥协可能为你带来你意想不到的幸福或财富;千万注意,有些时候你不注意细节,一个小小的冲动会毁了你终身的理想与成就。"细节决定成败",它包含着大胸怀、大智慧。

亲爱的同学们,感谢你们在如此高的温度下耐心地听我说了这么多的话,我想我应该结束我的讲话了,我不能滥用你们对我的礼貌,而且我知道,你们的忍耐是有限度的。但是,我还要说一句话:这就是,请你们牢牢记住,不论你们走到何处,在你们的身后都会有一个忠诚的朋友,她愿意与你分享成功的喜悦,但她更愿意在你有困难的时候,能够助你一臂之力,这个朋友就是你们的母校——厦门大学!

社会精英必须更好地承担起社会责任*

今天,我们在这里为即将毕业的 350 名博士生、1742 名硕士生送别,并为 184 名博士、1625 名硕士授予学位。截止到 6 月 24 日,有 95% 的毕业生已经找到了自己的工作岗位。在已经就业的毕业生中,有 65% 的同学的工作岗位是在厦门、深圳、北京、上海、福建、广东、江苏和浙江。这几个城市与地区是中国经济最活跃、发展最快,同时也是社会竞争最激烈的城市和地区。我们的毕业生同学有 65% 在这些地方找到工作岗位,这说明厦门大学的毕业生是最具社会竞争力的一个群体,也是最受社会欢迎的一个群体。在向这部分同学表示祝贺的同时,我也要特别向到西部地区、到落后地区去工作的毕业生表示我由衷的钦佩和感谢。我知道,在这一部分同学中有许多人自愿放弃在大城市或发达地区工作的机会,选择到祖国最艰苦的地方去建功立业。我衷心地祝愿在座的每一位同学都能在自己最适当的位置上发挥出自己最杰出的才干,为我们的国家和社会作出自己最大的贡献。

面对在座的各位,望着各位身着的庄严的学位服,我心中油然升起一股责任感。作为一个社会的精英阶层,从今天开始,各位要承担起更大的社会责任,要为社会尽一份更重的义务。为此,我想借这个机会再跟各位说几句话。

首先,我希望各位要充分地认识到自己是社会的一个精英。有这份认识,有这份自信,不为别的,只为能够更好地认识自己的使命,更好地承担自己的责任。目前中国在校的研究生约 113 万,其中 13 万是博

---

* 在 2006 届研究生毕业典礼上的讲话(7 月 1 日)。

士研究生。中国有13亿人口,研究生的数量不到人口数的1‰。根据统计,迄今为止,把所有的毕业研究生加在一起,全国接受过研究生系统教育的人数只占人口总数的1.5‰。毫无疑问,不论从那个角度看,不论用何种标准来衡量,这一部分人,应该是社会精英,应该对这一部分人有更高要求,这一部分人应该对社会承担更大的责任,作出更多的贡献。为什么?道理很简单,这一部分人比任何其他部分的人占有或使用了更多的社会资源,社会(包括国家、家庭、亲朋好友、学校)给予了你们以超常的支持和帮助。不能否认,你们可能具有某种优秀的天分,但假如没有社会给予你后天的帮助,你不可能成为这么优秀的人才。因此,你们要有这样的一种责任感,要无私而自愿地为社会作出自己的奉献。

社会精英的特征是具有强烈的使命感,具有崇高的理想,并愿意为实现自己的理想作出任何牺牲。一个社会如果没有这样的一群人,或没有这样的一个阶层,这个社会一定是愚昧而落后的社会。中国正处在一个振兴的时代,一个重新走向辉煌的时代。这样的一个时代,也是我们的社会精英可以实现自己理想的时代;这样的一个时代,需要我们的社会精英去为之奋斗,拼搏乃至牺牲。因此,我由衷地希望在座的各位都能把国家的富强、民族的振兴作为自己的理想,并为这个理想而英勇奋斗。

社会精英的特征在于具有强烈的使命感和崇高的理想,社会精英的本领在于把自己的理想变为现实,社会精英的过人之处在于能够锲而不舍,脚踏实地,一步一步地实现自己的理想。社会精英是理想主义者,但不是空想家,因为社会精英的终身追求就是实现自己的理想。因此,我由衷地希望在座的各位是理想主义者,又是实干家。前天,我参加2006年本科生的毕业典礼,我谈了我对"细节决定成败"这一观点的一些感悟。在此,我愿把其中的一点与各位分享,这就是任何事业的成功,无一不是大处着眼,小处着手,脚踏实地,辛勤耕耘的结果。

社会精英都应是领袖型的人物。社会中的某一群体之所以被称作精英，就是因为他能够团结、带领周边的同志共同奋斗，共同前进。领袖不一定都是领导。许多社会精英身处十分平凡的岗位，但他们无论在哪里，身边总能聚集起一群志同道合的人，共同在平凡的岗位上做出不平凡的业绩。因此，社会精英一定要有宽阔的胸怀、丰富的知识、良好的修养、善良的爱心，只有这样，他周边的群众才会与他共同奋斗，共同前进。我由衷地希望在座的各位都能成为领袖型的人物。

平和而辩证地看待这个世界*

亲爱的同学们，我今天面对你们，既兴奋激动，又忐忑不安。你们是厦门大学2003级的同学，你们是厦门大学值得骄傲的一届同学，你们是厦门大学漳州校区迎来的第一届学生，你们与学校一道经历了学校发展最为波澜壮阔的一个时期——占地2600亩的新校区拔地而起，校在海上，海在校中，仅用两年时间，建成了数十万平方米的校舍，迎来我们可爱的四千多位2003级的新同学。这一切，回想起来，历历在目，就如同发生在昨天，当年的新同学，今天的毕业生，我们可爱的2003级的同学马上就要离开学校奔向社会去报效祖国了，这怎么能不令人兴奋，令人激动呢?! 但是，你们又令我有点忐忑不安，因为你们是受苦的一届，你们是有理由对母校有更多抱怨的一届，因为当年你们进入新校区时，新校区还极不完善，新校区的一切都在建设和发展中，图书馆、实验室、教学楼、运动场、大食堂、小卖部、园区管理、乘车乘船，等等，一切都不完善!! 我知道，在座有的女同学曾经嘤嘤地哭过，偷偷地埋怨你们的命怎么这么不好，在这个时候来到厦门大学！我也知道，在座有的男同学大声地吼过，高声抗议厦门大学怎么能够这样对待自己的新同学!! 更多的人是不哭也不吼，但内心都有一股怨气，仿佛是被骗到了这所著名的厦门大学！让在座很多同学更不能接受的是，两年之后你们从新校区返回老校区，其中的一部分人，却被安排到也是位于农村的"曾厝垵大学"去住宿，有的同学悲戚戚地说，在厦大四年，她现在走到芙蓉湖都还会迷路！也有同学愤愤不平地说，在厦大四年，他连群贤楼

---

* 在2007届本专科生毕业典礼上的讲话（6月25日）。

在哪里都不知道！当然,我希望这仅仅是一种幽默。

亲爱的同学,不论你们多么怨恨和不满,也不论我有多么忐忑与不安,你们的四年学习时间过去了。今天,你们顺利地毕业了！此时此刻,在这临别之际,我想对你们说的是你们作为厦大特殊的一届学生,经历了更多的磨难,但是也有更多的收获！你们要记住你们的磨难,但更要珍惜你们的收获！我相信,在座各位 2007 届的同学在经历了新校区建设之初在学习和生活上的种种不方便之后,你们今后会更加注意如何创造条件给别人以方便;你们身居岛外,与学兄、学姐海隔一方,得不到他(她)们更多的关爱,你们来到岛内以后,就会更加关注岛外的学弟、学妹;你们的新校区远离都市,位于农村,你们感受不到城市的热闹,但是远离城市的喧嚣,让你们更加喜爱安静学习的气氛与环境;新校区缺少文化的积淀,这让你们更加敬重文化;新校区的建设日新月异,这让你们更加为自己的母校而自豪;新校区的管理不断创新,这使得你们更加关注学校的管理与改革,这样一种关注,会延伸到你们今后的工作和生活之中。亲爱的同学,你们是特殊的一届,因此,我今天在你们的毕业典礼上说的话也比较特殊,我说的这一切,包含的一个愿望是你们能够平和而辩证地对待自己的经历,在今后的生活中,不论遇到什么的处境,都能更加积极地去面对它,克服困难,获取成功。

今天,还让我感到高兴的是,在你们入学之初,很多人都担心我们的 2003 级的同学们会不会由于上面所说的种种原因而影响学习的质量。今天,你们毕业了,我可以高兴的说,学校因发展而给你们带来的困难丝毫没有影响你们的学习质量,2007 届毕业生是优秀的一届毕业生！从学校有关部门给我的数据上看,全校今年参加就业的本科毕业生共有 4508 人,到昨天为止,已有 4165 位毕业生落实了就业单位,占总数的 92.4%;其中,有 1066 位同学选择了研究生学习,占总数的 23.7%。在尚未就业的同学中,有 221 人由于准备出国、继续升学或其他原因而暂不就业;还有 122 位同学由于尚未找到理想的工作而待业。我衷心地祝愿这些同学心想事成,早日找到合适自己的工作岗位。已经找到工作岗位的同学与往年一样,60%仍是集中在福建、广东、浙江、江苏、上海、北京等经济发达、就业竞争最为激烈的省份与城市,我们的同学能在这些城市和地区找到自己的工作岗位,说明我们学生具有优秀的综合素质和很强的社会竞争力。让我们特别高兴的是今年共有174位本科毕业生自愿到艰苦的西部地区工作,有24位同学自愿到国家和地方的基层单位去服务,有104位同学作为国防生奔赴军营参加我们伟大军队的建设。这些同学愿把自己的青春献给祖国最需要人才的贫困地区和艰苦岗位。我在此要向他们表示特别的敬意。同学们,从所有这一切都可以看出,我们的2007届毕业生是一个优秀的群体,是一个让学校满意、家人满意、社会满意的群体,我衷心祝愿你们的每一个人都能万事如意,在各自不同的岗位上做出同样杰出的工作,取得同样杰出的成就。

亲爱的同学、亲爱的朋友,大学时光,是人生最美好的时光;对大学的回忆,是人生最甜蜜的回忆!为什么?这只有待你们踏上社会之后,才能感悟,才能体会,才能明白你们在大学所遇到困难和挫折是多么微不足道,根本不值得耿耿于怀。因此,我希望在座的各位把愉快的记忆带走,把不满和怨恨全部留下,以满腔热情的积极态度投入火热的新生活。

把握正确的人生态度[*]

6月是个凤凰花盛开、五彩缤纷的季节,6月是个天气多变、喜悲交加的日子。在6月,我与在座的各位曾经有过同样的心情:天天盼望着6月,一到6月,我距离我的新生活就仅仅剩下一步之遥了!一到6月,我马上就能脱离这"禁锢"了我三年、七年,甚至十年的"苦海"了!一到6月,我感觉我的天空是如此阳光灿烂,我感觉我的前程是如此的辉煌远大!但是,我又害怕6月,一到6月,我就要离开这美丽而又熟悉的校园;一到6月,我就要离开这些见之不恭、离之可敬的"老师""老板";一到6月,我就要离开这些朝夕相处、又爱又恨的同窗朋友!但不论你爱也罢,恨也罢,这6月是肯定要来的!因此,我们今天在这庄严而雄伟的建南大会堂隆重举行厦门大学2007届研究生毕业典礼,向圆满完成学业、顺利毕业的375位博士研究生和2084位硕士研究生表示我们最热烈的祝贺和最美好的祝福!向在你们的成才道路上帮助、关心和支持过你们的老师们、朋友们、亲人们,致以崇高的敬意和衷心的感谢!

毕业典礼,标志着一个人走过了他一生最愉快、最幸福、最舒服的一段旅程;毕业典礼,标志着一个人将开始他人生的真正苦旅!从今天开始,你们将完全独立地为自己的一生负责;从今天开始,你们将对自己的索取给予回报;从今天开始,你们将真正地为自己、为家庭、为社会、为国家尽自己的一份责任与义务!因此,在这样一个庄严的时刻,我不能不对你们说几句惜别的话,嘱托的话!

---

[*] 在2007届研究生毕业典礼上的讲话(6月24日)。

在上个月的《参考消息》登载了这样一则新闻,题目是《历数高学历新人七大罪状——"蓝领劳工"告状信震动台大校长》。这则新闻说,台大校长李嗣涔日前收到一封自称是"蓝领劳工"的林先生的电子邮件,信中指出有些社会新人"活在高学历的光环下""过于自私""没有时间观念""身段不够软""缺乏谦虚""没有敬业精神,不够尊重工作""借口太多"等七项缺点。信中希望台大能重视这些问题,要让学生了解离开学校进入社会后应有的工作态度与伦理。台大李校长将这封信在全校公开,引起了师生很大的反响。

我看了这一则新闻,也颇有感想。我觉得上面所提的这些问题,也是值得我们的同学深深思考与注意的问题。我毫不怀疑我们的同学有崇高的理想、有远大的目标、有令人钦佩的抱负,也有完成这些理想、目标和抱负的丰富知识与高强本领。但我担心的是,不知我们的同学做好了迎接任何艰难挑战的思想准备没有?理想与现实、校园与社会有着很大的差距,很多问题,在校园里不是问题,至少不是什么大问题,例如"身段不够软",在校园里可能被认为是"有个性";"缺乏谦虚",在校园里可能被认为是"有自信";"没有时间观念",在校园里就更不当一回事了,我知道有的同学从来没有准时去上过课;"过于自私",在校园里能得到最大限度的容忍,因为大学是世界上最宽容的圣殿;"借口太多",这更是大学校园里的一道风景线,对于任何一个错误,我们聪明的同学总能找到为自己辩解的理由,有人甚至将此当作磨炼自己,以便今后到了社会能够混得更好的一种本领!亲爱的同学们,要注意,上面所说的这些"小毛病",只有在校园里才是"小毛病",到了社会,它们可就是"大毛病"了,你一次不谦虚,你可能就会感觉怎么周围的人看你的眼光都是怪怪的;你三次不守时,你就可能永远找不到愿意跟你签合同的人了;不守时,就是不守信,这样谁敢跟你签合同呢?!甚至有人会认为,你连我的时间都敢窃取,那还有什么东西你不敢窃取的呢?!

因此,亲爱的同学们,你们有理想、有抱负,也有知识和本领,但是你们要实现自己的理想和目标,还要有态度!要有正确对待人生的态度,正确对待工作的态度。态度是一种精神、一种文化,是个人修养的外在表现。我由衷地希望我们在座的每一个同学从今天开始迈出校园步入社会之后,都能够很快地融入社会,都能够很快地接受社会和被社会所接受!

让爱充满你的世界*

四年前,同学们怀着求知之心、报国之志来到厦门大学,翻开人生的新篇章。在这个古朴而又现代、美丽而又厚重的校园里,你们求学解惑,增长知识,锻炼才干,茁壮成长,度过了你们青春岁月里最值得怀念的日子。光阴似箭,四年弹指一挥间。有同学告诉我,入学时的情景还历历在目,今天却就要毕业了,马上就要离开这美丽而温馨的校园了。很多同学舍不得,舍不得离开这校园,舍不得离开相伴了四年的老师和同学,舍不得这里的山、海、草、木!因此有同学怀念当年毕业生用大笔在大路上写下充满感情的"我不想毕业"五个大字,还有同学在墙上画下一个大得让人心跳的红心表达对母校的不舍,也有同学因为要离校悲喜交加,喜则流泪,悲则大吼!当然,有更多同学用更加优美的方式留下自己的眷念和记忆。我看了你们在学生活动中心举办的摄影展,有些照片真是美,我在校园生活了二十多年,照片里的很多美景我都从未见过,我真佩服你们对自己校园的熟悉和热爱!但我感到最美的还是同学们散落在校园四处的青春风采,校园正是因为有了各位同学才活力四射,动感十足,青春是校园最美的景色。为此,我要由衷地感谢你们,感谢你们在过去的四年用你们的青春为我们共同的厦大增添了许多新的风采!

四年了,四年不长,四年也不短!同学们,你们把自己最宝贵的四年青春留在了厦大。我由衷地希望厦大四年是你们自己毕业记忆里最愉快、最有收获、最值得怀念的四年。每当与毕业生道别,总是忍不住有几分感慨,今年也是。我们今天的毕业典礼离刚刚过去的百年不遇

---

* 在2008届本专科生毕业典礼上的讲话(6月27日)。

的汶川大地震才一个多月。我想在座的每一位同学跟我一样,一个多月前的这场特大灾害给了我们无数的画面、无数的感想,我想最大的画面,最深的感想应该是爱的力量、爱的美丽!母亲死了还抱着自己的孩子;教师牺牲自己抓着讲台救了自己的学生;女学生已经跑出教室又返回去救自己的同学,结果自己被废墟压倒;小青年被巨石砸断了手脚仍忘我地抢救他人;才十二岁的小哥哥背着自己的三岁妹妹徒步奔跑几十公里逃生,没有一刻想过扔下自己的妹妹;地震才两个多小时,总理就出现在灾区指挥抗灾;空降兵在极端恶劣的气候条件下冒死从4000多米的高空跳下去侦察险情;总书记冒着余震几乎踏遍所有的重灾区安慰灾民、组织抢险;解放军官兵、武警战士、救护队、消防员、医疗队,壮年人、青年人、男人、女人……无数的人都是奋不顾身地抢救自己的同胞与天灾作殊死的搏斗!更有无数不分国籍、不分种族、不分肤色、不分信仰的人在灾区之外、在全球各地以各种不同的方式表达自己的爱心,为救灾提供自己的帮助。这一切,无一不是体现了爱的力量,体现了中华民族的骨肉情怀,体现了人类的普世价值!我很高兴的是,面对这场灾难,我们的师生一刻也没有落后,在得知灾害发生的第一时间就无私地献出了自己的爱。我知道在座的每个同学都以不同的方式表达了自己的爱,表达了自己对受难同胞的关怀。我由衷地期望各位同学能永远保持自己的爱心,大爱无疆,大爱无敌,大爱能克服一切困难,大爱能化解一切恩怨,大爱能赢得尊重,大爱能让你成功。

厦门大学是一位充满爱心的华侨领袖创办的。数十年来,我们的学校始终在党和人民、在社会各界的关爱下不断发展,爱国、革命、自强、科学是厦门大学崇尚的"四种精神",也是厦门大学的优秀传统。同学们、朋友们,在你们即将离开学校之际,我由衷地期望你们不论走到哪里,都要牢牢记住厦门大学"自强不息,止于至善"的校训,记住厦门大学爱国、革命、自强、科学的优良传统,把你们的所学、把你们的知识、把你们的本领和才干奉献给社会,为把我们的祖国建设得更加繁荣富强作出自己应有的贡献!

百年不遇的灾难带给我们的启示*

有这么多的亲人和朋友专程来到这里参加你们的毕业盛典，这足以说明各位今天毕业是一件多么值得庆贺的事情，足以说明各位今天的毕业是一生中最值得纪念的一件事情！为什么值得如此的庆祝和纪念？因为你们为了这一天吃了太多的苦、流了太多的汗，而且是拉扯着你们的亲人跟你们一起吃苦流汗！我知道，在座的很多同学在厦大度过的岁月超过十年！有些同学可能有一段时间是生活在别的校园，但无论如何，你们在校园的时间至少是超过了七年！一个人一生有几个七年？有几个十年？你们确实是把一生最宝贵的时光留在了厦大、留在了校园。厦大如此之美、校园如此之美，我想肯定跟各位留下的青春有关，因为有了你们，厦大才永远年轻，校园才永远美丽！我要由衷地感谢你们为厦大的建设和发展所作出的贡献，感谢你们为厦大的进步所付出的辛劳和汗水。

昨天，在欢送本（专）科毕业生的大会上，我提到刚刚发生现仍处在救灾抢险中的汶川大地震。这场大灾难在悲痛之余给我们每一个人最大的震撼就是爱的力量！在这场百年不遇的大灾难面前，我们中华民族向世人展现了前所未有的爱的力量！无数可歌可泣的事迹，许多知名或不知名的英雄，上至我们的总书记、总理，下至我们的普通百姓，无一不展示了爱的力量。什么是舍生忘死？什么是舍己救人？什么是奋不顾身？什么是义薄云天？什么是情深似海？这些我们十分熟悉但又感觉有些抽象、有些遥远的语言在这场大灾难中全部变得如此鲜活、如

---

* 在2008届研究生毕业典礼上的讲话（6月28日）。

此生动、如此靠近我们,几乎可以说是每时每刻都出现在我们身边。因此,我在我的讲话中表达了一个真诚的愿望,就是希望我们的同学能永远保持自己的爱心,大爱无疆,大爱无敌,大爱能帮助你克服一切困难,大爱能帮助你获得成功。我想,这同样也是我对在座各位的一个殷切希望。

这一次的汶川大地震还给了我们一个深切的感受,这就是知识的力量、科学的力量。如此之大的一场灾难,震级为8级,裂度为11度,可谓百年不遇。但是有一所学校,同样处在地震中央范围,2300多名师生却没有一个伤亡!为什么?因为这所学校的老师和领导者除了有爱心之外还尊重知识、尊重科学,讲知识、讲科学!他们尊重客观规律,长年坚持对同学进行防灾抗灾的知识教育和安全逃生训练;他们尊重技术标准,对不达标、不规范的教学楼一幢一幢地进行修缮、加固,直到符合标准,有一幢楼盖楼花了15万元,修楼却用了40万元;他们尊重科学,他们的管理是科学管理,他们针对学校的情况制定了科学严谨的灾害应对预案,并且让同学们都熟悉这个预案,所以一旦遇到灾难,同学们都十分冷静地快速行动。在几分钟的时间里,2300多名师生全部整齐有序地列队站在操场上,没有科学,不讲科学,能做到这一点吗?!因此,这场大地震再次告诉了人们知识的重要、科学的重要!在座的各位是高学位的拥有者,博士、硕士代表了知识的高级程度,表明了你们都是经过科学系统训练、拥有某一专长的高级人才。我由衷地期望在座各位能把你们的所学,把你们的知识和才干奉献给社会,希望你们不论在哪个工作岗位上都一定要用自己拥有的知识和科学去做好每一份工作,去营造一个尊重知识、尊重科学的良好环境,使我们的社会变得更美好!

时刻不忘自己肩上的重任与重托*

　　同学们今天圆满地完成学业顺利毕业,这是一件令人十分高兴的事情;更加令人高兴的是,截至昨天,绝大多数同学都有了自己新的工作岗位。在409位博士毕业生中,有384位已落实了自己的就业单位,占毕业生总数的93.9%;在2540位硕士毕业生中,有2344位已落实了自己的就业单位,占毕业生总数的92.3%。为此,我要向同学们再次表示热烈的祝贺,祝你们在新的天地开创新的事业,为社会、为祖国作出新的贡献。还有部分同学尚未落实就业单位,我相信凭你们的才干与能力一定可以找到自己的工作岗位,当然,学校会一如既往地帮助你们,学校和学院的各有关部门都会继续为你们提供一切可能的帮助,特别是学生就业指导部门会继续努力地搜集就业信息,联络各种就业渠道,尽心尽力地为你们提供帮助。我要再次地祝福你们,祝每个希望就业的同学都有一个自己的工作岗位。

　　我很少在毕业典礼上特别是研究生的毕业典礼上仅就就业问题说这么多话,因为往年我们的毕业生特别是毕业研究生几乎不存在就业问题。今年不一样,中国受到因美国而起的世界金融危机的影响,遇到了近30年来最严酷的经济形势。这种严酷表现在各个方面,对于我们来说最直接的感受就是,同学们的就业机会明显减少,毕业生包括毕业研究生都遭遇了就业困难。这样的一场危机迫使我们每一个人都更多地去思考国家的命运、世界的命运。希望中国能够有更大的作为,希望中国能在世界经济的发展中扮演更重要的角色,希望中国能以自己的

---

* 在2009届研究生毕业典礼上的讲话(6月27日)。

力量帮助世界尽快地摆脱这场危机,成为世界的一个呼声。不论这呼声是真诚的,还是不真诚的,是发自内心的,或仅是一个客套,中国已成为世界关注的一个焦点,已成为世界进步的一个主要力量,这是不争的事实。中国应该怎么办?中国应该为人类作出怎样的更大贡献?这是每一个中国人,特别是每一个中国青年要严肃思考的问题。

同学们,朋友们,在座各位都是中国的青年,而且是青年中的精英。在座各位都得到了国家与社会(包括你们的家庭与亲人)超乎寻常人的关爱与帮助,你们所受教育的年限要高出常人的一倍,你们使用的教育资源与条件比常人都好,这种超常的关爱与帮助再加上你们各自的勤奋与天赋,使得你们具有了超乎常人的知识与力量。因此,你们理所当然地要承担更多的义务与责任——对国家、对社会,也对你们的家庭。我上面说了,世界正处在一个新的发展时期,中国也处在一个新的发展时期,中国能否为人类作出新的更大的贡献,答案就在在座的你们这一代人的身上。因此,今天与各位道别,我想留给各位的临别寄语,就是希望在座的各位能时刻不忘自己肩上的重任与重托;希望各位既有远大的理想,又能为自己的理想脚踏实地地奋斗,不仅自己奋斗,还能团结和带领周边的其他人共同奋斗。再过不到100天,我们将庆祝新中国成立60周年,在这60年里,中国共产党领导中国人民把一个落后了上百年变得一穷二白、受尽外侮的旧中国建设成为一个让世人尊敬、充满希望的新中国,让一个五千年的文明古国重新焕发青春。下一个60年,人们都期待中国能在下一个60年带领世界奔跑在文明的大道上。同学们是新中国成立60年后的第一届博士与硕士,是新中国第二个甲子开篇辉煌的书写者。我由衷地希望同学们不忘自己的使命与责任,希望各位不论在哪一个岗位上、承担什么样的工作,都能开创一片天地、干出一番成绩、作出一番贡献,以此回报国家和社会对你们的哺育和培养。

把握自信，不要自大，也不要自卑[*]

昨天，我们也在这个雄伟的大会堂举行了2010届研究生毕业典礼，我在毕业典礼上向同学们致辞，送给同学们诚挚的祝福与殷切的期望。我的祝福与期望是：期望同学们能牢记校训，自信地面对任何挑战，用自信的人生态度去拥抱人生。今天，是本科生的毕业典礼，要送给本科毕业生们以什么祝福呢？我再三思索，觉得本科生比研究生更加年轻，更有激情，更少磨难，也更有可能在挑战面前感到茫然。因此，我认为本科毕业生与毕业的研究生一样，需要对自信有一个更加清醒的认识，需要自信，甚至更加需要自信。所以，我今天给在座各位的祝福，也是期望各位牢记校训，"自强不息，止于至善"，以自信的人生态度去勇敢地面对自己即将踏上社会之后可能遇到的任何挑战。

同学们，中国的改革开放带来了中国经济30年的高速发展，30年的高速发展也给中国社会带来了一系列的巨大变化。人们在赞叹繁荣与进步的同时，也在抱怨污染与贫富分化；人们渴望着工业化带来的生活激情，同时也日益感受到竞争带来的沉重压力；发展让空间变小了，让时间变短了，"人生苦短""光阴似箭"，这种感觉现在是万般的真切！可以说，在座的一代青年正面临着前所未有的挑战！但挑战与机遇总是并存，只有敢于应对挑战，才有可能得到机遇。在挑战面前是接受还是退却，成了我们每个人必须作出的选择。为此，每当毕业来临，同学们要告别母校，奔向社会接受挑战时，我常常在想我们的同学究竟做好准备没有，做好应对困难接受挑战的准备没有？根据我个人的观察与

---

[*] 在2010届本科生毕业典礼上的讲话（6月29日）。

思考,一个人要能够战胜各种挑战,要有三件法宝,即知识、才干与心态。我想在座的各位都具备了应有的知识与才干去面对挑战,所以我想仅就心态这一问题说点看法。

七年前,在我接任厦门大学校长之初,有一位记者问我,你上任后最想为厦大作的贡献是什么?我说,我想为厦大做的事情很多,但最想做的是如何进一步提升厦大学生的自信心。去年12月,我和之文书记一道率团到香港参加厦门大学旅港校友会成立六十周年庆典活动,活动期间我们的校友、香港证交所主席(当时是候任主席)李小加博士告诉我,说他几年前看到一篇报道,说我当任校长最想做的一件事是如何进一步提升厦大学生的自信心。他说他非常赞同我的看法。我说是的,假如现在有人问我这七年做了哪些自己感到满意的工作,我会说自己最满意的就是厦大学生的自信心有了进一步的提高。我还要告诉各位,李小加博士是厦大外文学院1984届的本科毕业生。厦大本科毕业后,他在中国日报社工作了几年后,又到美国完成了研究生的学习与训练,研究生毕业后担任过律师,后又到华尔街工作,曾任J.P.摩根公司的中国区总裁。去年被聘为香港证交所主席兼行政总裁。李小加是香港证交所成立一百多年来第一位出生在大陆的CEO,他始终感谢母校给予他本科阶段的良好教育和锻炼。他是我见到过最有自信的人之一。他无论是做石油钻井工人,还是做报社编辑;不论是做记者,还是做律师;无论是做美林的项目经理,还是做J.P.摩根的地区总裁,他都自信地认为自己适合这个岗位,都自信地认为自己能够做好工作,而且确实做得很好。我们的这位校友无疑是一位成功的人,但我首先赞赏他是一位自信的人。

为什么我如此重视一个人的自信心?因为我认为自信是一个人最重要、最可贵的正常心态,或者说最重要的人生态度。什么是自信?自信就是相信自己在社会上有一个合适的位置,自己能与社会和谐相处。哪怕这个位置一时不合适,经过努力或调整会达到合适。对于心态也有多种的描述,乐观的心态、悲观的心态、积极的心态、消极的心态、自由的心态、保守的心态,等等,但我认为最为重要的划分是自信、自卑和自大这三种心态。因为这是人类最基本的心态,而且这三种心态又是相互关联的,过于不自信很可能就变成自卑,而过于自信、盲目自信很可能就变成自大。自卑与自大也会相互转化,自卑的人常常表现得非常的自大,而自大的人一遇挫折往往就变得自卑。一个人在心态上无论是自卑或自大,他往往都无法摆正自己在社会上的位置,都很难与自己的周围和谐相处。只有自信的人,才能正确地看待自己,也正确地看待他人,才能在社会上找到自己的合适位置,与整个世界和谐相处。

当然,心态是世界上最复杂多变的一种精神状态,一个人的心态往往是自信、自卑、自大交织在一起,只有自信,而没有自卑或自大的人是极少极少的。因此,当我们感觉到自己有自卑或自大的心态时,不必紧张,只要正确对待,并加以调整就好了;但怕的是我们自己意识不到自己有这样的心态。所以,当你走出校门、步入社会在生活或工作中遇到挫折或麻烦的时候,你一定会寻找发生挫折或麻烦的原因何在,千万记住,在查找原因的时候,首先查查自己的心态,是不是因为自卑或自大的心态影响了你的生活与工作,给你带来了挫折与麻烦。

说到这里,我由衷地期望在座的各位同学都能保持一个自信的心态,相信自己是这个世界必不可少的一分子,是这个社会必不可少的一个成员;相信自己能为这个美好的世界增光添彩,能为这个美好的社会添砖加瓦;相信自己能与社会与自然和谐相处。有了自信的心态,你就会懂得幸福,懂得美好,懂得宽容,懂得感恩,懂得责任,也懂得奉献;有了自信的心态,你就一定能为自己的理想而脚踏实地地不懈奋斗,可以言败,但永不言弃,失败了查找不足从头再来,继续奋斗;有了永不言弃的精神,胜利一定属于你;有了自信的心态,你会无比地感恩这个社会,感恩自己的父母,感恩所有关心和帮助过自己的人,从而当自己有能力时你就会尽自己所能去报答和感谢他们。总之,自信的心态会让你活得自由,活得自在,会让你为了这个美好的社会而辛勤地劳动,同时也尽情地享受。

同学们，朋友们，厦门大学是一所自信的学校，"自强不息，止于至善"这八字校训是何等的自信！厦门大学在自己建校90年的历程中，无论多么艰难困苦，从来没有言弃，始终坚持自己的理想并为之不懈地奋斗。同学们，我希望你们始终牢记自己的校训，以自信的人生态度去面对人生的挑战！

离别的时刻最为珍贵。今年的凤凰花开得特别少，我感觉好像这凤凰树有点舍不得与各位亲爱的同学说告别，我也一样。但不管如何不舍，还是要与各位说声再见！同学们，朋友们，你们把自己人生最美好的四年留在了厦门大学，不管你愿意与否，"厦门大学"这四个字将与你终身相伴，在座的各位都已深深地烙上了厦门大学的印记，而且这印记将会伴随你的远离而越来越深！我前两周在美国访问，见到了我们的一些校友，他们问我最希望校友能帮助母校做点什么？我说，我最希望校友们做的就是时时刻刻记得母校，有什么事都想着这与我们的母校有没有关系，有空的时候会惦记着回母校走走看看。我觉得这就是校友对母校的最大帮助。一所学校有这样的校友，这所学校就不可能不进步，不可能不伟大！同学们，朋友们，明天你们就要迈出校园，步入新的生活。你们即将成为厦门大学骄傲的校友中的一员，我由衷期望你们时刻记着母校，抽空常回家走走，始终把母校的进步与发展与个人的进步和发展联系在一起；我由衷地期望你们永远把母校当作自己一位忠实的、可信赖的朋友，这个朋友愿意分享你成功的喜悦，更愿意在你困难的时候助你一臂之力！

感恩、责任和奉献[*]

2011年是一个我们会永远记住的年轮。在这一年里，我们刚刚欢庆了我们母校的九十华诞，又将迎来我们伟大的党建党九十周年的光辉日子；这一年是我们"十二五"规划的开局之年，也是在座的各位亲爱的同学顺利毕业、奔赴社会、报效祖国的起始之年。这是吉祥的一年，胜利的一年，我想在座的同学们跟我一样，都会永远记住这一年。

我知道，在座的一些同学再过几个小时，多数同学再过一天、两天或几天就要离开这美丽的校园，去创造属于自己的新的人生、新的辉煌。在这道别的时刻，在这每一分钟都无比宝贵的时刻。这几天我一直都在想我要跟同学们说些什么，思考再三，我决定我要把我们母校九十华诞庆典的主题词——"感恩、责任、奉献"这六个大字送给各位。在筹备母校九十华诞庆典时，在征集了师生员工、海内外校友上上下下多方的意见与建议之后，学校把"感恩、责任、奉献"这六个字确定为九十大庆的主题词，因为大家认为，这六个字是对厦大过去九十年艰苦而又辉煌的办学历程的最好概括，又是对母校下一个九十年，或再下一个九十年的最高期许。九十年来，一代又一代厦大人都在默默地践行着这六个字，为自己的祖国，为自己的民族无私地贡献着自己的青春、智慧、力量和生命。

在座的各位都知道，我们的校主陈嘉庚先生出生于1874年。那是一个多么黑暗的年代，真是令人不堪回首。陈嘉庚出生时，他的父亲已赴南洋谋生，他是母亲一人含辛茹苦、历经艰难抚养长大的。1891年，

---

[*] 在2011届毕业典礼上的讲话（6月26日）。

他年仅17岁,同样为了谋生,他奉父亲之命冒着生命危险远渡重洋到新加坡去打拼。可以这么说,陈嘉庚的童年、少年是在国破家贫、亲人离散之中度过的,他的童年和少年是充满了困苦和艰辛。但即使这样,陈嘉庚从没有抱怨过自己的祖国,他自始至终都无比热爱自己的祖国。在南洋艰苦奋斗数十年后,事业有成,他首先想到的就是如何报效自己的祖国,如何让自己的祖国摆脱贫困,繁荣强大。他认为中国落后挨打、遭列强欺压的根本原因在于国人没有教育,因此他倾自己的所有力量大力兴学办教育,他独资创办厦门大学,这在中国历史上是第一人!陈嘉庚为什么能这样?因为他懂得感恩,他知道生他养他的是中国人,教他育他的是中国人,不管中国有多穷,这永远是自己的祖国。所以,他一旦有了能力,他便要倾其所有来报答自己的祖国。陈嘉庚的感恩之心感动了无数的厦大学子,在陈嘉庚的感召下,厦门大学始终是一所懂得感恩的学校,不论在哪一个年代,厦门大学都牢牢记着自己的祖国,记着自己的民族,记着所有帮助、支持过自己的人。

在座的各位也都知道,厦大在八年抗战最为困难时期的校长是萨本栋。萨本栋20世纪20年代初由清华选送美国留学,先后毕业于美国斯坦福大学和麻省伍斯特工学院,在美期间他的科研获得诸多成果,任职于美国著名的西屋公司。1928年,萨本栋年仅26岁被清华聘为物理学教授回国任教。1937年7月1日,由于众所周知的原因,陈嘉庚先生将厦大无条件地献给国家,厦大从此由私立改为国立。7月6日,萨本栋被任命为国立厦门大学第一任校长。在物理学与电机工程学上造诣高深,成就卓越,已在清华任教九年的萨本栋在接到任厦大校长的任命后,曾颇感犹豫,因为此一去对他来说真是道路艰辛,成败难测。但他最后有感于陈嘉庚爱国兴学的伟大精神,有感于他要把厦大建成一所一流大学的宏愿,怀着为祖国培养更多一流人才的责任,毅然作出了巨大的个人牺牲,到厦大就任。萨校长接受任命的第二天,中国抗日战争全面爆发。此后的八年,他把自己与厦大完全连在一起。抗战八年,厦大内迁闽西长汀,在常人无法想象的艰难困苦之中,萨校长奠定了厦门大学南方之强的根基，但他个人付出的代价不仅仅是学术，而且是自己的健康。刚到厦大时，他是个著名的学者，也是个优秀的网球运动员，而八年后离开厦大时他已是一个走路都困难的驼背老人。1949年1月离开厦大仅仅四年，他病逝于美国的加州，年仅47岁。萨本栋为何为厦大如此呕心沥血、九死而不悔？因为他牢记自己的使命与责任，他说他一旦决定来厦大，就要尽自己的全力去履行自己的职责，他来厦大就是要尽到把厦大办成一流、为国家培养栋梁之才的责任。是责任驱使他把自己的生命耗尽。

在座的各位可能都知道，我们的蔡启瑞院士是一位化学家，有些同学可能还知道他是一个催化化学家。但可能很多同学都不知道，蔡院士到了44岁才转变自己已研究了20年的结构化学去专攻催化化学的。蔡院士1937年从厦大化学系毕业后即留校任教，后于1947年初赴美国留学，获博士学位后被美国政府阻挠归国，直到1956年春才得以回到厦大任教。蔡院士从20世纪30年代开始就在研究离子晶体的单晶制备、晶体结构和极化现象，并取得了重要的研究成果。在美国近10年的学习与研究，使他的研究所长得到了系统的加强。1957年的一天，中央人民广播电台的一则消息，改变了他已从事20年的研究方向，这则消息是报道说在我国松辽平原发现了大油田，中国急需化学工业与炼油工业的人才。石油化工的基础是催化，当时我国的催化科学十分薄弱，几乎是空白。蔡院士得知这一消息后，毅然决然改变自己的研究方向，他为了祖国的石油工业，要放弃自己从事多年的已有研究，从零开始转向催化研究。这样的一个决定，哪怕在科研手段有很大进步的今天，也可以说是一个几乎令人难以想象的决定，这意味着他要把已有的所有成就都彻底放弃，重新开始对一个完全陌生领域的探索。

但我们的蔡启瑞院士为了国家的需要，义无反顾地作出了这样的抉择。1958年秋，他与他的同事们在厦门大学化学系建立了中国高校第一个催化教研室，经过艰苦的努力，厦大催化学科成为中国催化事业最重要的人才培养与科学研究的基地之一。他作为中国催化学科的奠基人，为我国石化工业的发展作出了无比重要的贡献。蔡启瑞院士在自己的人生关头能作出如此重要的抉择，源于自己他始终怀抱的为祖国无私奉献的精神。他始终认为，国家的需要就是科学家责无旁贷的职责，无私奉献是科学家应有的品格。

厦大的九十年，是感恩责任奉献的九十年；厦大对国家对社会的感恩责任与奉献是所有的厦大学子共同铸成的。亲爱的同学们，在你们即将离别母校、踏上社会之际，我由衷地期望各位能牢记厦大的精神，弘扬厦大的传统，为我们伟大祖国的繁荣昌盛作出自己的一份贡献。当然，我很希望同学们的感恩能从感谢自己的父母开始，可能有同学至今还没有给自己的父母买过一盒点心或送过一件礼物，我希望你们领到第一份工资时能给自己的父母买一个小小的礼物。我还希望，你们能把责任与奉献体现在你们今后每一天的日常工作与生活中。

亲爱的同学，亲爱的朋友！毕业歌已经唱响，火红的凤凰花已挂满枝头，你们马上就要出征了！在最后的一刻，我要再与各位诉说的一句话就是：朋友，请大胆而自信地投入火热的新生活，用你满腔的热忱去实现自己的美好理想！

时刻回想你们的校园^{*}

　　光阴似箭，岁月如梭，再过数小时，在座的各位同学就将告别这美丽的校园，投身火热的新生活，去追求自己的幸福，去实现自己的人生理想。面对着美丽的校园，我想每位同学此时此刻都会产生一股难言的依依不舍的离别之情。不论在座的各位同学在这美丽的校园里生活了多长时间——三年、四年、五年、七年或更长的时间，你们都把自己最宝贵的一段青春时光刻在了这座校园里，这座校园也融入了你们的血脉。你们的青春伴随着这座校园而成长，而这座校园也因你们的青春而美丽，而永远朝气蓬勃生机盎然！当然，毋庸讳言，这座美丽的校园也有丑陋，也有野蛮，也有不良，这些都与我们校园格格不入，这些都令我们的同学不满、厌恶甚至愤怒。但是，不论如何，不论你们愿意还是不愿意，此时此刻你们的每个人都会深切地感觉到，你们的今生今世已经无法与这座校园分离了，你们已有这样的预感，今后不论你们走到哪里，不论你们做什么，你们的一切都会有这座校园的印记。

　　因此，在这宝贵而又短暂的别离时刻，我想再与亲爱的同学们说的几句话，就是想与同学们一道再次品味或感悟我们的美丽校园，我希望同学们轻轻地与我们的美丽校园说声再见，但是永远牢牢地记着她，让她伴随你终生。

　　我们的校园是一座平实的校园。陈嘉庚选择在海岛上建校园，整个校园卧在坚实的花岗岩层上，依山面海，有山有水，历经风雨，荣辱不惊。这样一座校园里培育出的学子，最大的特点就是谦虚而自信，朴实

---

　　* 在 2012 届毕业典礼上的讲话（6 月 28 日）。

又平和。谦虚是人的一种美德,只有谦虚才会客观地看待自己,也客观地看待别人,只有谦虚才会保持永不停滞、永求进步的积极人生态度。谦虚总是与自信相连。自信是一个人最可贵的心态,或者说是最重要的人生态度。只有自信的人,才能正确地看待别人,才能在社会上找到自己适合的位置,与整个世界和谐相处。因此,我们希望,这座平实的校园从中走出的学子应该谦虚,不要骄傲,应该自信,而不要自卑,更不要自大。

我们的校园是一座和谐的校园。陈嘉庚在国难当头之时,为求救国而创办厦门大学。九十多年来厦大人始终以救国强国为己任,历经艰辛,百折不挠,矢志不渝。应该是经历了太多的磨难,这样的一座校园对爱、对善、对和谐有着特别的追求,因此,在这个校园里每一块草、每一棵树、每一栋楼、每一个人都希望自己是在合适的位置上能与周边和谐相处。从这样一座校园里走出的学子自然也把爱与和谐作为自己的永生追求。友善与团结,这是许多人对厦门大学赞美,这也是无数厦大学子的性格特征。当然,也有人担心友善与团结是否会使得厦大学子懦弱并害怕竞争,我想我们的厦大学子绝不会把友善与团结作为我们害怕竞争、逃避竞争的一个借口。竞争是社会进步的要素之一,但是,竞争不是对抗,竞争也是一种形式的合作。敢于接受挑战,敢于参与竞争,敢于推动社会的进步,这正是大爱、大善的应有之义,也是我们实现和谐的必由之路。

我们的校园是一座温馨而安逸的校园。陈嘉庚在当年是选了一个十分僻静甚至交通不便的地方来建校园。此后,他对校园的规划、对校园的建设、对师资的要求、给师资的待遇、对学生的关爱,都是希望厦大能有一个安逸的氛围与条件。因为他知道,只有宁静才能致远,只有安逸才能不浮不躁,而不浮不躁是做好学问的基本要求。得益于他的这样一种远见,温馨而安逸的校园造就了厦大人从容、淡定的品格与本色。当然,温馨与安逸绝不能成为保守与落后的温床,反之,在这样的一种氛围中成长起来的学子,应该拥有更加远大的理想和更强的社会责任感,崇尚科学、追求真理、敢于探索、敢于创新应该成为我们始终不懈的追求。

我们的校园是一座自由而宽容的校园。陈嘉庚创办厦大时,选择提倡"思想自由、兼容并蓄"的蔡元培先生为建校筹备委员会第一委员,我想其中的用意应该是在创校初始,陈嘉庚就希望这所学校能成为一所自由而宽容的学校。逾九十年来,我们的校园始终为自由和宽容所拥抱。如何为学生的成长而创造一个宽松的环境,如何尽一切所能创造条件让学生自由地成长,是历任校园的管理者苦心思索的问题,这样的一种文化得到大家的赞同与传承。因此,厦大的学生是自由的,厦大的学生是幸福的。但是,应该说有一些学生自由和幸福到有些懒散和无羁。为此,我要真诚地提醒各位,大学可能是你一生中最为自由的一个地方,在这里,你自由自在,无拘无束,甚至懒散、任性一点都没有关系。这座校园会包容你。但是从今天开始,你们将真正地步入社会,社会的要求与大学的要求有诸多的不同,其中最主要的一点就是社会的约束比大学要多得多,也强得多,如果你不能遵守这些约束或规则,你就一定会碰壁,甚至失败。因此我特别希望懒散的同学从现在开始就振作起来!

我们的校园是一座开放的校园。陈嘉庚为厦大拟定的办学宗旨是:养成专门人才,研究高深学问,阐扬世界文化。这是一个多么开放的基调,在这样的一个基调上,我们的校园始终是中国最为开放的校园之一。在我们的校园里,不同肤色的学生共聚一堂,在我们的校园里,不同的文化相互交融,互相欣赏,在我们的校园里,国际化成为建设一流大学的战略举措。但是,我们越是开放,我们越要扎根本土。我们尊重多元文化,但一个人只有在热爱自己的文化、尊重自己的文化的基础上,才有可能真正地热爱并尊重他人的文化,一个人如果连自己的文化都不尊重,他怎么可能会尊重他人的文化呢?所以,爱祖国、爱人民、爱我们自己的优秀文化,这是一个厦大学子从我们的校园里应该得到的最基本的启示。

在自己的理想中为祖国留一块空间[*]

  毫无疑问,在同学们毕业离校之际,我跟你们的家长一样,最关心的事情之一就是你们在厦大苦读数年,最后得到了社会的承认没有,找到了自己满意的工作没有。2013年是充满希望的一年,但也是充满挑战的一年!我看到一个5月份的调查统计数据,说是今年是有史以来大学毕业生就业最困难的一年,跟去年同期相比,今年大学毕业生的就业签约率低了20%多。当我看到这个报道时,心头也不由得一紧,第二天赶紧询问学校负责学生工作的有关同志了解我校毕业生就业情况,他告诉我情况跟去年基本相同,没有太大的变化。昨天,我又问了一下有关同志目前的最新情况,他告诉我,87.5%的本科生、94.5%的硕士生、94.1%的博士生已找到了就业岗位,或者已拿到了境内外高校和科研机构的录取通知书;而人文与艺术学部整体平均达86.3%的毕业生都已落实了具体去向。可以说,在这充满挑战的困难时刻,在座的各位经受了社会的选择,得到了社会的承认,厦大的毕业生不愧为最具社会竞争力的大学生群体之一。就在前几个星期,我还看到媒体报道了一位今年毕业的厦大优秀学生,他明确宣布他要寻找"理想"。他认为,找工作只有找到自己喜欢的才是真正找到工作,他绝不屈就自己不喜欢的工作岗位。到记者报道时,他才送出两份求职简历,还没有得到一次的面试机会。我不知道他现在找到自己满意的工作没有,他的这份从容、淡定和自信令我欣赏,但我更希望他能多投几份求职简历,免得老师、家长和同学都为他着急。当然,我最希望他现在已经找到了自

---

 * 在2013届毕业典礼上的讲话(6月28日)。

己认为喜欢的工作。

从这位同学的身上,折射出了"理想"对于在座的各位是多么的重要!没有理想,就没有追求,有了理想,才有动力。理想,不是一个空泛的词藻,她有血有肉,有自己的内涵,有具体的表现,而且每个人都有每个人的理想。譬如,在座的各位有的是想追随业师,超越业师,在学术上有所造诣,在科学的百花园中书写自己绚丽的一笔;有的是盼千里宝马能得一伯乐,给自己一方驰骋的天地,不论为官为商,都造福一方的百姓;更有的从小就喜欢军人的一身戎装,敬佩军人的一身豪气,他的理想是20年后能成为一个受士兵爱戴的将军;也有的指望能从事自己喜欢的职业,让自己平生的所学能有所用,让自己的才华不会白白流逝;也有的理想极为朴素,只想有一份安逸稳定且薪酬丰厚的工作,能有机会好好地报答父母为自己的成长所付出的辛劳,能有条件找一个意中人,结为连理,共享欢乐,等等,还有很多,很多!不论在座的各位,还有多少的理想,我此时此刻想给各位的一个期望,就是期望在座的各位,不论你有什么理想,都一定要在自己的理想中为自己的祖国留下一块空间,无论你的理想是什么,都要想着如何能为自己的国家作出一份贡献。这是厦大人已有的历史与传统,也是厦大人永远的理想和追求。

亲爱的同学、亲爱的朋友,我们生活在一个伟大的时代,光荣与梦想从来没有像现在这样离我们如此之近,党的十八大发出伟大的号召:我们要在中国共产党成立一百年时全面建成小康社会,要在新中国成立一百年时建成富强民主文明和谐的社会主义现代化国家。在座的各位同学到建党一百年时,你们才30岁左右;到新中国成立一百年时,你们多数人都还不到60岁。因此,两个一百年的宏伟目标将在你们这一代人的手中完成,我由衷地期望在座的各位不仅仅是中华民族伟大复兴的见证人,而且是中华民族伟大复兴的参与者!中国梦将在你们的手中变为现实!

同学们,朋友们,你们即将开始人生新的征途,去创造属于自己的美好新生活。我知道,不论你们走到哪里——天涯还是海角,厦门大学都会是你们永远的眷念,因为你们人生最美好的时光是在这里度过,这里留下了你们永远无法抹去的记忆,而且这记忆会随着岁月的流去而愈显深刻。亲爱的同学,亲爱的朋友,在这不得不说告别的时候,我想再说一句话就是,母校永远是每一位校友人生旅途中的港湾、驿站和朋友,当你们在人生的旅途中走累了的时候,就回到母校来歇歇脚、喘喘气,加些油料,添些淡水,养好精神再上路;当你们在人生的旅途中奋力向前的时候,你们要记着,在你的身后始终有一个朋友在默默注视着你们,当你们成功的时候他轻轻鼓掌为你们高兴,当你们遇到困难和挫折的时候,他随时准备伸出双手助你们一臂之力。这个真诚的朋友就是你们的母校!

做一个勇于担当、敢于担当的人[*]

同学们,在刚刚过去的"五四"青年节,习近平总书记在北京大学与学生代表座谈,他的通篇讲话充满了对中国青年一代的期望和关爱。他在讲话中,多次提到"担当"二字,他对你们这一代年轻人的最大期望是期望你们都能成为勇于担当、敢于担当的一代年轻人,期望你们学会担当社会责任,能够担当起党和人民赋予的历史重任,在激扬青春、开拓人生、奉献社会的进程中书写无愧于时代的壮丽篇章。

"担当"二字对于厦大人而言从不陌生,因为厦大历史上从来不乏敢于担当之典范。陈嘉庚17岁时远渡南洋谋生,历经艰辛,经过数十载的奋斗事业有成。陈嘉庚事业有成之后第一个想到的就是祖国,当时祖国正处在危难之中,处在亡国之边缘,陈嘉庚怀着救国之志,创办集美学村、创办厦门大学。在为厦门大学募捐的大会上,他个人一次认捐400万洋银。这400万洋银,经过后人的考证,相当于他当时的全部个人资产。因此,后人把陈嘉庚创办厦大誉为"倾资办学","毁家兴学",世世代代的厦大人都把他尊称为校主。陈嘉庚这样的一种作为,就是一种担当,这是一种对国家对民族的担当。

1921年,年仅16岁的罗扬才从广东考入集美师范学校就读,1924年师范毕业又考入厦门大学预科,第二年预科毕业升入厦门大学本科。在当年,能够成为大学生,可谓是凤毛麟角、人中豪杰。进了大学,有了大学的文凭,也就意味着走上一条衣食无忧、前程似锦的阳光大道。但年轻的罗扬才更多的是看到社会的黑暗,看到的是当时国民党的独裁、

---

* 在2014届毕业典礼上的讲话(6月20日)。

腐败和反人民。因此,他抛开个人的似锦前程,为理想而奋斗而抗争,反饥饿,反独裁,争自由,争民主,1927年5月23日他被国民党反动派杀害,牺牲时年仅22岁。罗杨才的这样一种作为,就是一种担当,这是一种对理想对信念的担当。

　　1937年,年仅35岁的萨本栋在民族危难之际、在抗战爆发前夜,毅然舍弃已有的舒适生活和成功的学术事业,从清华到厦大,接任厦大校长一职。他在国家最危难、厦大最困难的八年执掌校务,殚精竭虑,艰苦办学,使得厦大在抗战八年不仅没有停办一天,反而蒸蒸日上,不断发展,成为名符其实的"南方之强"。但萨校长自己却累垮了身体,到厦大之前他是一个网球运动员,身体十分强健,但到1944年他离开厦大时已是一个弯腰驼背、行走困难的抱病之人。1949年1月31日,萨校长病逝于美国加州医院,年仅47岁。后人都说,萨本栋校长在厦大的七年是燃烧自己生命的七年。萨校长这样的一种作为,就是一种担当,这是一种对职责对事业的担当。

　　我们厦大人还熟知王亚南和陈景润。王亚南在20世纪30年代就开始传播共产主义的思想和理论。1938年他与郭大力合译的《资本论》三大卷全译本由上海读书生活出版社出版,这是中国第一部《资本论》的全译本。20世纪40年代,他任厦门大学经济系教授,长期为学生讲授马克思主义政治经济学,是最受学生欢迎的教授之一。我想,在座的各位同学都知道,20世纪三四十年代,公开宣传马克思主义、共产主义思想,这是需要多大的勇气!陈景润的唯一爱好是数学,数学就是他的生命和一切,他在1966年发表论文解答了哥德巴赫猜想中1+2的难题。此后,"文革"爆发,他被打为走"白专道路"的修正主义分子,造反派对他进行了无休止的批斗和干扰,但他白天被批斗,晚上躲在斗室之中仍然进行自己心爱的数学研究。可惜"文革"十年耗去了他最宝贵的光阴和健康,他最终没能解出1+1,但他的精神和事业是永存的,仍在继续。王亚南和陈景润的作为,就是一种担当,是一种对科学对真理的担当。

在厦门大学九十多年的办学历程中,"担当"二字已经溶入厦大人的血脉之中,"担当"二字已经成为厦大人的精神追求,一代又一代的厦大人为了民族的解放、国家的富强奋斗不止、矢志不渝、前仆后继,就是因为他们牢记勇于担当、敢于担当是从校主陈嘉庚就开始传下来的一种精神、一种使命。

亲爱的同学,亲爱的朋友,你们是光荣的一代,你们也是肩负重任的一代。因为你们处在一个伟大的时代,中华民族伟大复兴的光荣与梦想将在你们这一代人手中实现,要依靠你们这一代人去实现。因此,勇于担当、敢于担当对于在座的各位就有着更重的分量,有着更高的期望!

我由衷地希望在座的各位,参加完今天的毕业典礼后,走出这雄伟的大会堂,都能面对大海和蓝天深深地吸上一口气,轻轻地说一句我毕业了!我真正地成年了!一个人在成年之前,理所当然的要得到他人的更多帮助和照顾;一个人在成年之后,也理所当然的要更多地帮助和照顾他人。在座的各位能有今天的成长,是你们的家人、是你们的朋友、是你们的师长、是你们的学校、是你们的国家、是你们的社会给予你们帮助和哺育的结果。你们一定要牢牢记住每一个帮助过你们的人,虽然他们可能都不图报答,但你们却要常怀感恩之心,要有大爱情怀,当他人、当社会、当国家有需要的时候,你们要毫不犹豫地挺身而出,伸出双手,贡献力量。从今天开始,你们应当为国家、为社会、为家庭、为你们的父母家人承担更多的责任。我认为,这就是你们应有的担当。有了这样的一种担当,你们就一定能够不畏艰险,克服万难,实现自己的人生理想!

牢记"知无央,爱无疆"这六个字*

毕业的季节,是收获的季节,令人高兴,值得庆贺;毕业的季节,也是道别的时刻,令人难舍,充满感伤!无论如何,这个时刻都是一个宝贵而美好的时刻。在这样的一个时刻,我非常珍惜能有机会再跟同学们说几句话。

前两个星期,我到台湾去访问,走访了台湾的八所姐妹校,跟各位校长和教授们交换了加强和拓展交流与合作的意见和设想。此外,还拜会了厦大校友会的几位校友,向他们通报了学校近期的发展情况,并感谢他们对母校的关心和帮助,希望他们能更多地关心、支持和帮助母校。在拜会的校友中,有一位老校友1948年毕业于厦大机电系,先到上海后到台湾去工作,今年已经93岁高龄。这位老校友在台湾好来化工厂工作了数十年,曾担任企业的副总经理、厂长等职,大家熟知的黑人牙膏就是他管理的工厂所生产的。1989年,他工作了40年后,在66岁时退休。退休后,他对生活充满热情,周游世界是他最喜爱的活动。到目前为止,他已出国旅游189次,去过91个国家和地区,在台湾岛内旅游就难以计数了。他现在的生活乐趣除了旅游之外,第二个乐趣也是他最大的乐趣就是热衷于参加各种公益慈善活动,这包括到大学去演讲,把自己几十年的管理经验和人生阅历告诉给年轻的大学生,帮助他们走好自己的人生道路,也包括拿出自己的积蓄,力所能及地去帮助他所能够帮助的人。我知道,在座的就有很多学子得到过他的帮助。我见过的几乎所有认识这位老校友的人无一不夸奖他是一个健康的

---

* 在2015届毕业典礼上的讲话(6月20日)。

人、快乐的人、爱帮助人的人、受人尊敬的人,也是一个成功的人。我跟这位老校友有过多次交谈,这次在台湾他又跟我说了对母校的感念,有些故事我已听过多次,但每次听完我都有一番新的感悟,我想借这个宝贵的机会能跟同学们分享我的感悟,分享我对这位受人尊敬的老校友的认识。

刚刚我们大家深情地齐唱校歌中有两句歌词:"致吾知于无央,充吾爱于无疆!""知无央,爱无疆",我们的老校友说,这六个字影响了他的一生。"知无央"就是告诫我们学无止境,知识的海洋宝藏无穷,需要我们去不懈探索和挖掘,这是人生最大的财富。"爱无疆"就是期待我们要有大爱,要有爱心,要懂感恩,知道我们今天能有所成就是无数人帮助的结果,一旦自己有了能力就应该尽己所能去帮助他人回馈社会。我们的老校友是这样想的,也是这样做的。他一生勤学不断,读万卷书,行万里路,始终保持旺盛的求知欲望。他现在已年过九旬,但还是对新事物充满好奇,如果你跟他交谈,你一定会被他那种谦虚好学、不耻下问的精神所感动。在奉献爱的方面老校友更是堪称楷模,他算是工薪阶层,不是大富大贵之人,但他乐于助人、乐于奉献的精神实在感人。他不仅在台湾、在大陆有捐赠,他在中国之外的东南亚、非洲等地也都有捐赠。他常说的一句话就是我跟大慈善家相比,我捐赠的数额是很小的,但我很高兴我能尽我的力量去帮助另一个需要帮助的人,哪怕只有一个人因为我的帮助而感到快乐,我就会很高兴。我们的老校友这次在台湾跟我见面时又提出要给母校捐赠100万元人民币,但有一个愿望就是希望母校能在芙蓉湖畔找一个好地方,竖一块闽南的花岗石,上面镌刻"知无央,爱无疆"六个字。亲爱的同学们,你们很快就要离开校园奔向远方了,不论你们走到哪里,我都希望你们能够记住我们校歌中"知无央,爱无疆"这六个字。

我从多位老校友口中听到的一个厦大的故事就是当年萨本栋校长订下一个校规,即每年的学生注册报到日有严格的时间规定,时间一过,报到处马上关门,迟到的学生只能回家等到第二年再来报到。这样的一个规定,在当时是太过严厉了。因为大家知道,1937年7月厦大为了躲避日寇的炮火,内迁闽西山城长汀办学。七十多年前的闽西交通是太困难了,很多同学从家乡到长汀,路上要走十天半个月之久,而且是历尽艰辛,因为那时路上常有土匪强盗出没。就是这样,当时学校定下的这一规定是必须严格遵照执行。许多迟到的同学无法报到是痛哭流涕,但是没办法再哭也没有用,只能第二年再来报到。数十年过去了,这次在台湾,我们的这位老校友又跟我说起这个故事。他感慨地说,当年学校这个规定确实被很多同学痛骂,但是等我们这些学生毕业之后,大家都感受到这个规定给大家带来的好处了。因为有这样严厉的校规,厦大毕业生都特别守时,讲纪律,做事开会从不迟到早退。这样一个好习惯,很受各方的赞赏,这也成为厦大校友事业成功的一个重要因素。亲爱的同学们,我每次听完这个故事也都无比地感慨,我无比钦佩当年的萨校长能有如此的魄力与胆略,以大爱之心制定出如此严厉的校规校纪。我相信,今天的大学没有一个校长敢于制定这样的一条规定。但是,我由衷地期望在座的各位能牢牢地记住这个真实的故事,能够传承厦大的这样一种精神。我们的老校友告诉我,多年后,他们都体会到,必须守时的这样一个习惯,对自己是一个自律,对他人是一种尊重。一个人能够对己自律,并尊重他人,这样的人一定是一个受人欢迎的人。同学们,我希望你们都是一个受人欢迎的人!受社会欢迎的人!

我们的老校友告诉我的另一个感慨就是,厦大倡导的"脚踏实地,耐得寂寞,守得清苦,能做大事,亦重小事"的传统让他终身受用不尽。所以,当他看到有关李克强总理到厦大视察,赞扬厦大的学生"高能成,低能就"时,他是特别有同感。校主陈嘉庚曾经用很平实的语言告诫年青的学子:"见兔猎兔,见鹿弃兔;鹿既难得,兔亦走路。"这句话的意思就是,做事业千万不能心浮气躁,这山望着那山高,更不能随波逐流,随风摇摆,否则只能是一事无成。我们的这位老校友,1949年到台湾后,在化工行业一干就是数十年,从一般的技术人员、管理人员,到厂长、总经理,成为台湾企业界的著名管理专家。他的事业有成,其中重要的一条就是得益于他对自己事业的热爱和执著。我还可以告诉各位同学的一个小秘密,这位老校友在退休后比较有空余时间了他就拿出一些剩余的钱购买股票,当作一种消遣或生活的调节,他购买了十几支的股票,每一支都赚了钱,没有亏本的,最高一支翻了数十倍。为什么能这样?他告诉我,这也得益于他对自己所从事数十年专业的熟悉和了解,得益于不断学习和跟踪科技发展的新动态,所以他对自己购买的股票有什么前景或什么走势把握得很准确。亲爱的同学,合抱之木,生于毫末;九层之台,起于垒土。欲成大事者,切切不可不重小事。我由衷地期望在座的各位同学,都能传承厦大的优良传统,像总理所说的那样"高能成,低能就",像我们的老校友一样,"干一样,爱一行","干一件事,成一件事"。

我不能占用各位太多的时间,因为我知道,此刻你们的父母、你们的老师、你们的同学、你们的朋友都还在等着要把他们的祝福、他们的嘱托、他们的牵挂及他们的期盼细细地告诉你,都想跟你再留一个影,跟你再道一个别。所以我要结束我的发言了,在结束发言之前,我还想再说的一句话就是,期望在座的各位同学,都把母校当作是你们人生征途的一个驿站,当你们在征途中走累了的时候,就回到母校来歇歇脚、喘喘气,加些草料、添些淡水,整好行装再出发。同时,我还要请在座的各位同学牢牢记住,当你们在人生的征途中奋力向前的时候,在你的身后始终有一个朋友在默默地注视着你们,当你们成功的时候他轻轻鼓掌为你们高兴,当你们遇到困难和挫折的时候,他随时准备伸出双手助你们一臂之力。这个真诚的朋友就是你们的母校——厦门大学!

在人生的道路上永不迷航*

厦门大学因海而生，伴海而长，是中国距离大海最近的一所大学。今年5月8日，我到广州参加厦门大学海洋科考船的下水典礼。当我看到香槟撞击船体，这艘经老师们、同学们、校友们投票决定命名为"嘉庚号"的美丽而雄伟的海洋科考船滑下船台缓缓入水，激起巨大浪花的那一刻，我的心情十分的激动，泪水不由自主地在眼眶中打转。那一刻，我心情的激动不仅仅是看到这艘承载着数代厦大人梦想的海洋科考船顺利下水，更是因为从那一刻开始，这艘船将要开始她搏击风浪、冲越险滩、克服万难，去夺取胜利的艰苦而又辉煌的航程。我在心中默默地祝福她一帆风顺！

今天，我站在这雄伟的大会堂，参加在座各位的毕业典礼，欢送各位开始人生的远航，我的心情同样的激动。此时此刻，在座的各位在我的眼中就是即将出海远航的水手，我可以想象从今天开始，你们不可避免地将会遇到各种人生的风浪，要冲越一个又一个人生的险滩。不论你们选择了哪个行业、从事的是什么工作，也不论你们的工作是在城市还是在乡村、是在中国还是在外国，我想你们肯定都会遇到困难与挫折，你们会有成功的喜悦，也会有失败的痛苦，但无论是怎样的一种情况，我都由衷地期望你们就像是一个真正的水手一样，遇到狂风恶浪，不能心慌，不能害怕，不能退缩，更不能放弃，唯有咬紧牙关，站稳脚跟，与你们的伙伴们、朋友们、战友们一道，齐心协力，同舟共济，奋力向前，去战胜狂风恶浪。只有这样才可能到达胜利的彼岸。

---

* 在2016届毕业典礼上的讲话（6月20日）。

在大海上航行的水手,与狂风恶浪相比较,更为可怕的是在茫茫大海上迷失航向。用水手的语言来说,前面一种情形叫苦航,后面一种情形叫迷航。迷航的困难与挑战要胜过苦航。在上个月刚刚结束的全国科技创新大会上,华为总裁任正非在大会上有个发言,十分精彩,充满哲理,令人印象深刻。其中,他说到,华为经过近三十年的发展,从最初只有数十人年产值数百万的一个小企业,发展到今天拥有近 20 万员工年产值数千亿的跨国集团,成为世界通信行业的排头兵、领头羊。华为取得了令世界惊叹的成功。但恰恰是在这巨大成功的面前,任正非说他迷航了,说华为上下都为这艘大船下一步要往哪里走,感到迷茫。任正非说华为前三十年的成功,最主要的秘诀是紧紧跟着世界上最优秀的企业不断前行,虚心地向他们学习,学习他们的技术,学习他们的管理,学习他们的经验,学习他们的理念。在这样的一个阶段,华为不会迷失航向,只要紧紧跟着领航的巨轮往前走就行了。但现在,华为感到迷航了,因为前面没有人了,进入了无人区,不知道要跟谁走了,怎么办?华为上下经过认真的思考、激烈的讨论,达成了企业上下一致的一个理念,那就是认准一个正确的方向,勇敢而坚定地向前行。这个方向是什么?就是创新,而且华为现在要做最最基础的原始创新。任正非说,华为今后几年每年投入研究与开发的经费要达到一两百亿美元,即 1000 亿人民币左右,而且还要逐年增长。华为现在做的最重要的一件事就是,在全世界选择智力资源最优最好的国家和地区设立研发与创新研究院,在美国、俄罗斯、法国、印度、以色列等国家都设立了研究院,在深圳、北京、上海、成都等地也设有研究院,研发人员总数现有 8 万多人。厦门大学也在积极联合厦门市政府争取华为能在厦门设立一个研究院。

怎样走出迷航,任正非总裁的理念值得我们在座的每一个同学去体会、去感悟。我们每一个人在自己的人生航程中都有可能遇到迷航的挑战。当你感到人生迷茫的时候,同样不能害怕,不能慌张,更不能沮丧和消沉,而是要静下心,沉住气,冷静地思考,积极地寻找正确的航行方向。你可以把你的苦闷、把你的迷茫告诉你的亲人、你的朋友、你的师长或你的同事,让他们帮助你,与你一道共同寻找你人生下一步正确的航向。我很喜欢现在流行的"定力"这两个字。同学们,当你们感觉迷航的时候,一定要保持定力,静下心来,放慢人生的脚步,找准正确的航向,再勇敢而坚定地前行。

亲爱的同学们,亲爱的朋友们,我坚信在座的各位都是勇敢而又有智慧的水手,你们既有自己的个性,有独特的创造力,又具有团队精神合作的意识,懂得集体的力量;我坚信你们能够克服任何的艰难险阻,保持正确的航向,到达胜利的彼岸,实现你们的人生理想。在这令人高兴而又令人惆怅的离别时刻,我最后还希望同学们能够牢牢记住的就是,你们是远航的水手,母校就是你们永远美丽而又温馨的一道港湾,当你们在远航中感到疲惫、感到迷茫、感到孤单的时候,一定要记得回到母校来,在这个温馨的港湾停一停、歇一歇,消除疲劳、赶走迷茫、加满油料、添足淡水再继续远航。母校是你们永远的人生港湾和精神家园!

做一个善良、自信和敢于冒险的人[*]

在座的各位是厦门大学2017届毕业生,2017年是具有特殊意义的一年,许多大事在这一年发生,包括我们党的十九大将在今年召开。今年也是恢复高考40周年。恢复高考是无数人终生难忘的历史记忆,她改变了无数人的命运,包括我在内。因此,我在思考今年的毕业典礼要跟同学们说些什么时候,脑海里总是浮现出我40年前参加高考、录取厦大、四年学习、顺利毕业的点点滴滴。大概,我已到了怀旧的年龄,在构思讲稿过程中,我也想换一个思路,但是脑海里这些记忆和思绪怎么也赶不走。最后,我想我就跟同学们谈谈作为一个早36年毕业的老毕业生对今天将要迈出校园的你们有什么样的寄托和期望吧。

回想起36年前我那一代的毕业生与今天你们相比较,首先我感觉到的是有这么几点不一样:第一,当年的我们压力没有今天的你们大。我们当年毕业后的工作是国家统一分配的,每个人肯定都有一个工作,不用像你们一样要自己去找工作。当然,厦大是很优秀的学校,厦大的毕业生是深受社会欢迎的一个群体,所以有很多用人单位希望或愿意录用厦大的毕业生。但是无论如何,今天的你们不像当年的我们一毕业就有国家给的一个铁饭碗,所以,你们压力要比当年的我们大得多。

第二,当年的我们机遇没有今天的你们多。我们当年毕业是国家包分配的,因此很自然,选择也就十分单一,或者说几乎没有什么可选择。一个班级如果是50个毕业生,国家有关部门就会下达50个工作岗位的指标到学校。学校就根据上级下达的指标参考同学个人的成

---

[*] 在2017届毕业典礼上的讲话(6月18日)。

绩、特长和志愿统一分配。个人几乎没有选择。你们今天的机遇和选择要多得多。从理论上说,每一个同学都可以选择自己的专业或工作,在实际中也确确实实很多同学都有多个选择,你们处在一个充满机遇的年代;但是这个机遇不是唾手可得,而是要付出无数的艰辛才能得到。

第三,当年的我们责任没有今天的你们重。无论于家还是于国,你们今天所担的责任比当年的我们要重得多。当年,独生子女很少,一个家庭三五个孩子很正常,因此,一个家庭的责任可以由几个孩子共同分担;现在的你们,多是独生子女,你们一个人就要担起整个家庭的责任,你们是你们家庭的全部希望与寄托;于国来说,36年前的中国还是一个落后的发展中国家,要说在世界有影响,几乎只因为她是一个人口最多的大国;那时的我们确实有为自己的国家改变贫穷落后的面貌贡献力量的雄心壮志,但也确实我们很少人会有要承担世界大国责任的想法或准备;今天的中国完全不一样了,经过改革开放后数十年的建设与发展,中国已经是世界上名符其实的大国和强国;今天世界上的各种事务如果没有中国的参与都很难做好或者说问题都很难解决;世界大国的责任或义务清清楚楚地摆在我们的面前。这些责任要靠谁去承担?靠在座的各位,靠你们这一代,这是你们义不容辞的责任与使命。中华民族伟大复兴的光荣与梦想要靠你们这一代人去实现。

所以,当我比较了36年前的我们和今天的你们之后,我深深地感觉到今天的你们比当年的我们,更多幸福,但也更多烦恼;更多快乐,好像也更多忧愁;你们有更多机遇,但也有更多的挑战;有更多的希望,也有更多的困难。总之,你们生活在一个充满希望的伟大时代,但也是一个充满风险,需要更加努力拼搏的时代。

在座的各位今天就毕业了,马上就要走出这个美丽的校园,迈向社会去迎接挑战、搏击风浪了。我相信,在座的各位都已做好了克服困难、夺取胜利的准备;我也相信,各位具有这样的智慧、勇气和力量。但是,我还是想借今天这个宝贵的机会,跟大家说几点期望:

第一,期望各位始终牢记走出校园之后不论你的身分有了什么样的变化,你都要坚持做一个善良的人。善良是一个美好的词,但什么是善良?要你用一句话来概括,好像很不容易。曾经也有人问我,我说善良就是"己所不欲,勿施于人"。自己不愿意的事情,绝不要加到别人的身上。这就是善良。例如,你愿意别人欺骗你吗?不愿意!因此,你也一定不要欺骗别人,言必信,行必果是你的为人准则;你愿意别人欺侮你吗?不愿意!因此,绝不恃强凌弱、仗势欺人;同时,敢于伸张正义,乐于主持公道,平和正直是你的追求;你愿意别人对你冷漠无情吗?不愿意!特别是当你处在困难需要帮助的时候,旁人熟视无睹,冷漠无情,这会让你无比痛心。因此,一定不要冷漠待人而是要友爱待人,特别是别人有困难的时候,你一定要尽自己所能伸出援助之手。所以,我认为能做到"己所不欲,勿施于人",就是一个善良的人。

善良是人世间最宝贵的东西。雨果称赞"善良是历史中稀有的珍珠,善良的人几乎优于伟大的人"。马克·吐温则认为"善良是一种世界通用的语言"。一个善良的人能在世界的任何地方畅通无阻。

同学们,我期望你们永远都是一个善良的人。

第二,期望各位始终牢记走出校园之后不论你身处何处,你都要坚持做一个自信的人。最近有三位中国留学生在美国三所大学毕业典礼上的发言在网络上广为流传。一位是马里兰大学的中国留学生杨同学,一位是哈佛大学的中国留学生何同学,再一位是波士顿大学的中国留学生蔡同学。这三位同学都是优秀的学生,只有优秀的学生才可能被选到毕业典礼上发言。但是三位同学的发言得到的社会反响却有不同。网友们普遍对杨同学的发言提出了批评,对何同学和蔡同学的发言给予肯定。我也看了这三位同学发言的视频,我看完的感觉与大多数网友一样,杨同学的发言确实有很多值得批评的地方。但我不赞成把她这样一个发言就说成是不爱国。我是觉得她的发言不足之处就是在于自信不够。由于自信不够,她在发言中就不真实地夸大了美国的优越,不客观地描述了中国的落后。马里兰的空气是不错,但是没有到会感觉甜的地步；她说她在中国生活一出门就要戴口罩，否则就会生病，许多人都以为她是生活在北方某一个产煤烧煤的城市里，后得知她是昆明人，一直在昆明生活，大家就批评她说话是假的了。昆明我去过多次，我是觉得那里的空气跟厦门差不多，与马里兰相比没有太多的不同。

因此，杨同学这篇不自信的讲话引来很多的批评，我希望这些批评对她的成熟和成长会有帮助，会让她在自己的成长过程中不断地培养自己的自信心。自信是一个人又一个最宝贵的品格，只有自信的人才能正确地认识自己，同时又客观地看待别人，这样才能在正确的道路上学习并赶超他人；只有自信才能真正做到胜不骄、败不馁，永远保持一种昂扬向上的定力。自信是一个人成功最根本的保证。

同学们，我期望你们永远都是一个自信的人。

第三，期望各位始终牢记走出校园之后不论你从事的是什么工作，在工作中都要有点敢于冒险的精神。作为90后的年轻人，生活在一个幸福的时代，在你们的身上有许多的优点和长处，因为从小得到家庭与社会诸多关爱，因此，你们通常都比较有爱心、有个性；因为从小能得到更多的教育，因此通常都比较聪明，有更强的学习能力和适应能力等等；但是，90后的年轻人也有弱点和不足，我觉得其中之一就是不敢冒险。因为是幸福的一代，所以从小就受到父母或社会过多的呵护。包括大学在内，人们对年轻一代的呵护有加，但是对他们的艰苦磨炼则不够。有些大学现在都取消了5000米长跑运动项目就是一个例证。受这样的一种氛围和环境的影响，所以当今年轻一代冒险精神普遍比较缺失。

什么是冒险？一般的解释是：不顾危险地从事某种活动。这样的解释当然没有错，但是太肤浅了，仅仅是从一种表面的现象来界定冒险。我认为，冒险更为实质的是一种精神，是一种生活的态度。什么精神呢？冒险是一种敢于探索、乐于尝试、喜欢创新、不怕失败的精神。这样的一种精神，是我们现在所处的时代最为推崇的一种精神。我们所处的时代瞬息万变,日新月异;这样的时代要求我们要敢于探索,勇于创新,不怕失败!因此,在这个时代,不论你从事的是什么职业,干的是什么工作,有无冒险精神,都是你能否成功的一个关键。

厦门大学从创办的第一天起,就是一所志向远大的学校。立德树人,为国家培养具有创新思维和创新能力的优秀人才,始终是厦大不懈的追求。而敢于冒险是创新型人才的一个显著特征。

同学们,我期望你们永远都是一个敢于冒险的人。

做一个无愧于新时代的人*

漳州校区的建设,为厦门大学在新世纪的发展拓展了新的办学空间,它对于我校适应高校改革与发展的形势需要,为国家科教兴国培养更多的人才,为福建建设"教育强省",为地方经济建设作出更大的贡献,为实现厦门大学建设成为国内外知名的高水平研究型大学的目标,具有重要的全局性、战略性意义。漳州校区的开办,创下了具有82年办学历史的厦门大学的几个第一:它是学校本部之外的第一个长久性校区;它和校本部隔海相望、遥相呼应,使厦大成为中国乃至世界高等教育的第一道跨海办学的独特的风景线;它第一次入住了学校首次按专业大类招收、首次实行学园区管理模式的5000多名学生;它第一次入住了学校第一个二级独立学院嘉庚学院的首届500多名学生。

正如全国各兄弟院校蓬勃兴起的新校区一样,厦大漳州校区作为新生事物,也有一个逐步发展和完善的过程。学校党委和行政将一如既往地重视这一发展过程中的安全、稳定、有序、畅通等问题,认真实施"统一领导,职能延伸,条块结合,校区统筹,创新高效"的管理体制和运行机制,使厦门大学特有的"四种精神",即陈嘉庚先生的爱国精神,罗扬才烈士的革命精神,抗战时期厦大内迁闽西艰苦办学的自强精神,以王亚南校长、陈景润教授为代表的科学精神,在漳州校区生根、开花、结果。

同学们,你们通过努力拼搏,实现了上大学的心愿,成为了厦门大学的一员,翻开了人生中崭新的一页,为厦门大学带来了清新的气息。

---

* 在2003级本科生开学典礼上的讲话(9月17日)。

与往年新生开学典礼不同的是,你们作为历史的见证人,在这里亲耳聆听厦门大学漳州校区敲响的第一轮钟声,在这里亲身感受"校在海上,海在校中"的壮丽情景。

同学们,我要借这样的美好的时刻,向你们提出几点希望:第一,希望同学们牢牢把握自己的人生观和世界观。在座的同学们绝大多数刚满18周岁,刚刚步入成年人的行列。你们刚成年就迈进了厦门大学,因此厦门大学负有的第一个重要使命就是要让你们每一个同学都能对人生观和世界观有一个更加成熟的认识和把握。我们希望你们一定要做一个诚实、正直、勇敢的人,一定要热爱自己伟大的祖国、热爱伟大的中国共产党。中国的近代史,就是一部中国内乱不已、受尽外侮的历史,中国共产党领导中国人民彻底改变了这样的一个历史,创造了一个崭新的中华人民共和国。新中国成立五十多年了,短短五十多年,中国社会发生了翻天覆地的变化。仅仅根据这五十多年的变化,我们就没有理由不热爱中国共产党,没有理由不拥护和支持她所主张的社会主义制度和道路。

第二,希望同学们珍惜自己的青春年华,学好知识,学好本领。热爱祖国,就要建设祖国,就要让她变得富强、美好。同学们是祖国未来的建设者和保卫者。厦门大学八十多年来,为祖国培养了数以万计的优秀的建设者和保卫者,他们中的许多人成为国家的栋梁之才。我希望你们能向你们的前辈和学长一样,胸怀大志,刻苦学习,学好本领,报效祖国。厦门大学拥有全国最好的学习环境,学校将为你们提供最好的学习条件,老师们将把他们的所知无私地与你们分享。光阴似箭,稍纵即逝。我衷心地希望你们一定要珍惜这宝贵的时光和机会,勤奋、刻苦地学习。

第三,希望同学们德智体全面发展。身体是一切的基础。同学们要有健全的心智,广博的知识,还要有强壮的体魄。我们的校园宽阔、美丽,靠山面海,空气清新,校园内现有大小运动场有38个,整洁平坦的道路十几公里长,是一个锻炼身体的最好地方。除了打球、跑步等锻炼外，我希望同学们在厦大四年一定要学会游泳，已经会游泳的，希望你们游得更好，还不会游泳的，希望你们尽快学会。我很高兴地听说我们的体育教学部已把游泳课列为必修课，体育必修课不及格，是要影响毕业成绩的。当然，我相信你们一定都能学会游泳。

第四，希望同学们都能尊敬师长，团结同学。同学们绝大多数都是宝贝的独生子女，我特别希望同学们都能把自己的同学当作自己的兄弟姐妹。你们要像兄弟姐妹一样团结友爱，互相关心，互相帮助。根据我个人的体会，师生之情和同学之情，是世界上最可贵的感情之一。我刚刚在前面说了，漳州校区的开办，创下了厦大的几个第一，其中一个就是她第一次入住了厦门大学嘉庚学院的首届500多名学生。嘉庚学院是教育部批准成立的一所全日制综合性本科院校，她由厦门大学创办，是厦门大学的一个有机组成部分。我特别强调一句，在座的5515名同学都是厦门大学的学生，我衷心地希望你们都能像兄弟姐妹一样地在这个美丽的校园里和谐、友爱地共同学习和生活。

我衷心地希望你们都能严格遵守校规校纪，严格按照学校的要求来规范自己的行为。新校区与老校区隔海相望，这是一道风景也是一道障碍，我请求各位同学若要跨海旅行，一定不要乘坐无客运牌照的小渔船，请你们切切记住，这样的小渔船是非常危险的，任何时候都不要去冒这个险。新校区与老校区还有一个不同，就是周边的社区还不成熟，比较偏僻，我希望你们外出时，不要单人出行，一定要两人以上结伴而行。它是新校区的一项规定，希望你们严格遵守。最后，我衷心地祝愿你们生活愉快，喜欢这个新校园，在愉快的生活中取得优异的学习成绩。

今天，是你们的成年礼*

同学们，我站在这里望着在座各位年轻而充满朝气的面孔，我的内心是由衷地赞叹青春真是美好，由衷地羡慕在座各位拥有如此美好的青春。学校有关部门的同志告诉我在座各位的平均年龄是18岁。18岁刚刚成年，因此，今天的开学典礼也可以看作是你们的成年礼，从今天开始，标志着你们成年了，标志着你们迈入了人生的一个新阶段，开始书写自己人生新的一页。

同学们，在这样的一个庄严时刻，我想跟各位分享一下对成年人的几点看法。怎么样才算是一个成年人？我的看法是：

第一，成年人应该有责任。责任首先意味着你要对自己的一切负责。在未成年之前，你可以不对自己的一切负责或不负全责，你们的家长和老师会为你们承担责任。从今天开始，这最大的变化就是你们要完全地为自己承担责任了。我知道，在座各位并不是每个人都已做好了这样的思想准备。在厦大，对自己最不负责任的行为之一就是进了大学却不再学习了，而是沉溺于电子游戏等消磨意志的毒瘾之中，每年厦大都有若干的学生由于沉溺于电子游戏无法自拔而被退学。每当我看到学生因此退学给予他家长的伤害与打击，看到慈祥可敬的家长那眼中流露的绝望，我心中的痛苦也丝毫不亚于他们。一个家庭要培养一个大学生太不容易，很多家庭是倾全家之力才能让一个孩子上大学。孩子上大学时，全村都来祝贺，全村都为之感到自豪与喜悦。一年之后，你却因为沉溺于游戏的毒瘾之中退学回去了，你想想，你的不负责

---

* 在2010年本科生开学典礼上的讲话（9月17日）。

任对你的父母、对你的亲人、对你的家乡父老是多么大的打击和伤害啊！因此，在这里我要真诚地告诉各位，你成年了，首先要懂得责任。你们首先要为自己负责，一个人能为自己负责，他才能为他的家庭负责，为他的国家、为他的社会负责。

有责任感、有社会责任感，这是厦大学生必备的最基本素质。

第二，成年人应该能独立。成年的生理标志是18岁，成年的精神标志是能独立。能独立地思考问题，能独立地判断问题，能独立地设法去解决问题，能独立地处理自己所遇到各种困难与问题，包括寻找和请求他人的帮助。但是，我知道，还有很多同学还不懂如何独立，这些同学不是没有能力独立，而是心理上不愿意独立。他（她）还没有18岁已成年要独立的概念，他的内心还只有依赖，他能够站起来，但不愿站起来。数年前，我曾经接到这样的一个投诉，几个同学联名投诉他们同宿舍的一个同学长年不洗衣服，不洗鞋子、袜子，搞得整个宿舍臭气熏天，令人无法容忍。我请学生管理干部去了解情况，果然如此。这个同学从小以来没有洗过一件衣服，洗衣服都是他妈妈的任务。他到了厦大后，也同样不洗衣服，每学期十几件衣服是轮流穿，今天这件穿脏了放在那边，明天一件穿脏了又放在那边，最后是脏衣服轮流穿，穿到假期再带去给他妈妈洗。那一年家乡闹水灾，他没法回去，脏衣服脏袜子就只好继续穿，以至于穿到同学们忍无可忍，向学校投诉。这只是生活中的一件小事，但从这件小事可以看出我们有些同学的独立精神是多么的差！是这个同学真的不会洗衣服吗？不是！我知道，最简单的洗衣方法就是把脏衣服放在水里泡一个晚上，第二天拿出来挂着晒太阳就行了。这样洗衣服这个同学肯定也会。但是，他从来没有想要去独立地做这件事，他心里还在依赖他的妈妈。因此，独立是一种精神，是一个人成长成熟的一个标志。同学们，从今天开始你们遇到任何问题都应该先尝试着自己来解决，无法独立解决，你们再寻求他人的帮助。

独立精神，这是厦大学生从迈入校门的第一天就必须具有的精神。

第三，成年人应该会自律。自律最简单地说就是懂得约束自己，懂得哪些事情该做,哪些事情不该做。孔子在两千多年前就告诫弟子,做人的准则之一就是"己所不欲,勿施于人"。他讲的就是要自律,特别是一个人不能为了自己的痛快而给他人带来伤害。因此,他提倡一个人一天要"三省吾身"。要自省、自律、自警。自律是做人的基本修养之一。我们有些同学成年了,但他(她)还不懂得自律。我们很多同学从小在家里自由、散漫、任性惯了,到了大学,已经成年了,但是他还没有学会如何约束自己。在厦大校园里有几大同学们深恶痛绝的坏习惯,其中之一就是在宿舍里半夜、通宵打游戏、看电影,打到关节点、看到精彩处他还要大呼小叫,拍手跺脚。如果这样的行为一个月一两次,其他同学也就忍了,但有的同学是几乎天天如此。这样的行为,对其他同学的伤害有多大是可想而知。有一个同学告诉我,因为一个舍友天天半夜起来玩游戏,他被搞得神经衰弱,几乎都要崩溃了!像这样的行为在厦大校园里不应该发生,像这样的行为不应该在厦大的学生身上出现。同学们,我由衷地期望你们每一个人都能成为一个自律的人,你们每天至少可以问自己一遍我今天做了什么伤害别人的事了吗?!假如每一个人都能约束自己不做伤害他人的事情,那么这个社会就一定是一个美好的社会。

学会自律,从我做起,厦门大学的学生在校园里就要学会成为一个模范公民。

第四,成年人应该肯包容。包容是人类的美德。我们的世界如此丰富多彩,文化如此多元灿烂,就是因为我们的祖先始终把包容作为善和美来追求。在人类文明史的数千年里,善和美与恶和丑的斗争,主要体现在包容与排他的斗争。一个文明的社会,一定是一个包容的社会;一个文明的人,一定是个包容的人。我前天在2010级研究生的开学典礼上说:从容、淡定、包容、开放,这是厦大学生的气质。学校办公室的同志在为我准备演讲稿时提供了这样的一个材料,说是网络上有一则民间人士为厦大撰写的招生广告,广告称:"她是985+211,不断电,不断网,不禁校园亲热;免费米饭,免费矿泉水,公费医疗;师生和谐,言论宽松；5A级校园，国际化办学，国防前线；面向太平洋，气候适宜，氛围浪漫，靓仔一片，美女如云。请认准代码10384，欢迎报考厦门大学！"我说，我不知道这几句有点调侃逗笑的话是谁写的，但仔细一读，确有点形象，描出了厦大的几分文化。从容、淡定、包容、开放，不论你来自何方，不论你出自何地，不论你的种族，也不论你的肤色，我都尊重你的文化，而且愿意了解、欣赏你的文化，这是厦大学生应有的气质。同学们，厦大是一个开放的学校，一个多元的学校，我们的同学来自五湖四海，世界各地。天南海北，相隔千万里，同学们能齐聚厦大这就是个缘分，同学们一定要珍惜这个缘分，彼此相待，要像兄弟姐妹一样，相互照顾，相互帮助，相互包容，和谐共处。

同学们，从今天开始你们将独立地开始自己人生旅途的一个新的征程，在前进的道路上一定会有很多困难，很多矛盾，只要你以包容的心去对待这一切，你就一定能找到朋友，找到伙伴，携手共进，共同实现你们的美好理想。

包容，这是人类的美德，也是厦大的文化。

同学们，朋友们，责任、独立、自律、包容这是一个人成年的标志，这也是厦大学生入校的第一课。这宝贵的第一课，将由伟大的中国人民解放军某部部队的官兵为你们讲授。从昨天开始的军训将持续两周，我衷心地希望同学们都能刻苦、认真地参加这两周的军事训练，服从命令，听从指挥，尊重教官，遵守纪律，以饱满的热情、旺盛的斗志、顽强的毅力、威武的军姿，认真上好这第一课。我期望同学们在上了军训这第一课之后，对责任、独立、自律、包容能有更深的理解。为此，我要借此机会向参训部队的全体官兵致以崇高的敬意和衷心的感谢，感谢你们把人民军队的好思想、好传统、好作风带进厦大校园。我同时也希望你们能够严格要求，严格训练，给我们的新同学上好入学的第一课，帮助他们走好进入厦门大学之后的第一步。

同学们、朋友们，大学时代是人生最美好的时期，衷心祝愿在座各位即将在厦大度过的岁月能够成为你们一生中最值得回忆的日子！

让理想之光更加明亮[*]

在座的都是新同学,但我知道你们对厦门大学都不陌生,不论是否曾经在厦大学习过,也不论是不是第一次踏进厦大校门,你们对这所已有90年历史的大学或多或少都有自己的认识与了解。但是不管你们对她的了解有多少,我都想借这个机会跟在座的各位谈谈我对这所学校的认识,同时希望我的认识能加深你们对这所伟大学校的了解,从而有助于你们珍惜或继续珍惜在这所学校的每一天。

这所学校,是一叶理想的方舟。90年前,在中国最为黑暗和没落的年代,陈嘉庚先生怀着救国、强国的理想倾其全部的家产创办厦门大学。在建校筹备大会上,他个人一次认捐400万银元,后来人们才知道,这400万银元折合他当年的全部资产。他个人独力支撑厦门大学16年,最困难的时候靠变卖个人家产维持厦大的运转。到1937年7月抗战全面爆发之际,由于种种原因,主要是日寇的打压与迫害,他实在无力再支撑这所学校了,他毅然决然地把厦大无条件地交给国民政府。厦门大学从1937年7月1日成为国立大学。厦大改为国立之后,陈嘉庚仍然无时无刻地关注和扶持着这所大学。1949年中华人民共和国成立,他从海外归国定居,此时他个人已无财产,但他要求他的女婿李光前先生资助厦门大学,我们现在所在的这座雄伟的建南大会堂就是李光前捐资兴建的。20世纪50年代,李光前共捐资兴建了厦大校舍25幢楼房,这些楼房构成了厦门大学当时主要的办学条件。更让我们感到无比钦佩和感动的是,陈嘉庚、李光前没有把一幢楼房以自己

---

[*] 在2010级研究生开学典礼上的讲话(9月15日)。

的名字命名,但把三幢有代表性的楼房分别以李光前的三个孩子的名字命名,这就是厦门大学的成义楼、成智楼和成伟楼。很显然,他们的用意就是要让他们的子孙永远把支持厦大作为自己的责任。他们的良苦用心得到很好的回报。李成义、李成智、李成伟三兄弟继承前辈重教兴学、襄助厦大的遗愿,他们所管理的李氏基金数十年来已捐赠厦大数十个项目。最近,他们又给予厦大以巨额的捐赠专项用于厦门大学李光前医学院和陈爱礼护理学院的新校区建设。陈嘉庚、李光前及其家族的善举感动了无数的杰出校友、社会贤达,他们以各种的方式无私地支持母校、支持厦大。

可以说,陈嘉庚当年的理想今天已经实现。90年来,厦门大学共培养了20多万的优秀人才,厦大的学子为民族的解放、为中华的复兴作出了杰出的贡献。正是有了这样的理想,厦大培养出了罗扬才、陈景润这样的优秀学生;正是有了这样的理想,厦大有了萨本栋、王亚南这样的优秀校长;正是有了这样的理想,厦大有了卢嘉锡、蔡启瑞这样的优秀教授。也正是有了这样的理想,厦门大学90年来始终不改自己的初衷,始终坚持自己的报国信念,始终把国家利益、百姓福祉放在首位;也正是有了这样的理想,才有了如此众多的优秀学子来自五湖四海,来自世界各地,齐聚厦大,上下求索,探知科学与真理。

因此,我由衷地期望在座的各位,你们的理想之光到了厦大之后会更加的明亮!

这所学校,是一座和谐的家园。很多人到过很多的学校,但他到了厦大之后,感觉到这里有一种特别的情怀,时间稍长一点,他体会到这种情怀就是和谐。有一位校友告诉我一个故事,在80年代初,这位校友是一个中国教育代表团的成员,到欧洲的几个国家去访问,每到一地,都有当地的厦大校友来热情地探望和接待她,一周以后,这个代表团的所有成员都享受了厦大校友的待遇,都得到了厦大校友的热情接待。以致代表团中其他几位兄弟院校的代表都发自内心地说厦大校友对母校、对老师、对同学、对校友的感情真是令人羡慕和感动。爱国、爱校这是厦大的优良传统,尽自己所能为学生的成长创造最好的环境与条件,这是厦大的不懈追求。厦大校园流传的很多故事,让一级又一级的同学,一届又一届的校友,始终感恩学校,怀念学校。这些故事成为一种传统,成为一种激励,始终鞭策我们牢记,学校当以学生为本:一切为了学生,为了学生的一切。这是前辈的愿望,更是我们的追求。

这样的一种和谐,需要同学们的参与。在座各位从踏入校门的第一天起,就烙上了厦大永不磨灭的印记,厦大人是你永远的一个身分。因此,我真诚地希望在座的各位同学都要以主人的姿态对待你们的学校,对待你们的家园,你们可以把她的优点和恩惠深深地埋藏在心里,但你们对她的缺点和不足一定要坦率地表明、要求改善。真诚的批评与自我批评永远是厦大和谐的根基。当然我由衷地期望厦大人的批评与自我批评也有自己的风格,真诚而优雅,犀利而幽默,与人为善、嫉恶如仇永远和谐地统一在厦大学生的身上。

这所学校,是一个阳光之地。厦门大学背山面海,四季如春,阳光灿烂,风景如画。如此宜人的景色让厦大的学生格外的阳光。这种阳光不仅仅表现在外表上,更重要的是体现在心灵上。从容、淡定、包容、开放,这是厦大学生的气质。厦门大学建校之初,就定下了"养成专门人才,研究高深学问,阐扬世界文化"的宗旨,我想我们厦大的学生要自觉地把自己锤炼成一个世界公民,特别是在座的各位现在都要思考的一个问题,就是在你们此后的 30 年、40 年、50 年甚至更长的时间,你们应该如何为世界作出贡献。因为,为世界作贡献,这是中国的责任。

要承担此重担,还要有外表的阳光,因为外表的阳光表明你有健康的体魄。同学们在厦大要完成艰苦的学习,没有健康的身体,你们很难实现自己的目标。因此,我由衷地希望在座的各位进了厦大之后一定要坚持体育锻炼,多呼吸新鲜空气,多接触阳光与自然。请你们牢牢记住运动场上的这幅标语:"每天锻炼一小时,健康工作五十年,幸福生活一辈子!"厦门大学的学生应该都是阳光之子,喜爱阳光,喜爱自然,喜爱运动。

  同学们、朋友们,你们将在厦大生活或再生活三年、五年或更长的时间,我衷心地希望你们把握好自己的机会,控制好自己的时间,调整好自己的节奏,让厦大的生活成为你一生中最美好的一段,让厦大的收获成为你一生中最大的收获。我衷心祝愿你们一切顺利!

以感恩的心态去努力学习*

95年前,校主陈嘉庚怀抱"教育为立国之本,兴学乃国民天职"的崇高理想,倾资创办厦门大学。建校之初,嘉庚先生就把"研究高深学术、养成专门人才、阐扬世界文化"作为学校的办学宗旨,确立"自强不息、止于至善"的校训,他期望厦门大学能够成为"南方之强",能够成为一所"为吾国放一异彩"、"能与世界各大学相颉颃"的世界一流大学。95年来,厦门大学始终以实现国家富强、民族振兴和人类进步为己任,为中国摆脱奴役和贫困,追求民主和解放,为新中国的诞生、建设和发展,为中国的教育事业、科学事业乃至人类文明进步,都作出了一份宝贵的贡献。在95年的奋斗历程中,厦门大学始终不忘初心,以世界一流大学的品质、使命、责任和担当作为自己的努力方向,与祖国一道大踏步走进世界,拥抱世界,与世界同行,并在建设世界一流大学的征程中攀登了一个又一个的高峰。

同学们,厦门大学的目标是要建设成为世界一流大学。衡量一流大学的标准有很多,其中最重要的一个标准就是能否培养出一流的人才。世界一流大学的目标定位、创新人才的培养模式、独具魅力的文化生态,这一切都使得你们进入一个全新的环境,面对一个全新的挑战。在这里,你们将迎来新的学习内容、学习方式;将拥有新的学习体验、学习经历;大家必须认真思考我们在大学里应该如何学习。为此,我要给在座的各位提出几点希望。

首先,希望同学们以感恩的心去努力学习。

---

* 在2016级本科生开学典礼上的讲话(8月27日)。

感恩是对施恩于己的回应和报答,是美好心灵的坦露和表达,是古今中外共同认可的真善美。毋庸置疑,在座各位都是同龄人中的佼佼者,你们今天迈进厦门大学是你们聪明勤奋刻苦努力的结果。但是,我要提醒各位的是,在你们个人奋斗的背后,默默地支持和帮助你们成功的是你们的父母、师长和各位亲朋好友。你们的成功离不开父母的养育和师长、朋友们的培养和帮助。你们的成功承载着他们无限的期盼,期盼你们在厦大能努力学习,锻炼成才,实现自己的理想,也实现家人与师友对你们的美好期盼。在家人和师友的期盼后面,更高的还有国家与社会对你们的期盼。我前几个星期到西北三省进行访问,看望我们在贫困地区扶贫支教的老师和同学。每到一地,当地的党委和政府的同志们告诉我他们最大的一个愿望,就是希望能有更多优秀的大学生到他们那里去工作。唯有教育能真正摆脱贫困,唯有科技能真正解决贫困,这是大家发自内心的一个共识。

同学们,厦门大学是一个有着浓厚的家国情怀的大学,感恩父母、感恩祖国,报答父母、报效祖国,是厦大学子应有的品格。中华民族伟大复兴的中国梦将在你们这一代人手中实现。

因此,我由衷地期望各位要以一种感恩的心去努力学习,切切不可浪费自己每一寸宝贵的光阴。要通过努力的学习,为自己争取美好的未来,为家庭争取幸福的生活,为国家富强和民族复兴贡献自己的一份力量。

第二,希望同学们以好奇的心去探索学习。

好奇是人类的本能。这也是人类求知、求索,社会得以不断进步的一个动力源泉。大学教育与中学教育之间的一个最大差别就在于:中学教育基本限于已有知识的传授与把握,而大学教育则主要是对新知识的探索与研究,在大学里你不仅要掌握已有的知识,还要去发现和探索未知的知识。因此,大学的学习动力更多的来自你们内心的求知欲望和好奇的心理。

厦门大学从创办的第一天开始,就是一所始终追求卓越的大学。而一所最为卓越的大学,就是一所能让学生发现自己潜能,挖掘自己潜能,进而最大限度地发挥自己潜能的大学。这正是厦门大学的追求。

厦门大学始终努力地为每一个学生彰显个性、发掘潜力、施展才华提供空间和可能。

因此，我由衷地期望各位要以一颗好奇心探索学习，能常常把"为什么"挂在嘴上，积极主动地去思考、去探索、去寻找问题的答案。既重视理论学习，也要注重实践锻炼；既重视课堂上的学习，也热爱课堂外的活动；喜欢动脑，也喜欢动手，力争把自己培养成为具有创新思维和创新能力的人。

第三，希望同学们以快乐的心去愉快学习。

快乐学习是学习的一种最高境界。古人云"知之者不如好之者，好之者不如乐之者"，讲的就是这样一种境界。只有乐之，才能真正学好。而如何才能快乐学习呢？首先，你要去发现你所学学科的美。任何一个学科都是美的，都有她的美之所在。但是，任何一个学科的美只有在你沉下心去认真地观察她、体验她，你才能发现她的美。因此，同学们在大学第一年的认真学习特别重要，这是你去发现你所学之美的关键时期。一旦你发现了你的所学之美，你的学习就一定能快乐。

快乐学习还需要正确的学习方法和健康的生活方式。大学里学习主要是一种探究性的学习，因此掌握正确的学习方法十分的重要。大学里的学科门类繁多，各个学科都有自己不同的研究对象和研究规律，同学们一定要用心向老师请教学习的方法，一定要乐于跟学长们、同学们互相沟通和交流。在大学里你一定要成为学习的主人，主动学习是通往快乐学习的胜利之门。

快乐学习一定要有强健的体魄。没有一个好的身体，你难以应对你将要面对的繁重学业，也就无从做到快乐学习了。所以，坚持体育锻炼，养成良好的生活习惯，保持健康的体魄，这是你快乐学习的物质基础。厦门四季如春，厦门大学校园是最美的校园，你们来到一个随时随地都可以锻炼身体的好地方。"每天锻炼一小时，健康工作五十年，幸福生活一辈子"，这是学校也是你们的父母家人对你们的期望！同学们，我由衷地期望你们在厦大四年每天都能以一颗快乐的心去愉快学习！

第四，希望同学们以谦虚的心去认真学习。

谦虚是进步的阶梯。谦虚是打开成功大门的钥匙。在座的各位毫无疑问都是同龄人中的佼佼者,是青年人中的优秀分子。正因为这样,你们更要自觉地以一颗谦虚的心认真学习。英国哲学家、数学家和教育家怀特海曾经说过:"大学存在的理由是,它使青年和老年人融为一体,对学术进行充满想象力的探索。"大学是人类共同学习、互相启发的最好的场所。在大学里,你身边的每一个人,都有自己的优点和长处,因而,你能否在大学学到本领,最重要的一点,就在于你能否看到身边的人的优点和长处,并且向他们学习。

谦虚在本质上是一种自信,谦虚的人一定是一个真正自信的人。所以,谦虚的人往往是"虚怀若谷、不耻下问"的人,同时又是具有"独立精神、自由思想"的人。谦虚的品质包含着批判精神在内。大学的最可贵之处就在于大学教导她的每一个学生只服从于真理,在科学面前对任何事情都可以问一个"为什么"。因此,我由衷地期望在座的各位始终保持谦虚的品格,永远不要骄傲,不要自大,在厦大的四年一定要怀着一颗谦虚的心认真学习。

最后,希望同学们以宁静的心去安静学习。

宁静方能致远。做学问尤其需要宁静。钱锺书曾经说过:"大抵学问是荒江野老屋中二三素心人商量培养之事。"这话的意思就是做学问的人心一定要静,没有一颗宁静的心是很难做出学问的。所以,急功近利、弄虚作假是学习的大敌。毫无疑问,在任何时候,大学都不是一座象牙塔,大学都是社会的一部分,社会的真善美感染着我们的大学,社会的假恶丑也会侵蚀我们的大学。因此,社会上的各种喧嚣、浮躁的思想观念必然会通过各种途径影响着我们美好的精神家园,破坏着我们优良的校风和学风。在座的各位也一定难免会遇到各种的利益诱惑、会面对浮躁与功利。

因此,我由衷地期望同学们能自觉的在心中筑起一道坚固的大坝将所有的喧嚣与浮躁阻挡在外,用一颗宁静的心安静地学习,在厦大这座温馨而安逸的校园里,塑造求真、从容、淡定的品格与本色,以不畏艰难、百折不挠的勇气和毅力,去实现自己的理想和追求。

胸怀理想，勇于创新*

亲爱的同学们，再过几天就是我们中华民族的传统佳节——中秋节。中秋节是家人团聚的日子，而我们今天的开学典礼也是一个家人团聚的日子，我十分高兴能有这样一个机会，跟这么多的同学们一起相聚，这样的机会在大学里是不多的，因此，我十分珍惜这个机会，我要借此机会给同学们提几点期望：

首先，我期望同学们要胸怀理想。在座的各位都是社会的精英、国家的栋梁，或者说，将要成为社会的精英、国家的栋梁。精英的一个特征，就是有远大的理想。理想是目标，是动力。如果没有理想，就会迷失方向，会迷失自己的人生道路。理想是实在的，不是空洞的；理想是有价值的，但不是功利的；理想有大有小，有远有近，但是，小可以汇成大，近可以通达远。今年是长征胜利80周年，长征的英雄们永远是我们追求理想的榜样。1934年10月，中央红军从江西瑞金出发，1936年10月，红军三大方面军在宁夏将台堡胜利会师，宣告历时两年整的二万五千里长征胜利结束。在长征开始时，总共有30多万的将士走上长征之路，到最后会师的时候，只剩下3万人，有将近30万的将士倒在长征路上。长征是中国历史上，也是世界历史上最为悲壮的一次人类抗击自己的命运，为自己争取解放、自由，反对剥削、压迫，追求幸福、美好的一次史无前例的抗争。这些将士们，在出发时候的年龄，绝大多数跟在座的各位年龄相仿，有的可能比你们还要年轻，他们为什么能够义无反顾地走上这样一条路？就因为他们有理想。他们的理想可能很朴

---

* 在2016级研究生开学典礼上的讲话（9月20日）。

素、很简单,有的只想能够有一亩地,有的只想能够有一间房。许多红军女将士为什么走上这条路?因为她们不想被像畜生一样卖给人家做童养媳,他们要争取自主,争取自由。就是因为这样的一个个理想,汇成了伟大的共产主义理想,那就是不能有剥削,不要有压迫,我们要民主,我们要自由,我们要平等,我们要解放。正是秉持着这样一个理想,这3万多的将士,成了中国革命的星星之火。13年后,就是靠着这些星星之火,中华人民共和国成立了。凭着这样的理想,我们胜利了。因此,我要由衷地期盼在座的各位都要有自己的理想,要怀着为自己争取一个更加美好的未来,为家人争取一个更加幸福的生活,为祖国的繁荣昌盛,为中华民族伟大复兴的理想而刻苦学习,千万不要虚度光阴,碌碌无为,要珍惜你们的每分每秒,在厦门大学把自己锤炼成社会的精英、国家的栋梁。

其次,我期望同学们要学习创新。研究生,"研究"二字当头,学什么?就是要学习创新。陈嘉庚在创办厦门大学之初,定下了"研究高深学问,养成专门人才,阐扬世界文化"的办学宗旨。这三句话,今天还是厦门大学追求的目标,还是学校的办学宗旨。能不能实现这样的宗旨,就要看各位能不能承担起自己的责任。如何学习创新?首先,要培养自己创新的思维,要有批判精神,敢于质疑,不唯书,不唯上,只唯实。单有创新思维还不够,还要培养自己的创新能力,有能力才能把愿望和思维变成现实。胡适先生在100年前的新文化运动中提倡,做学问要"大胆的假设,小心的求证",他的这个思想在今天还是有价值的:既要有求新的精神,更要有求实的态度,要把思维和能力结合在一起。在学习的方法上,要脑手并用,理论不能脱离实际。美国麻省理工学院的校训"Mind and Hand"告诉我们,既要能够动脑,又要能够动手。麻省理工的校训,实际上道出了一流人才要怎么培养,一个具有创新思维和能力的人才要怎么实现自己的目标的道理。因此,我由衷地希望在座的各位既要读万卷书,更要行万里路。

第三,我期望同学们要珍惜健康。研究生要承受学业与生活的双重压力。今年的研究生,年纪最小的仅仅 18 岁,最大的已经 56 岁。不论是年纪最小的还是年纪最大的,你们都面临着学业与生活的双重压力,56 岁,毫无疑问要养家糊口;18 岁,也不好意思再向父母要钱了。在这样一个双重压力下,你们要特别珍惜自己的健康。在多年前,厦门大学做过一个调查表明,在大学里,到了研究生阶段,同学们的体能急剧下降,甚至有人爬五层楼都喘,爬了七层楼就不想再动了,这样的体能状态是不能很好地完成学业的。因此,一定要保持健康的生活方式和科学的学习方式,我由衷地期望同学们劳逸结合,你们既要在实验室、图书馆,同时也要到运动场、咖啡厅。在这里,我要由衷地推荐大家多到运动场和咖啡厅:在咖啡厅里一个人静静坐一会儿,静静地想一想,让身心放松放松,如果能有几个好朋友坐在一块聊一聊,天南海北,那就更好了,会让你感到快乐和舒适。养成坚持体育锻炼的好习惯,"每天锻炼一小时,健康工作五十年,幸福生活一辈子。"这是厦门大学在每个运动场都高高挂着的一幅标语,希望大家都记着这样三句话,这是学校,也是你们的父母对你们的期望。

在就职典礼上的讲话

(2003年6月23日)

尊敬的吴启迪副部长、尊敬的汪毅夫副省长、尊敬的各位领导、老师、同志们:

我衷心地感谢教育部党组、感谢福建省委、感谢厦门大学的广大教职员工对我的信任和嘱托。

二十年前,我毕业于厦门大学,从毕业的那一天起,我就想要报答母校对我的教育和培养——大学四年,厦门大学给了我许许多多我从小就想得到的东西。但我没想到能以这样的一种方式为我的母校服务,能以这样的一种方式报答母校对我的培养。我将无限地珍惜这一荣誉和机会,我要尽自己的一切智慧和力量,紧紧地依靠厦门大学党委的领导,紧紧地依靠广大教职员工的支持和帮助,与我的同事们团结一道,把厦门大学的事业推上一个新台阶。

我要在历届前任工作的基础上,创造性地开展工作。厦门大学走过八十多年的风雨历程,经过数代厦大人的艰苦奋斗和辛勤劳作,今天她已成为世人公认的中国最好的大学之一,她形成了自己独特的优良传统,在海内外享有崇高的声誉。我将无限地珍惜这一传统和声誉,我将尽自己的一切努力,维护厦门大学的优良传统,维护厦门大学的崇高声誉,时刻牢记陈嘉庚先生立下的"自强不息、止于至善"的校训,并认真实践之。

最后,我再次衷心地感谢在座的各位领导、老师和同志们,特别要感谢在座的田昭武校长、林祖赓校长、陈传鸿校长，感谢你们多年来对我无私的关心、支持、指导和帮助，我也衷心地希望在今后的工作中还能一如既往地得到你们的关心、支持、指导和帮助。

谢谢各位！

在离职典礼上的讲话

（2017 年 7 月 21 日）

我完全拥护中央关于我不再担任校长的决定。对张荣同志接任厦门大学校长表示热烈的欢迎和祝贺！

我由衷感谢组织上对于我工作的肯定。我记得十四年前我接替尊敬的传鸿老校长担任校长一职时说过：我将无比地珍惜这一为母校服务的机会，我将竭尽我的全力尽职尽责地为学校工作，跑好接力赛的这一棒。今天，我可以高兴地说，我践行了自己的承诺，我竭尽自己的全力跑完了这一棒。虽然在跑的过程中，并不总是跑得又好又快，又平又稳，常有跌跌撞撞，曲折艰难，但是没有掉棒，我尽自己的全力跑完了这一棒。

借此机会，我要衷心地感谢中央及地方的各级党组织和各级政府的领导、指导和帮助，正是在你们正确的领导和指导及大力的帮助下，我得以完成了自己的任务。借此机会，我要衷心地感谢十四年来，我曾经亲密共事团结奋斗的学校历届班子的同志们，特别是豪杰、之文、振斌、张彦四位班长，你们给予我的支持、帮助、包容和爱护，我将永远铭记在心；你们给我的友谊，给我的力量更是我终身受益的宝贵财富。借此机会，我要衷心地感谢厦门大学全体师生员工和海内外的校友们、社会各界的朋友们，正是你们对厦大无比的热爱、你们对厦大的一片深情深深地感染了我、激励着我，促使我不能不努力地尽职尽责工作，否则我会感到无比的不安和羞愧。借此机会，我要向所有认识和不认识的老师们、同学们、校友们、朋友们深深地道一声感谢！

今天，我退出了校长的岗位，但是作为一名共产党员、作为一个厦大人为党的事业奋斗终生，为厦大的事业奋斗终生的初心绝不会改变。我相信在张彦书记、张荣校长的带领下，学校新的一届领导班子一定会与全校师生员工一道，团结一致，齐心协力，奋勇拼搏，力争早日实现厦大两个百年的光荣梦想，为实现中华民族伟大复兴的中国梦做出厦大人一份应有的更大贡献！